복 있는 사람
오직 여호와의 율법을 즐거워하여 그 율법을 주야로 묵상하는 자로다.
저는 시냇가에 심은 나무가 시절을 좇아 과실을 맺으며 그 잎사귀가
마르지 아니함 같으니 그 행사가 다 형통하리로다.   (시편 1:2-3)

세상 권세와 하나님의 교회

Marva J. Dawn

Powers, Weakness, and the Tabernacling of God

세상 권세와 하나님의 교회

마르바 던 지음 | 노종문 옮김

복 있는 사람

세상 권세와 하나님의 교회

2008년 1월 23일 초판 1쇄 발행
2016년 4월 11일 초판 3쇄 발행
지은이 마르바 던
옮긴이 노종문
펴낸이 박종현
도서출판 복 있는 사람
서울특별시 마포구 연남동 246-21
Tel 723-7183 | Fax 723-7184
blesspjh@hanmail.net
영업 723-7734
등록 1998년 1월 19일 제1-2280호
ISBN 978-89-90353-74-0

Powers, Weakness, and the Tabernacling of God
by Marva J. Dawn

Copyright ⓒ 2001 Wm. B. Eerdmans Publishing Co.
Originally published in English under the title
Powers, Weakness, and the Tabernacling of God by Marva J. Dawn
Published by Wm. B. Eerdmans Publishing Co.,
255 Jefferson Ave. S. E., Grand Rapids, Michigan, 49503, U.S.A.
All rights reserved.
Translated and used by the permission of Wm. B. Eerdmans Publishing Co.,
through the arrangment of KCBS Inc., Seoul, Korea.
Korean Copyright ⓒ 2008 by The Blessed People Publishing Co., Seoul, Korea.

이 책의 한국어판 저작권은 KCBS Inc.를 통해 Wm. B. Eerdmans Publishing Co.와 독점 계약한 도서출판 복 있는 사람이 소유합니다. 저작권법에 의하여 한국 내에서 보호를 받는 저작물이므로 무단전재와 복제를 금합니다.

이 책을,

의심과 불확실함 가운데서도 어려운 선택을 하고 있는 믿음의 사람들과
문화의 흐름에 저항하면서 자신이 혼자뿐임을 발견하는 목회자들과
힘의 방법을 사용하기를 거부하는 그리스도인 지도자들과
자신의 약함을 받아들이고 하나님이 그것을 사용하시도록 하는
거룩한 사람들과
끊임없이 이웃에게 양식을 나누어 주는 교회들과
우상의 정체를 폭로하는 일을 결코 포기하지 않는 예언자들과
하나님의 임재를 나타내는 제자들과
그리고
특별히 삼위일체 하나님의 성품을 소유한 사람
마이런(Myron)에게 드립니다.

| 차례 |

일러두기 9
1. 정사와 권세_창조, 타락, 그리고 그 이후 11
2. 하나님의 내주와 약함의 신학 53
3. 타락한 권세가 된 교회 103
4. 그러면 교회는 어떤 모습이 되어야 하는가? 171
묵상과 대화를 위한 질문 229
주 233
옮긴이의 글 251

일러두기

이 책이 다루는 두 가지 주제는, 내가 피츠버그 신학교의 카네기 새뮤얼 캘리언(Carnegie Samuel Calian) 총장으로부터 2000년 3월에 열릴 세프 강연을 맡아 달라는 부탁을 받았을 때 하나로 결합되었다. 나는 성경에 나오는 "정사와 권세"라는 개념을 노틀담 대학에서 존 하워드 요더(John Howard Yoder) 교수의 지도를 받으며 박사학위 논문을 준비하던 때부터 생각해 왔고, "약함 안에 내주(來住, tabernacling)하시는 하나님"에 대해서는 70년대 말 웨스턴 신학교(Western Evangelical Seminary)에서 웨인 맥코운(Wayne McCown) 교수의 지도를 받으며 목회학 석사논문을 쓰던 때부터 생각해 왔다. 하지만 이 두 주제를 결합한 적은 이제까지 한번도 없었다. 나는 캘리언 총장의 정중한 초대와 따뜻한 환영에 대해 특별히 감사드린다. 강의를 위해 세부적인 준비를 담당했고 내가 신학교에 머무는 동안 여러 가지 친절을 베풀어 준 피츠버그 신학교의 평생 교육 프로그램 담당자인 메리 리 탈봇 박사와 그녀의 조교 낸시 해먼드에게 감사한다. 내가 신학교를 방문한 기간 내내 환대의 선물을 주고, 휠체어를 밀어 주고, 다른 여러 종류의 도움을 베풀어 준 모든 사람들에게 특별한 감사를 드린다. 이런 친절의 행위들은 강의 기간에 나를 심하게 괴롭힌 "약함" 때문에 특별히 소중한 것이었다. (보통 때 나는 왼쪽 다리에 보조기를 착용했으나, 이 기간에는 왼발에 염증이 생기는 바람에 목다리를 사용해야만 했다.) 모든 사람들의 관대함이 없었다면 강의하는 일이 훨씬 더 고생스러웠을 것이다. 강의를 들은 청중들은 토론시간에 적절한 피드백을 해주었다. 그들의 비평과 질문 중 다수가 그 강의의 확장판인 이 책에 반영되어 있다.

나는 또한 커럴 그로에네벨드에게 감사한다. 그녀는 등이 아픈 중에도 훌륭한 컴퓨터 실력과 어휘 분석 능력을 발휘하여 내가 석사학위 논문을 개정하는 동안 본문 주석과 관련하여 중요한 제안들을 해주었다. 지금 그녀의 남편 더그는 말기 암으로 고통받고 있고, 그녀는 궁극적인 "약함"을 경험하고 있다. 하나님이 이 슬픔과 고통의 시기에 그들을 보호해 주시며, 그들에게 다시는 슬픔이 없을 미래의 장막(tabernacle)에 대한 소망을 주시기를 기도한다.

나의 친절하면서도 빼어난 편집자 제니퍼 호프만에게 늘 감사한다. 그리고 나의 비전들과 짜맞추어 놓은 말들을 훌륭한 책으로 만들어 준 어드만 출판사의 모든 탁월한 팀원들에게 감사한다.

무엇보다도,
솔리 데오 글로리아(오직 하나님께 영광을)!

1장_ 정사와 권세

창조, 타락, 그리고 그 이후

우리 세계가 성공적으로 21세기로 진입하기 전에 많은 사건들이 일어났고, 그 사건들 때문에 사회적·종교적 담론 속에서 '정사와 권세'(the principalities and powers)라는 성경적 표현은 모호한 의미로 자주 사람들의 입에 오르내리게 되었다. 사람들이 '권세'(powers)라는 말을 사용할 때, 일반적으로는 영적인 양상이 표면에 드러나는 것은 아니다. 그러나 '권세'라는 말이 가리키는 힘들의 광범위한 영향력을 볼 때, 우리는 우리가 논의하고자 하는 이 실재가 그저 인간적인 수준에 제한되지 않음을 직감할 수 있다.

1999년 추수감사절 직후에 워싱턴 주 시애틀에서는 4만에서 6만 명에 이르는 시민들이 **경제적 권세**(세계무역기구〔WTO〕에 의해 상징적으로 표출되는)에 항의하는 평화적인 시위를 벌였다. 뉴욕의 세계무역센터를 폭파시킨 것(1993년 2월 26일에 일어난 세계무역센터 지하주차장 폭파 사건을 말함—옮긴이)과 같은 종류의 대형 폭탄을 가지고 있던 오사마 빈 라덴의 조직원 하나가 시애틀에서 체포되었는데, 그 사건 때문에 많은 사람들이 휴가를 포기하는 소동이 벌어졌다. 그리고 많은 비평가들이 언론을 통해 오사마 빈 라덴의 **정치적 권세**를 비난했다. 종교계에서는 다양한 부류의 근본주의

자들이 밀레니엄의 전환을 묵시적인 언어로 묘사하며 **악의 권세**(일반적으로 인격화된 마귀로 이해되는)에 대항하는 거대한 최후의 전쟁을 준비했다.

사람들이 이 세 가지 사건을 받아들이는 태도에 크게 영향을 끼친 것은 **미디어의 권세**였다. 예를 들어, 시애틀에서 일어난 시위는 그 성격이 터무니없이 왜곡되었다. 텔레비전 방송들은 다수의 시위자들과는 상관이 없는 소수의 폭도들이 유리창을 깨뜨리고 상점을 약탈하는 화면만을 반복적으로 내보냈다. 시위 기간에 텔레비전 뉴스나 신문 보도는, 평화를 지키고 정의를 실현하는 것에 관해 토론회가 60회 이상 열리고 수백 시간의 워크숍이 진행된 사실이나, 토론회와 강연들로 시애틀 심포니가 사용하는 베너로 여 콘서트홀이 여러 번 매진된 사실, 그리고 화해와 새로운 사회를 위한 서부 워싱턴 주 훈련가 모임(the Western Washington Fellowship of Reconciliation and New Society Trainers)과 같은 단체들이 거의 40개에 달하는 비폭력 관련 훈련을 진행했다는 것 등은 일절 언급하지 않았다. 나의 남동생과 다른 비폭력 시위대원들은 상점 앞에 서서 파괴와 약탈을 막았고 스무 명 정도를 집으로 돌려보냈다. 이런 평화적 시위자들은 폭력의 권세가 폭력을 행하는 사람들보다 더 큰 실체이며, 그 권세의 회오리바람은 많은 사람들을 삼켜 버릴 수 있음을 알고 있었다.

톰 요더 뉴펠드(Tom Yoder Neufeld)는 존 하워드 요더(John Howard Yoder), 헨드릭 벌코프(Hendrik Berkhof), 월터 윙크(Walter Wink), 미로슬라브 볼프(Miroslav Volf)와 같은 잘 알려진 비평가들을 인용하면서, 이들이 '권세'라는 말을 어떻게 해석하는지를 요약해 준다.

〔이 비평가들은〕 우리가 모르는 사이에 이런 권세가 얼마나 널리 퍼져 있는지 주의를 기울이게 한다. 권세는 사회적·정치적·경제적 실재이며 우리 문화 속에 널리 퍼져 있다. 권세가 지닌 악마적인 속성은 초월성이나 인격성

(personal agency)과 관련된 것이라기보다는, 그 권세가 개인적으로나 공동체적으로 인간의 상상력과 행위를 통제할 수 있다는 점과 관련이 있다.¹

왜 우리가 지금 여기서 다시 한번 '권세'의 개념을 연구해야만 하는가? 최근에 이 용어는 다시 사람들의 입에 오르내리고 있는데, 이번에는 주로 월터 윙크의 수고 덕분에 상당히 수월하게 이해할 수 있게 되었다. 나도 과거의 글에서 권세의 개념을 논의한 적이 있다. 어떤 악의 문제는 영적인 대응을 요구하며, 그런 문제는 물질적 수준에서만 접근할 때에는 제대로 다루어지지 않는다. 나는 그런 이슈들에 대해 윤리적인 질문을 제기하고자 했다.²

이 책에서 나의 관심은 먼저 폭력에 강조점을 두는 윙크의 권세 개념을 확장하는 것이다. 그리고 이 확장된 이해를 통해 교회가 주변 문화의 방법들을 따름으로써 선택한 잘못된 방향을 비판하는 데 도움을 얻고자 한다. 이를 위해 우리는,

- 기독교에서 '권세'의 언어가 왜 상실되었고, 또 어떻게 회복되었는지를 자세히 설명하고,
- 정사와 권세에 대한 성경의 설명을 개략적으로 살펴보며,
- '권세'의 개념을 활용하여 현재의 이슈들을 이해하고자 하는 다양한 해석학적 움직임들의 윤곽을 그려 보고,
- 교회가 다른 문화적 권세들에 어떻게 맞서야 할지를 간략하게 생각해 볼 것이다.

3장에서는 이 새로운 밀레니엄에 교회 안에서 타락한 정사가 나타나는 사례들을 제시할 것이다. 2장과 4장에서는 긍정적인 측면에서, 하나님이 내주(來住, tabernacling)하시는 장소가 될 수 있도록 '약함'(weakness)으로 부

름받는 교회의 소명과, 만일 교회가 타락한 권세의 유혹에 저항하며 약함을 선택한다면 과연 어떤 존재가 될 것인지를 각각 살펴볼 것이다.

'권세'와 관련된 언어의 회복

1964년에 윌리엄 스트링펠로우(William Stringfellow)는, '그리스도와 죽음의 권세'라는 매우 흥미로운 장에서,[3] '정사와 권세' 개념이 교회 안에서는 상실되었지만 교회 밖에서는 그렇지 않은 것처럼 보인다고 말했다(50-51). 그는 자신이 하버드 경영대학원에서 정사(the principalities)의 의미를 주제로 강의한 이야기를 들려준다. 그 강의는 같은 주제를 먼저 신학대학원 학생들과 토론한 다음에 이루어졌다. 그는 경영대학원 학생들이 신학적인 훈련은 받지 않았지만 "정사가 무엇이며, 정사와 인간 사이에 무엇이 이슈가 되는지에 대한 인식과 이해와 통찰을 지니고 있었다"고 말한다. 이와 대조적으로 신학대학원 학생들은, 그 성경 용어가 "현대의 실재와는 대응되지 않는 낡은 이미지"라고 생각하고 있었다(51). 학생들의 그러한 반응은 살아 있는 타락한 실재로서의 권세(52)가 제도(institutions, 55-57)뿐 아니라, 또한 이미지(53-55)나 이데올로기(57-59)와도 동일시될 수 있다는 스트링펠로우의 인식을 확인해 주었다.

'권세'와 관련된 언어는 종교개혁 시대 이후로 사용되지 않게 되었는데, 그 주된 이유는 마르틴 루터와 장 칼뱅이 다양한 묵시적 분파들의 종말론에 대해 경계심을 품었기 때문이었다. 그 이후에는 그리스도의 나라를 우주적인 것이 아닌 주관적인 것으로 이해하는 사조가 왔는데, 그 핵심에는 프리드리히 슐라이어마허(Friedrich Schleiermacher), 아돌프 폰 하르낙(Adolf von Harnack), 에른스트 트룈치(Ernest Troeltsch), 요하네스 바이스

(Johannes Weiss), 알베르트 슈바이처(Albert Schweitzer) 같은 인물들이 있다. 이런 변화를 기억하는 것이 중요하다. 즉 처음에 개혁자들은 특정 집단의 권세에 대한 오해 때문에 그 언어를 사용하는 것을 꺼렸다. 이와는 대조적으로, 그 이후의 학자들은 그리스도의 사역을 내면적 차원으로 축소하였기 때문에 권세의 개념 자체를 거부했다. 이 두 가지 문제는 오늘날까지 계속되고 있는데, 다시 검토되어야 할 필요가 있다.

그런데 1, 2차 세계대전을 전후하여 일어난 극단적인 사건들 때문에 권세라는 개념이 다시 사용되기 시작했다. 그 사건들의 성격을 해명할 수 있는 다른 방법이 없었기 때문이다.

신학적 논의에서 '권세'와 관련된 어휘를 회복시킨 선구자로서 가장 폭넓은 영향력을 끼친 사람은 칼 바르트(Karl Barth)였다.[4] 비록 그의 글보다 앞선 것으로 요한 크리스토프 블룸하르트(Johann Christoph Blumhardt)와 그의 아들 크리스토프 프리드리히 블룸하르트(Christoph Friedrich Blumhardt)의 글들이 있었지만,[5] 그리스도의 주권이 사회적·정치적 측면까지 포함한다는 블룸하르트 부자의 주장은 세기가 바뀌던 그들의 시대에는 거의 외면당하거나 오해를 받았다. 사람들은 1차 세계대전의 후유증을 겪으면서 비로소 그들을 이해하기 시작했다.[6]

'정사와 권세' 개념에 대한 첫 번째 학술 논문이 나오기 몇 년 전인 1932년에 디트리히 본회퍼(Dietrich Bonhoeffer)는 이렇게 기록했다. "다름 아닌 마귀들이 이 세상의 지배권을 장악하게 되었다는 사실과, 여기 이처럼 악독한 음모를 꾸민 것이 바로 어둠의 권세라는 사실에 대해 어떻게 눈을 감을 수 있는가?"[7] 사람들은 현대 심리학의 범위를 훨씬 뛰어넘는 그 시대의 공포를 표현할 언어를 찾으려고 노력했고, '정사와 권세'라는 개념으로 돌아왔다.

비슷한 이유로, 핵무기와 냉전의 시대에도 세계가 처한 위태한 상황을 기술하기 위해 '정사와 권세'의 개념이 사용되기 시작했다. 예를 들어, 제임스 더글러스(James W. Douglass)는 다음과 같이 주장했다. "사도 바울이 말한 '권세'가 강력한 힘을 발휘하며 온 세상을 죽음으로 몰아가고 있다. 이것이 세상이 진행하는 방향이라는 명백한 사실을 부인하는 것은 이상주의에 굴복하는 것이다."[8]

현대의 서구 문명이 주는 공포는 우리로 하여금 정사와 권세라는 실체를 자세히 살펴봄으로써 이 시대에 맞는 좀 더 현실적이고 효과적인 기독교 윤리를 찾도록 요구한다. 하버드 대학의 아모스 와일더(Amos Wilder)는, '권세' 개념이 신약성경의 종말론이나 기독론이 현대 사회에 적용되는 것을 곤란하게 하거나 방해하는 것이 아니라, 오히려 우리가 속한 이 권력 구조들의 세계에 복음을 적용하는 것이 매우 긴급한 일임을 보여준다고 주장했다.[9]

한편에서는 '권세'와 관련된 언어가 우리 시대의 악을 해명하는 방법으로서 다시 소개되었지만, 다른 편에서는 다양한 방식으로 축소되었다. 어떤 사람들은, 소설가 프랭크 페레티(Frank Peretti)에 의해 대중화된 관점처럼, 권세를 단순히 '인격적 존재' 혹은 '마귀'로 보았고, 반대 극단에서 다른 이들은 (모든 부분에 영향을 끼치는 초자연적인 차원들을 무시하고) 권세를 단순히 제도나 구조와 동일시했다. 그러므로 여기서 성경에 나타난 더 커다란 준거틀을 회복하는 것이 본질적으로 중요하다. 윌리엄 스트링펠로우는 「낯선 나라에 사는 그리스도인과 다른 이방인들을 위한 윤리」(*An Ethic for Christians and Other Aliens in a Strange Land*)에서 권세가 영향을 끼치는 범위가 광대함을 지적했다. 이 책에서 스트링펠로우는 정사의 특징을 다음과 같이 기술한다.

- 종류, 수, 이름이 매우 많고 다양함
- 타락한 피조물임(무질서와 혼란과 경쟁 속에서 번성함)
- 거꾸로 된 통치(반대 방향으로 일함. 생명을 양육하는 것이 아니라 오히려 비인간화함)
- 선량하지 않고 공격적임
- 모든 사람들을 피해자로 만듦(본인들이 알든 모르든)
- 지도자들로 하여금 노예 된 상태에 미혹되게 하여 꼭두각시로 부림
- 자신의 생존 자체가 위태로우므로 늘 서로 경쟁함
- 자신의 생존을 위해 새로운 도덕을 만들어 냄[10]

권세란 무엇인가?

'정사와 권세'와 관련된 성경 본문들에 대한 해석은 매우 다양하므로, 이 짧은 한 개의 장을 통해 그 모든 내용을 적절하게 소개하는 것은 불가능하다.[11] 그 용어가 신약성경 본문에서 아주 다양한 방식으로 사용되었고 또 학자들 간에는 해석의 전제들이 서로 다르므로, 권세와 관련되어 제기되는 질문들에 대해(권세의 본성과 본질이 무엇이며, 어떻게, 그리고 언제 그 권세들이 제압될 것인지, 또 권세들이 궁극적으로 파괴될 것인지, 아니면 화해될 것인지 등) 의견이 광범위하게 갈라진다. 여기서 우리는 우리의 목적을 위해 꼭 필요한 몇 가지 논쟁만을 살펴볼 것이다.

우리는 권세에 대해 언급하는 가장 중요한 성경 본문들을 가지고 아래와 같이 밑그림을 그려 볼 수 있다.

골로새서 1:16 권세는 선한 목적으로 창조되었다.

로마서 8:19-22 권세는 타락한 피조세계의 일부로서 피조세계의 깨어짐을 공유하며, 그 썩어짐에 참여하며, 주어진 적정한 한계를 벗어나 있고, 해방을 바라며 신음하고 있다.

로마서 8:38-39 권세는 아무리 강하다고 해도, 우리를 그리스도 안에 있는 하나님의 사랑에서 끊을 수 없다.

고린도전서 15:25-26 사망은 그리스도께 굴복되어야 할 우주적인 원수들 중 하나다.

골로새서 2:13하-15 그리스도는 권세를 무력화하시고, 드러내어 구경거리로 삼으시고, 이기셨다.

베드로전서 3:22 권세와 능력은 그리스도께 복종한다. (이 본문에서 권세들과 능력들은 천사들과 함께 언급되는데, 이 사실은 우리로 하여금 권세와 능력이 지상의 물질적 성격을 초월하는 좀 더 큰 차원을 지니고 있음을 잊지 않도록 해준다.)

고린도전서 2:8 여기서는 변증법의 다른 쪽 측면이 언급된다. 지상의 통치자들(정사들)이 영광의 주를 십자가에 못박았다. 이 본문은 또한 권세가 정치적 영역뿐만 아니라 종교적 영역에서도 작용함을 강조하고 있다. 이것은 우리에게 한 가지 꺼림칙한 사실, 곧 오늘날의 교회들도 이 경우와 마찬가지로 선한 목적이 아니라 악한 목적에 봉사하는 정사가 될 수 있음을 일깨워 준다.

에베소서 6:10-20 우리는 하나님의 전신갑주를 입고 권세들을 대적해야만 한다. (이 본문은 아주 결정적으로 중요하므로 4장에서 자세히 살펴볼 것이다.)[12]

권세의 이미지는 어떤 진리를 전달하고 있는가? 이 질문은 수 세기 동안 성경의 권세 개념을 시각적으로 해석한 (그리고 종종 잘못 해석한) 중세와 현대의 미술과 문학이라는 구름에 휩싸여 있었다. 그러나 한 가지는 확실한 것 같다. 오스카 쿨만(Oscar Cullmann)은 우리가 초기의 기독교 신앙 공식(이것은 초기 그리스도인들이 본질적으로 중요하다고 여겼던 것이 무엇인지를 판단하는 유일한 객관적 기준이다)의 결정적인 부분에서 항상 권세가 언급됨을 볼 수 있으므로, 우리는 초대 교회에서 권세에 대한 그리스도의 승리라는 주제가 얼마나 중요했는지를 새롭게 인식해야만 한다고 강조한다.[13] 나는 이 새로운 밀레니엄에 우리 교회가 진정한 정체성을 드러내기 위해서는, 이 교리(초기 그리스도인들에게 핵심적으로 중요했던!)를 회복하는 것이 결정적으로 중요하다고 믿는다.

오늘날 권세에 대한 인식이 왜 본질적으로 중요한가?

제임스 스튜어트(James S. Stewart)는, 학자들이 처음으로 '정사와 권세'라는 개념을 회복해 나가던 시기에 돌파구를 열었던 그의 논문에서(이 논문은 오늘날까지도 적실성이 있다), 정사와 권세의 개념이 단순한 묵시적 상상으로 축소됨으로써 기독교 인간학은 무언가 핵심적인 것을 잃게 되었다고 주장했다.

    스튜어트는, 무엇보다도 우리가 세상 사건들의 무대에서 가시화되는 우주적 전투에 대한 감각을 잃어버렸다고 주장했다.[14] 그리고 그는 계속해서 좀 더 심각한 문제는 속죄 교리와 관련된 손실이라고 주장했다. 그리스도의 죽음의 계시적인 차원만을 강조하는 신학은, 신약성경이 인간이 구속(救贖)받아야 할 악의 악마적 속성에 초점을 맞추고 있다는 사실을 진지하게 고려하지 않았다. 그리하여 기독교 복음의 기본적인 요소 중 하나가 본질과 상관없는 것처럼 여겨져 퇴출당했다. 스튜어트는 이러한 신약성경의 중심을 다음과 같이 강조했다.

> 십자가를 사랑과 자비의 계시라고 말하고 그 이상 더 나가지 않는 신학은, 역사의 딜레마이며 인간 곤경의 원인인 정말로 비극적인 힘과 관련해서는 답을 제시하지 않는다. 그러나 원초적인 선언은 훨씬 더 나아갔다. 그것은 인간의 상황은 물론 우주, 곧 '코스모스'(kosmos)자체를 변화시킨 객관적 거래를 언급했다. 그것은 어둠의 권세의 결정적이고 돌이킬 수 없는 패배를 선언했다. 그것은 십자가를…… 세 가지 요소, 곧 인간의 모략(design)과[15] 예수님의 뜻과 하나님의 예정이…… 함께 만나고 서로 맞물리게 된 자리라고 말했다. 우리가 보이지 않는 우주적 권세에 대한 신약성경의 가르침을…… 진지하게 받아들이고 그것에 적절한 중요성을 부여할 때에만, 이 삼중적인 드라마를 이해할 수 있다(294-295).

스튜어트의 이런 강조는 이 곳에서 나의 목적을 위해 결정적으로 중요하다. 왜냐하면 현대의 속죄 교리의 축소야말로 권세들에 대한 우리의 이해를 약화시키려는 권세들의 활동 결과이기 때문이다(3장에서 이 문제를 논의할 것이다).

그리고 스튜어트는 보이지 않는 사악한 권세들의 대리인 노릇을 하는 역사적이고 가시적인 다양한 힘들(곧 종교 지도자들, 유대와 로마의 정치적 상황, 그리고 군중(사회적 힘))을 분석했다(295-296). 그 다음에 그는 예수님의 성육신과 삶과 가르침과 사역을 복음서에 기록된 대로 이해하는 데 '정사와 권세'의 개념이 꼭 필요한 이유를 보여주었다. 예수님은 우주적인 힘들이 참호를 파고 숨어 있는 역사의 전장(戰場)에서 그들을 맞닥뜨림으로써만 그들의 권세를 깨뜨릴 수 있었다(297-299).

마지막으로, 스튜어트는 하나님이 그리스도 안에서 세상을 화해시키셨음을 인식하는 온전한 신약성경 기독론과 연결된 속죄 교리만이 유일하게 타당한 속죄 교리라고 단언했다. 그러므로 '정사와 권세' 개념은 이원론을 효과적으로 제거한다. 신약성경은(특히 빌립보서와 골로새서) 그리스도가 권세를 정복하셨고, 권세에 대한 당신의 주권을 드러내셨음을 강조하기 때문이다(299-300).

스튜어트의 논문은 신학과 성서학에서 '정사와 권세' 개념을 회복하는 것이 중요하다는 것을 역설한다. 하지만 '권세의 본성이 무엇인가?'라는 질문에 21세기를 사는 우리가 어떻게 답해야 할지를 말해 주지는 않는다. 다음에서 우리는 그 질문을 다룬 몇 가지 뛰어난 연구들을 살펴볼 것이다.

월터 윙크 이전의 다양한 견해들

쿨만과 스튜어트는 교회의 가르침과 생활에서 '정사와 권세' 개념이 결정적으로 중요함을 강조했다. 그러나 이 개념에 대한 초대 교회의 본질적인 강조와 현재의 신학적 방향 사이의 해석학적 간격을 어떻게 연결할 것인가 하는 어려운 문제가 남아 있다. 지난 50년 동안 '권세' 개념의 해석은 양극단 사이에 두루 펼쳐져 있었다. 한쪽에는 루돌프 불트만(Rudolf Bultmann), 에른스트 캐제만(Ernst Käsemann), 맥그레거(G. H. C. MacGregor), 그리고 아모스 와일더와 같이 '정사와 권세' 개념이 비신화화(demythologized) 되어야만 한다고 믿는 학자들이 있었다(비록 맥그레거나 와일더가 불트만의 비신화화 방식을 거부하기는 했지만). 가장 주목할 만한 사례로, 불트만은 그의 「신약성서신학」(*Theology of the New Testament*) 1권에서, 권세에 관한 성경의 기술을 "신화적"이라고 부르며, 권세는 그것을 의미 있게 여기는 사람

들에게만 존재한다고 단언한다.[16]

　신학적 스펙트럼의 반대쪽 끝에서는 존 스토트(John Stott)를 비롯한 여러 사람이 비신화화 주창자들에 대해 반발하면서, 성경은 권세를 마귀와 같은 인격적인 존재로 묘사하고 있으며, 이 우주론은 반드시 보존되어야 한다고 주장한다.[17] 스토트는 우리가 정사와 권세를 인간이 만든 구조와 동일시하게 되면, "항상 그런 것은 아니지만 왜 구조가 그렇게 자주 폭군적이 되는지를 적절히 설명할 수 없게 되며" 구조적인 것으로만 간주하기에는 너무도 교묘하게 변화를 일으키는 악의 사악한 활동을 이해하는 데 정당화할 수 없는 제약을 만들게 되고, "사회와 그 구조들에 대한 우리의 태도가 지나치게 부정적이 될 것"이라고 믿었다.[18] 로버트 웨버(Robert E. Webber)는 스토트의 입장을 수정하여, 신약성경의 우주론은 오늘날에도 유지될 수 있으며, 두 종류의 권세 곧 즉 영적인 세력과 그것이 이용하는 구조를 모두 인식한다고 주장한다.[19]

　하지만 권세를 어떤 종류의 인격으로 해석하는 주장들은 너무 쉽게 성경 본문이 경고하는(여기서 저자는 아마도 골 2:8-10이나 딤전 1:3-4을 떠올리는 것 같다—옮긴이) 바로 그 헛된 사변에 빠지게 된다. 그런 경향에 대한 반동으로 휘틀리(D. E. H. Whiteley)는 광범위한 주석적 연구 끝에, 성경은 "개개의 악한 영들의 활동"보다는 "전체로서의 악마적 복합체(the demonic complex)가 만들어 내는, 모든 곳에 퍼져 있는 거시적인 영향들"에 좀 더 관심을 둔다고 결론을 내린다.[20] 하인리히 슐리어(Heinrich Schlier)나[21] 브루스(F. F. Bruce)[22] 같은 다른 학자들은, 우리가 현실 속에서 권세를 개개의 인격적인 존재나 집단적 실체의 모습으로 대면하게 됨을 강조하면서 양극을 함께 취했다.

　몇몇 신학자들은, 권세를 너무도 쉽게 인간적 구조와 동일시하는 비신화화 주창자들과, 권세는 오직 천사적인 존재들과만 동일시되어야 한다고 고집하는 인격화 주창자들 사이에서 다른 타협점을 찾았다. 빌럼 A. 비서트 후프트(Willem A. Visser't Hooft), 쿨만, 알베르트 H. 반 덴 호이벨(Albert H. van den Heuvel), 마르쿠스 바르트(Markus Barth), 스트링펠로우 같은 학자들은 성경 세계와 현대 세계 사이에 부합(符合)하는 부분들이 많이 있다고 믿는다.[23] 존 요더는 헨드릭 벌코프를 따라서, 현대의 어떤 특정한 현상들은 "구조적으로 권세와 닮은 점이 있지만" 서로 동일시되어서는 안된다고 주장한다.[24] 그는 그런 유사한 현상들의 광범위함을 보여주고자, 종교적·지적('-학, -주의')·도덕적('규약과 관습')·정치적 구조들을 열거한다. 그리고 그는 권세를 이렇게 이해하면, '정사와 권세'의 개념을 통해 사회와 역사 문제들을 분석하려 할 때 (권세의 인격성을 강조할 때보다) 좀 더 정제된 분석이 가능하다고 주장한다.[25] 또 다른 글에서 요더는 다음과 같이 조심스럽게 권세를 기술(記述)하고 있다.

> 바울의 생각 속에서 이 '우주적 권세들'이 무엇이었는지를 현대의 용어로 말하기는 쉽지 않다. 그것들은 인간은 아니지만, 인간의 사건과 구조에 영향을 끼친다. 우리가 국가, 경제, 미디어, 이념이라고 부르는 것들은 우주적 권세들이 이용하는 도구다.[26]

비록 이런 설명이 인간 대리인이나 구조들('도구들')과 그것들에 영향을 끼치는 정사와 권세, 이 두 가지 모두를 정사라고 부르는 주석학적 움직임을 지지할 수 있겠지만, 만일 우리가 초자연적인 세력들이 그들의 지배의 도구들을 초월하여 존재하는 그림을 그린다면, 우리는 요더가 주의를 기울였던 것처럼 우주를 두 개의 층으로 나누어 생각하지 않도록 매우 조심해야 한다.

월터 윙크의 권세의 내부적 양상과 외부적 양상 개념

우리 시대에 권세에 대한 연구에서 가장 자주 언급되는 이름은 월터 윙크가 틀림없다. 내가 모든 부분에서 그에게 동의하지는 않지만,[27] 권세에 관한 그의 다섯 권의 책은 매우 소중한 자료로서 추천할 수 있다.[28] 윙크는 자신에게 제도적인 악(institutional evil)을 이해하는 데 권세 개념이 적실함을 깨닫게 해준 윌리엄 스트링펠로우의 「복종의 자유」(Free in Obedience)[29]를 높게 평가한다.[30] 그러나 스트링펠로우가 정사와 권세를 구조와만 동일시하는 것처럼 보이기 때문에,[31] 그의 작업이 정밀함이 부족하다고 비판한다. 윙크는 다음과 같은 예비적인 관찰을 제시한다.

1. 권세의 언어는 신약성경 전체에 퍼져 있다(7).
2. 신약성경의 권세의 언어는 불명확하고, 유동적이며, 상호교환이 가능하며, 조직적이지 않다(9).
3. 이런 불명확성과 교환 가능성이 있지만 그 언어의 용법에는 분명한 패턴이 나타난다(10).
4. 이런 용어들이 어느 정도 교환이 가능하기 때문에, 한 단어나 한 쌍 또는 연속된 용어들이 그들 모두를 대표하는 의미로 사용될 수 있다(10).
5. 이런 권세들은 천상적이며 동시에 지상적이고, 신적이며 동시에 인간적이고, 영적이기도 하고 정치적이기도 하고, 불가시적이기도 하고 구조적이기도 하다(11).
6. 이런 권세들은 선하기도 하고 악하기도 하다(12).

신약성경의 권세들('아르케'[arche: 통치자], '아르카이'[archai: 종종 '정사들', 'pincipalities'로 번역됨], '엑수시아'[exousia: 권위,능력], '뒤나미스'

[*dunamis*: 능력], '트로노스'[*thronos*: 왕좌], '퀴리오테스'[*kuriotēs*: 통치 권력], '오노마'[*onoma*: 이름], 천사들, 타락한 천사들, 악한 영들, 그리고 마귀들, 나라들의 수호천사)을 모두 연구한 다음(13-15), 윙크는 다음의 일곱 번째 가정을 추가했다. 그는 이것도 데이터에 의해 정당화된다고 주장한다.

7. 문맥 속에서 구체적으로 소개되지 않는다면, 우리는 그 용어가 천상의 것과 지상의 것, 신적인 것과 인간적인 것, 좋은 권세와 악한 권세 양쪽 모두를 의미할 수 있음을 이해하고, 권세와 관련된 용어들을 가장 포괄적인 의미로 사용해야 한다(39).

나는 윙크의 예비적인 관찰과, 권세를 언급하는 모든 신약성경 용어들에 대한 그의 고찰이 아주 유용하다는 것을 강조하고 싶다. 그럼에도 그의 전제들 중 어떤 것은 문제가 있는 것 같다. 비록 성경에 나오는 목록들 속에서 '아르케', '뒤나미스', '엑수시아', '트로노스', '퀴리오테스'와 같은 용어들은 교환 가능한 방식으로 등장하지만, 그 용어들과 천사들('앙겔로이')과 마귀들('다이모니아')을 지칭하는 단어 사이에는 어떤 차이가 있는 것 같다. 뒤의 명칭들은 종종 구체적으로 초자연적 존재들을 지칭하는 것처럼 보인다. 성경의 용법에서 이런 두 종류의 용어를 선택하는 데 어느 정도의 세밀한 구별이 나타나는데도 윙크가 모든 용어들을 섞어 놓은 것은, 이 두 집합의 의미에 혼란을 준다. 그러므로 모든 용어들이 교환 가능하고, 하나나 그 이상의 용어가 다른 것 모두를 대표할 수 있다고 하는, 윙크의 4번 명제는 잘못된 것처럼 보인다.

이와 유사하게, 윙크는 핵심적인 신약성경 본문들에 대한 검토에서 (40-96) 다양한 용어들을 적절하게 구별하지 못하고 있다. 비록 그가 고대인들이 다양한 형태의 권세를 아주 풍부하고도 섬세하게 인식하고 있었다고 올바른 결론을 내리지만(101) 자신은 신약성경의 단어 선택에 담긴 특징적인 뉘앙스에 대하여 열린 마음으로 그 풍부함을 탐구하지 않는다. 그는 '용법에 드러나는 분명한 패턴'에 주의를 기울이지 않음으로써, 자신의 3번 명제를 따르지 않는다.

윙크는 과거에 그 단어의 의미장(意味場, the word field)의 영적인 차원에만 몰두했던 것에 대해(이런 경향 때문에 신약성경이 인간적·구조적 차원들을 말할 때 압도적으로 권세 용어를 사용한다는 사실이 주목받지 못했다) 정당하게 반대한다. 하지만 그는 계속해서 다음과 같이 주장한다.

> 현대의 세계관에서는 생소하게 느껴지는 이 영적인 측면은 우리의 사고 범주들이 본문의 해석에 얼마나 부적절한지를 드러내 준다. 그렇다면 권세의 영적인 차원들에 초점을 맞추는 학자들의 본능은 틀리지 않았다. 다만, 그들은 약해진 기반 위에서 그 일을 행해 왔을 뿐이다. 바로 이 영적인 요소야말로, 현대의 축소주의자들이 가진 범주에 맞지 않고 또 맞출 수도 없어서, 설명을 강력히 요구하고 있는 부분이다(101).

그러나 윙크는 그 영적인 요소를 탐구할 때, 자연적인 차원을 초월하는 영적인 차원을 전혀 인식하지 못하고 물질적인 구조들 내에서만 연구를 진행하는 잘못을 범한다. 이와 마찬가지로, 윙크는 현대 사회학 이론과 그것의 무의식적인 이데올로기적 전제들을 신약성경이 증언하는 실재를 이해하는 규범으로 삼을 위험을 경고하면서도, 이런 조심스러운 경고에 이어지는 페이지에서, 그리고 특히 그의 3부작 중 두 번째 책에서는 스스로 자신의 조언을 따르지 못하고 있다.[32]

첫 번째 책에서 그의 결론은, 영적인 권세를 세상과 분리된 천상적이고 비물질적인(ethereal) 실재로 보아서는 안되고, "물질적이거나 만져질 수 있도록 구현(具現)된 권세의 내적 양상"으로 간주해야 한다는 것이다(104). 결론에 도달하는 과정에서 윙크는 영적인 실재들이 그에 상응하는 물질적 존재로부터 독립하여 존재를 가질 수 없다고 단언함으로써, 내적 양상과 외적 양상이 밀접하게 뒤얽혀 있다는 점을 강조한다(105). 그러므로 윙크의 요점은, 비록 내적·외적 양상들이 구분될 수는 있지만 분리될 수는 없다는 것이다.

윙크는 권세가 지상적이기도 하고 천상적이기도 하다(both earthly and heavenly)고 말하는 쿨만의 생각이 세밀하지 못하다고 거부하면서, 쿨만의 설명은 권세를 인간적이거나 제도적인 권세와 신적이거나 악마적인 권세라는 두 가지 다른 집합으로 분리한다고 지적한다.[33] 윙크는 자신이 옹호하려는 대안을 다음과 같이 강조하며 말한다.

> 권세는 나눌 수 없는 한 덩어리의 외적 양상인 동시에 내적 양상이다……. 물질과 영을 분리하는 낡은 이원론 대신에, 우리는 이제 물질과 영이 서로 나눌 수 없는 한 실재로 결합해 있으며, 서로 다르지만 연관된 두 가지 구현 형태를 통해 구별된다고 생각할 수 있다(107).

성경 본문에 자주 덧입혀지는 물질과 영의 잘못된 이원론을 거부하는 점에서는 윙크가 분명히 옳다. 그러나 그가 물질적 존재들과 구별되는 영적인 세력의 영역을 완전히 제거해 버린 부분은 잘못 되었다. 그는 이 두 가지를 융합함으로써 우리가 개입된 우주적 전쟁을 축소하고, 그렇게 함으로써 그리스도의 사역과 교회의 복음 선포의 의미를 축소하고 있다.

월터 윙크의 관점에 대한 비판

나 자신과 다른 사람의 주석에 근거하여,[34] 나는 우리가 윙크처럼 초자연적인 실재로서의 권세 개념을 완전히 거부할 수 없으며, 초자연적인 부분을 그에 상응하는 물질적인 실재와 융합해 버리는 그의 이론에 동의할 수 없다고 확신한다. 다양한 성경 본문이 영적인 실재가 물질 속으로 육화(incarnate)되지 않더라도 존재할 수 있다고 말하는 것 같다.

나는 특히 윙크의 3부작 중 세 번째 책, 「권세와의 전쟁: 지배의 세계 속에서 분별하고 저항하기」(Engaging the Powers: Discernment and Resistance in a World of Domination)의 내용에 동의할 수 없다. 이 책에는 이와 같은 진술이 자주 등장한다. "그러나 사탄, 마귀, 그리고 권세는 좀 나중에 등장하는 말들이다. 인류는 복잡한 제도들과 세력들의 영적인 성향을 인식하는 데 느렸다."[35] 그런 논평은 권세를 단순히 우리의 인식 문제로 축소하며, 권세가 인간 에너지보다 훨씬 더 큰 세력이며, 인간의 분별력보다 훨씬 더 복잡하고, 단순한 자연 세계를 초월하는 존재임을 제대로 파악하지 못한 것이다. 이런 세력은 유대인의 역사 속에서 뒤늦게 이름을 얻었을 수도 있다. 그러나 그들의 정체가 드러나기 전에도 그들은 분명히 존재했었다.

일반적으로 윙크는 성경을 다루면서 본문을 진지하게 취급하지 않는다. 이런 경향은 그가 창조와 타락과 구속은 동시적이고(70), 또 "'타락'이란 단순히 우리 모두가 지배 체계라는 조건 아래 살고 있음을 의미한다"라고 단언하며(72) 역사를 압축시켜 버리는 데서 예시된다. '타락'은 죄악된 인간과 물질세계를 초월하는 더 큰 의미가 있고, 우리를 위해 예수님이 성취하신 구속은 윙크가 회피하고자 하는 역사적 특수성(particularity)에 뿌리내리고 있다.

윙크는 우리로 하여금 권세의 의미와 현 세계 구조 속에 드러나는 권세의 지배 전반에 주의를 기울이도록 하는, 매우 소중한 기여를 했다. 그러나 그는 성경 본문을 잘못 읽음으로써 우리를 오도한다. 예를 들어, 그는 예수님은 단지 굉장한 인격을 갖춘 사람으로 축소하고(한 예로서, 136-137), 속죄는 바울의 혼동 때문에 생겨난 사상으로 격하한다(139-155). 윙크 자신이 철저한 삼위일체론자가 아니므로, 속죄를 가부장적 억압이라는 파생 결과 없이 적절하게 이해하는 데 본질적으로 필요한 요구사항들을 빠트리고 있다.

윙크는 권세와 관련된 교회의 과업을(비록 그가 교회의 가장 중요한 역할인 권세에 대한 그리스도의 승리를 선포하는 일을 언급하지는 못하지만) 통찰력 있게 정확히 요약한다. 그것은 "그들의 우상적인 가면을 벗기고, 그들의 비인간화하는 가치들을 규명하고, 그들이 입은 고상함의 옷을 벗기고, 그들의 희생자들을 해방하는 것"이다. 이 과업들에 관하여 교회는 "사람들이 권세의 가면을 벗기고 권세에 대하여 죽을 수 있도록 도울 독특한 채비를 갖추고 있다." 그러나 윙크는 계속해서 에베소서 3:10에 "공개된"(published) 대로 "권세와의 싸움 가운데 있는 교회의 성격"을 논할 때, 다시 지나친 축소주의에 빠진다. 그는 "하늘에 있는 것들"은 단순히 "지상의 제도들, 체계들, 구조들의 내적 성향(interiority)"일 뿐이고, 교회의 과업은 이런 "권세들의 영적 성향(spirituality)을 폭로하는 사역을 실천하는 것"이라고 고집한다(164). 물론 우리는 그것들의 영적 성향을 폭로한다. 하지만, 이런 "악마적 존재의 계략들"(methods of the diabolical one, 엡 6:11에 대한 나의 번역)에 맞서는 치열한 전투는 인간 구조물들의 내적 성향과 싸우는 싸움을 훨씬 넘어서는 것이다. 또한 우리가 그 전투에서 승리할 수 있는 이유는 그리스도가 이미 그것들을 정복하셨고, 자신의 통치에 참여하도록 우리를 초대하고 계시기 때문이다.

나는 윙크의 연구가 여러 가지 면에서 우리에게 굉장히 유익하다는 것을 다시 한번 강조하고 싶다. 그의 8장 '인간적이지 않은 것을 씻어내기: 소모적인 존재가 되는 것'(To Wash Off the Not Human: Becoming Expendable)은 매우 중요하다(156-168). 왜냐하면 그가 올바르게 이해하듯이, "권세에 대해 죽은 자만이 자신을 소모적인 존재로 만들 수 있다." 그가 단언하는 이 내용이 "바로 세례의 의미이며, 세례와 함께 우리는 사탄과 그의 모든 일을 거부한다"(163). 그러나 윙크는 "사탄과 그의 모든 일"을 인간적 실재의 높이로 낮추어 버렸기 때문에, 그는 그리스도와 함께 장사되고 새로운 생명으로 부활하게 되는 세례의 충만한 의미를 진정으로 파악하지는 못했다.

궁극적으로 윙크는 권세를 '폭력의 문제'로(물론 이것은 부분적으로 권세의 본성이다) 축소한 것 같다. 그러나 예수님의 길은 비폭력을 훨씬 넘어서는 길이며, 권세에 맞서는 싸움은 훨씬 더 많은 악마적인 책략을 밝혀내고 훨씬 더 큰 힘의 정체를 폭로하는 일이다. 윙크가 악의 초자연적 영역을 붕괴시킨 것을 보면, 그가 또한 선과 하나님을 어떻게 붕괴시켰을지 궁금해진다.

윙크는 권세에 대해 반응할 때 기도가 결정적으로 중요함을 적절하게 강조한다. 그는 초기 그리스도인들이 애매히 고난을 당할 때 하나님을 원망하는 대신, 기도와 행동을 통해 "악을 하나님의 목적을 향하도록 다시 제자리로 돌려놓으려고" 노력했음을 인식한다(317). 그러나 윙크의 마지막 장 '하나님의 승리 경축하기'(Celebrating the Victory of God)는 무기력한 결론이다. 그 이유는 그의 소망이 궁극적으로 그리스도의 부활에 근거하지 않으므로 그의 구원은 단지 "해방을 위한 싸움 그 자체"로 축소되었기 때문이다. 그는 그 싸움 안에서 "힘없는 자들"(the powerless)이 "자신들 속에서 하나님이 그들을 창조하실 때에 쌓아 놓으신 자원들을" 발견한다고 말한다(323). 하지만 그것은 충분치 않다!

윙크는 그의 책 마지막 세 번째 문단에서 자신의 권세 신학이 박약하다는 것을 분명하게 드러낸다.

> 그런 이유로 이 고질적인 음치 가수들은 어쩔 수 없이 자신의 목소리를 가지고 천상의 합창에 참여하게 되었다. 그들은 이렇게 노래한다. "세상 나라가 우리 주와 그의 그리스도의 나라가 **되었고** 그가 세세토록 왕 노릇 하시리로다"(계 11:15, 저자의 강조 부분만 저자의 표현에 따라 개역개정에서 수정함—옮긴이). 노래 부르는 것(singing about)이 그것을 실현하는(bringing about) 한 방법이기 때문이다(324).

그가 찬양에 관해 말한 내용은 옳다. 하지만 윙크는 어느 곳에서도 메시아이신 예수 그리스도가 (삼위일체적인) 속죄 사역을 통해 그의 나라를 실현하셨고, 요한계시록이 기술하는 것처럼 하나님 나라의 절정이 성취되고 모든 악이 궁극적으로 파멸될 때 우주적인 갱신을 통해 그 나라를 궁극적으로 실현하실 것이라고 말하지 않는다. 윙크가 하나님을 축소하였기 때문에, 하나님의 승리도 빈약해져 버렸다. 그는 그리스도가 십자가와 빈 무덤에서 이루신 권세에 대한 승리를 기뻐할 수 없다![36]

토마스 요더 뉴펠드 또한 '권세'와 관련된 어휘를 윙크처럼 다루는 것이 부적절함을 인식한다. 그는 이렇게 기록했다.

> 그럼에도, 인간의 영역과 신적 혹은 악마적 영역의 경계는 불분명하다. 특히 '권세'의 경우에는 더욱 그러하다. 골로새서 1:16이, 보이는 것과 보이지 않는 것, 천상적인 것과 지상적인 것의 범주를 조심 없이 섞어 버리는 것이 이 점을 잘 예시한다. 에베소서 6:12의 목록 첫머리에 나오는 특정

한 짝인 '아르카이 카이 엑수시아이'(*archai kai exousiai*)의 경우는 신약 성경에 모두 열 번 나오는데, 단지 세 번만 분명하게 인간 권세나 기구를 가리킨다(눅 12:11; 20:20; 딛 3:1). 다른 경우들은 모두 바울의 글에 나온다(고전 15:24; 엡 1:21; 3:10; 6:12; 골 1:16; 2:10, 15).[37]

요더 뉴펠드는 권세의 '불길한 성격'을 잘 상기시키는 하인리히 슐리어를 인용한다.

> 원수들은 이 사람이나 저 사람이 아니고, 자기 자신도 아니다. 그들은 '혈과 육'이 아니다. 이 전쟁의 최전선에는 혈과 육이 자연스럽게 발견된다(엡 2:3 참조). 그러나 대립의 골은 훨씬 더 깊은 곳까지 들어간다. 이 싸움은 결국 지칠 줄 모르고 공격해 오는 수많은 적에 대한 것이다. 그들은 정체를 파악하기가 매우 어렵고, 특정한 이름도 없이 오로지 집합적인 명칭만 가진 존재들이다. 처음부터 그들은 인간보다 우월한 자리에 있었다. 그들이 있는 곳은 '하늘'이며, 우리는 그들을 볼 수도 없고 공격할 수도 없다. 무엇보다도, 그들이 있는 곳은 그들이 스스로 만들어 내는 존재의 '분위기'(atmosphere) 속이며, 그것은 모든 곳에 퍼져 있다. 결론적으로, 그들은 모두 본성적으로 지독한 악이 가득한 존재들이다.[38]

요더 뉴펠드는 계속해서 이렇게 기록한다.

> 권세의 특징을 이런 식으로 기술하면, 사회학적으로나 정치적으로 규정되는 권세와 '영적으로' 인식되어 신화적으로 묘사되는 권세 사이에서 선택을 해야만 할 필요가 없다. 두 가지가 모두 가능하다. 그러나 더 나은 관점은, 에베소서 저자처럼 이런 것들을 선택해야 할 범주가 아니고, 통으로

짠 천처럼 연결된, 하나님을 대적하는 실재들의 다양한 표출로 보는 것이
다. 우리가 보다시피 에베소서 저자의 교회관에서도 이런 인간적인 것과
신적인 것, 지상적인 것과 천상적인 것의 혼합이 나타난다.[39]

마지막으로 요더 뉴펠드는 각주를 통해 다음과 같이 강조한다.

이것을 인간적 존재와의 싸움이라고만 생각하면, 그 갈등의 온전한 범위
와 수준이 이해될 수 없다······. [에베소서] 5장은 어둠과 악의 세력과의
싸움이 사회적 실존의 충돌과 대립 속에서 일어난다고 지적한다. 초인간
적 권세와의 싸움이 일어나는 곳도 (또한) 인간 상호작용의 영역이다.[40]

다양한 형태로 경험되는 악의 작용

윙크의 이론적인 해설과는 매우 다르지만, 요한 크리스토프 블룸하르트는
악의 권세를 경험한 이야기를 들려준다. 이 이야기는 그의 전기 「각성」
(*The Awakening*)에 나오는데, 이 책의 독일어판은 한번도 절판된 적이 없
고, 최근에는 브루더호프 플로우 출판사(the Bruderhof's Plough
Publishing Company)가 영문판을 새롭게 출간했다. 이 책은 어린 시절부
터 자신의 시대에는 복음이 왜 이렇게 무기력하게 느껴질까 하는 의문을
품었던 한 조용한 성격의 목사가, 그의 마을과 교회에서 다양한 모습으로
나타나는 악과 영적인 무기력증을 직면하게 되면서 일어난 일을 자세히
기록하고 있다.

전기의 서론적인 개관에서 귄터 크뤼거(Günter Krüger)는, 어떻게 블
룸하르트가 스스로 악한 권세들과의 '싸움'(the Fight)이라고 불렀던 일에

끌려 들어가게 되었는지를 기술한다.

그는 (그의 성도 중 한 사람인 고트리빈 디투스를) 괴롭히는 어둠의 세력에게 지배권(power)을 넘겨주는 것을 치욕스럽게 생각했다. 무엇보다도 그는 그녀를 불쌍히 여겼다. 그는 자신이 앞으로 2년 동안이나 계속될, 미지의 영역을 향한 영적인 여정에 들어서고 있다고는 꿈에도 생각지 못했다. 강렬한 기도와 고트리빈을 통해 말하는 마귀와의 두려울 정도로 사실적인 대화로 진행된 이 싸움에 블룸하르트는 장차 모든 에너지를 쏟아 붓게 될 것이었다.[41]

얼마 지나지 않아 같은 증상이 고트리빈의 여동생 카타리나에게도 나타나게 되면서 그 전투의 범위가 더 확장되었다. "마지막 날 밤, 마귀의 목소리가 부르짖었다. '예수가 승리했다! 예수가 승리했다!'" 이것으로 그 싸움 자체는 끝이 났다. (그리고 두 여인은 온전한 건강을 되찾았고, 그 이후로 영적인 갱신이 일어나기 시작했다.)

"예수가 승리했다!" 그 부르짖음은 온 마을에 울려 퍼질 만큼 큰 소리였고, 그 메아리는 블룸하르트의 남은 생애 동안 그의 생각과 설교와 목회 속에서 계속 울려 퍼졌다. 그러나 나중에 사람들이 그에게 뫼틀링겐(Müttlingen)에서의 싸움에 대해 물을 때마다, 그는 그 사건을 축소하면서, 중요한 것은 그 싸움 자체가 아니라 그 다음에 일어난 일이며, 그것이 정말로 중요하다고 역설했다.

1844년 부활절까지 전에 없던 회개와 부흥이 마을 전체를 휩쓸었다. 그리고 그 각성 운동은 그 마을의 경계를 넘어 이웃 마을로 퍼져 나갔고, 더 멀리 슈바르츠발트(the Black Forest, Schwarzwald, 독일 남서부 삼림지

대-옮긴이)에까지 영향을 끼쳤다.[42]

그 갱신의 소식을 듣고, 1845년 성 금요일에는 176개 도시와 마을에서 사람들이 몰려와 예배를 드리게 되었다. 마을은 이 모든 손님들을 영접하여 환대를 베푸는 기쁨으로 들썩였고, 많은 치유의 역사가 보고되었다. 블룸하르트는 두 여인으로부터 축출당한 마귀들뿐 아니라, "싸움"이 시작되기 전에 그의 교회와 마을에 만연했던 영적인 무기력증도 악의 작용이었다고 회고했다.

인간의 몸을 입지 않은 악마적 존재들을 축출하는 실제 경험은(세계 여러 나라에서 수없이 보고되며 분명히 입증되고 있는), 성경의 권세 개념을 '내부/외부' 공식으로 축소하려는 윙크에 대한 우리의 반대가 옳다는 것을 확증해 준다. 우리는 칼 바르트에게서 이런 해석학적 이슈들을 다루는(윙크나 그보다 앞선 사람들이 제시한 것보다) 더 나은 도구를 발견한다.

칼 바르트와 성경적 개념을 통한 비신화화(非神話化)

'정사와 권세'를 비신화화하려는 사람들은 이런 '권위들'(authorities)이 초자연적 존재이거나 인격이라는 생각을 거부한다. 또한 '정사와 권세'는 인격적 존재라고 주장하는 사람들은 종종 바울 자신이 그 시대의 문화 속에서 중간적 존재들(intermediaries)의 계층구조가 존재한다는 관념(한 예로서, 당시의 영지주의적 세계관은 하늘을 여러 층으로 나누고 그 층마다 다른 영적인 존재들이 지배한다고 보았다-옮긴이)을 비신화화하려고 했던 사실을 고려하지 못한다. 칼 바르트는 이런 문제를 인식하고 현대의 해석학적 문제 전체를 완전히 뒤집어 놓는다.

그의 마지막 강의에 관한 기록에서, 바르트는 「마법사의 제자」(*The Sorcerer's Apprentice*, 괴테의 서사시―옮긴이)의 이미지를 사용하여 권세를 "생명이 있고 활동하는 영, 주인이 없는 내주(內住)하는 세력······ 붙잡기 어려운······ 그들만의 권리와 존엄성을 지닌······ 독립적 존재들(absolutes)"로 설명한다.[43] 그는 권세의 실재와 역량이 불분명하고 불확실하고 불가지하며, 그것들이 역사의 여러 시기에 다양한 문화적 영역과 개인의 삶 속에서 나타나는 모양이 다양하고 변화무쌍하다고 말한다. 무엇보다도, 그는 권세의 실재와 역량을 무시할 수 없다고 주장한다(215).

바르트는 신약성경 저자들의 세계관이 "마술적"이라는 평가를 받아들이지 않는다. 바르트는 오히려 그들이 그 시대의 우주관 때문에 우리보다 덜 방해를 받았으므로, "사실은, 이성적이고 과학적인 관점으로 만족하는 우리보다 더 많이, 더 분명히 보았으며, 그들의 생각과 언어는 실재에 훨씬 더 가까이 다가갔다"고 주장한다(216-217). 결과적으로, 그들은 권세의 실재와 역량에 대해 자유롭게 사고할 수 있었다. 바르트는 '정사와 권세' 개념의 비신화화가 아니라, 국가나 맘몬(부정적인 의미에서의 '세상 재물'[마 6:24]을 의미하는 아람어 단어―옮긴이) 같은 현대의 권세에 대한 신화를 비신화화하는 것이 필요하다고 결론을 내린다. 권세는 그 신화를 이용하여 (바르트가 자세히 기술하는) 폭정을 실행할 수 있었다(220-233).

비록 바르트는 자신의 결론에 대한 주석적인 근거를 전혀 제시하지 않지만, 성경이 현대 세계를 비신화화해야만 한다는 그의 주장은 분명히 우리가 골로새서 2장이나, 특히 에베소서 연구를 통해 발견하는 내용과 일치한다. 기독교의 진리는 권세와의 싸움을 위한 무기 목록에서 첫 번째로 언급되는 무기다. 또한 십자가에서 이루어진 그리스도의 승리는 권세의 정체를 폭로하고 그 힘을 무력화하는 것이었다. 그러므로 '정사와 권세'라는 성경의 개념은, 비록 우리 시대에 명확히 이해되지 않으며 성경 저자들도 자세히 설명해 주지는 않지만, 21세기의 실제 권세들을 비신화화하는 수단으로 사용될 수 있다. 이 사실을 기억하며, 정사와 권세 개념을 현대에 적용하는 것과 관련된 논쟁에서 자주 제기되는 (그리고 이곳에서의 우리의 목적에 도움이 되는) 몇 가지 질문들을 살펴보자.

적용의 이슈들

'정사와 권세' 개념에 관한 현대의 토론은 대부분 그 개념을 포스트모던 시대의 실재들에 적용하는 문제에 초점을 맞추고 있다. 예를 들어, 윌리엄 스트링펠로우는 그리스도인들이 정말 성경에 뿌리를 내리고 있다면, 좀 더 지혜로워야만 한다고 불평한다.

> 그들은 여전히 이 권세들에 대해 놀라울 정도로 둔감하다……. 그러나 무지하거나, 잘 속거나, 순진한 것……, 정사들의 본래의 능력을 과소평가하는 것, 이런 권세들의 피조물로서의 자율성을 인식하지 못하는 것, 이런 것들이 권세들로 하여금 인간의 생명을 빼앗고 인간을 지배하도록 부추긴다.[44]

이 책에서 나의 관심은, 그리스도인들이 권세의 역량을 올바르게 평가함으로써 권세가 우리와 우리의 교회를 오도(誤導)하지 못하게 하려는 것이다. 또한 우리는 각 교회가 창조된 권세 중 하나로서 자신의 타락성과 끊임없이 씨름하고 있으며, 종종 성령의 능력으로 살지 못하여 자신의 진정한 소명을 성취하는 데 실패하고 있음을 인식해야만 한다.

먼저, 종종 우리로 하여금 교회론에서 '권세' 개념의 중요성을 진지하게 고려하지 못하게 하는 해석학적 간격을 극복하기 위해, 성경 시대와 우리 시대 사이에 많은 유사점이 있다는 사실을 인식하자. 예를 들어, 50년 전 고든 럽(Gordon Rupp)이 지적한 유사점들은 오늘날까지도 여전히 발견되는 특징이다. 세상은 너무도 빠른 속도로 복잡해지고 있고, 그 안에서 "작은 자"들은 스스로 거대한 역사적 세력들의 노리개에 불과하다고 느끼며, 건전한 신경 기능이 마비되고, 한편으로는 미신과 종교가 부흥하고 다른 편으로는 숙명론과 헛된 기회를 노리는 무모한 투기가 성행한다. 우리는 이 목록에다가, 현재 진행되고 있는 전쟁과 관련된 모든 긴장과 스트레스, 거대한 권력 체제들, 과도한 인구, 엄청난 양의 물질적 부, 정치인들과 경제학자들이 통제는커녕 이해조차 못하는 (재앙과도 같은 현실을 반영하는) 통계들을 덧붙여야만 한다. "한밤중에 이 모든 것이 무섭게 서로 쿵쾅거리며 충돌하는 소리가 엄청난 크레센도로 들려온다."[45] 마지막으로, 럽은 집단과 개인의 의지를 속박하는 견고한 굴레들을 열거한다. 그것은 혁명 운동이 내세우는 이상주의, 뒤틀리고 타락한 연대(solidarities), 이데올로기이며, 또한 재림주의, 비관주의, 자포자기, 허무주의, '절망'(Ausweglosigkeit, 문제를 해결하려고 모든 방법을 시도해 보았으나, 모두 실패했기 때문에 소망이 없고 탈출구가 없는 상태) 등이다. 이것들은 모두 막연한 기대와 피상적 사고의 대가다. 이 모든 것들이 우리의 '운명공동체'(Schicksalzusammenhang), 곧 우리의 공동 운명을 결정하는 세력들이(그것들이 지닌 악의 패턴까지도 포함하여) 한데 얽힌 덩어리의 일부다.[46]

만일 성경 시대와 우리 시대 사이의 이 모든 유사점들이 지금도 계속 존재한다면, 우리는 성경이 선포하는, 권세에 대한 그리스도의 승리가 세상을 어떻게 변화시켰는지 묻게 된다. 그러므로 '정사와 권세' 개념을 적용하고자 할 때 우리가 다루어야 하는 첫 번째 이슈는, 십자가 사건에 비추어 볼 때 권세의 현재 상태는 어떠한가 하는 것이다. 그 다음으로 우리는 또한 권세의 변혁(transformation)이라는 이슈를 살펴볼 것이다. 그리고 마지막으로, 그리스도인 개인과 교회가 권세를 어떻게 대해야 하는지 물어야만 한다. 이 모든 것을 살펴본 후에, 우리는 어떻게 교회가 타락한 권세의 특징을 드러내는지, 또 '교회'(Church, 저자는 교회를 언급할 때 대문자 표기와 소문자 표기를 의도적으로 구별하여 사용한다. 다음 주를 보라―옮긴이)가 자신의 진정한 소명을 이루기 위해 어떻게 안팎의 권세들과 "맞서야만" 할지 탐구할 수 있을 것이다.[47]

그리스도의 승리의 빛에 비추어 본 권세의 현재 상태

우리와 권세 사이의 현재 관계와 관련된 아주 오래된 몇몇 논쟁들은, 최근에 우리를 위한 그리스도의 속죄 사역의 의미에 대해 수많은 질문이 제기되면서, 새롭게 긴박한 문제로 관심을 끌게 되었다. 우리는 먼저 이 이슈에 관하여 과거에 학자들이 말했던 내용을 자세히 살펴봄으로써, 우리 시대 '교회'(Church)의 가르침과 삶에서 이 문제가 얼마나 중요한지를 확인하고자 한다.

1960년에 클린턴 모리슨(Clinton Morrison)이 로마서 13장과 권세에 대한 기초적인 연구를 통해 제시한 결론은 많은 논란을 일으켰다. 그는 그리스도의 구속이 오직 신자들의 태도에만 관련이 있고, 권세에 대한 결정적인 승리와는 관련이 없다고 단언했다. 그는 만일 그리스도가 실제 '권세들'(exousiai, authorities)을 자신의 사역 대상으로 취했다면, "그의 권위의 영역(태초부터 존재한 모든 것)과 그의 승리의 자리(즉, 신자들) 사이의 구별이 사라지며" 다음과 같은 결과들이 생긴다고 주장했다.

(a) 그리스도 안에서의 창조와 그리스도의 사역이 같은 대상에 적용된다. 명백히 두 번째가 불필요하거나, 첫 번째가 무의미하다. (b) 그리스도의 사역을 우주적으로 적용하면 그 사역의 실패가 드러날 뿐이다. 국가나 죄와 죽음 같은 것에 대해서는 아무 일도 일어나지 않았기 때문이다. (c) 그리스도의 사역과 교회의 최종 완성이 같은 것이 되어 버린다(골 2:5, 빌 2:9하, 고전 15:28을 뒤섞음으로써). 그렇다면, 첫 번째 사역은 분명히 무효했고, "단번에"(once for all) 이루어진 사건이 교회의 승리로서 **반복되어야만** 한다……. 아니면, 후자의 사건은 그저 형식뿐인 것이 된다.[48]

당신은 아마도 이 문단을 여러 번 다시 읽어 보고 싶을 것이다. 여기에 내포된 의미는 매우 심각하다. 모리슨은 우리에게, 만일 그리스도가 정말로 실제 권세를 정복하셨다면(이것은 월터 윙크의 생각으로는 고려할 필요가 없는 가능성이다. 윙크는 권세들을 그저 물질적 기구들의 내적/외적 양상으로 축소하기 때문이다), 다음 질문들을 던지라고 요구한다. (a) 권세에 영향을 끼치는 효과의 면에서, 본래의 창조와 그리스도의 고난과 죽음은 어떤 차이가 있는가? (b) '실제' 삶과 시간 속에서 나아진 것이 아무것도 없어 보이는데, 그렇다면 그리스도의 죽음은 헛된 것이었는가? (c) 역사 속에서 일어난 그리스도의 사역과, 시간의 끝에서 일어날 하나님 목적의 최종 성취 사이의 차이는 무엇인가? 전자가 무효한 것인가? 아니면, 후자가 의미 없는 것인가?

오늘날에도 신학자들과 목회자들은 종종 모리슨의 첫 번째 반대를(위 인용 문단의 (a)—옮긴이) 종종 반복하고 있다. 하지만, 그것은 타락의 비극적인 결과를 진지하게 고려하지 않은 결과이다. 권세가 반역 상태에 있기 때문에, 그리스도의 사역이 하나님의 창조와 같은 대상에 적용되더라도 불필요한 것으로 축소되지 않으며, 창조도 무의미한 것이 되지 않는다. 인간의 타락은 피조물의 상태(status)를 변화시켰고, 모든 피조물은 회복되어야만 하는 상태가 되었다.

모리슨의 두 번째 반대에 대하여, 물론 우리는 비록 변화된 것이 아무 것도 없는 것처럼 보인다 하더라도, 그리스도의 사역이 온 우주에 적용됨을 확언할 수 있다. 그리스도의 죽음은 개인에게만 의미가 있는 것이 아니라, 모든 권세를 포함하는 전 우주의 화해와 관련해서도 의미가 있는 사건이다. 존 요더는 그리스도의 주권이, 그것을 받아들인 사람들에게만 제한되지 않는, 구조적인 사실임을 강조한다. 그는 이 말의 중대한 의미를 다음과 같이 설명한다.

> 한 세기 전에 독일 개신교를 위해 복음의 놀라운 능력을 재발견한 사람이 바로 요한 크리스토프 블룸하르트이다. 그가 발견한 이 복음의 능력은 개인의 삶 속에서 나타날 뿐 아니라, 동시에 그리스도인의 정치 참여를 위한 강력한 종말론적 토대가 된다. 그의 함성은 오늘 우리의 귀에 생생하게 울려 퍼진다. "예수님이 정복자이심이 영원히 확증되었다. 온 우주가 그의 것이다!"(*Das Jesus siegt ist ewig ausgemacht. Sein ist die ganze Welt!*) 이것은 예수님 말씀을 듣고 따르는 몇몇 개인들이나, 그에게 복종하는 몇몇 권세들에게서 보이는 호의적 성향을 설명하려는 말이 아니다. 이것은 우주의 성격과 역사의 의미에 대한 선언이다. 이 선언 안에서 우리의 정직한 참여와 정직한 반대는 모두 권위와 희망(promise)을 발견하게 된다.[49]

그리스도가 그의 속죄 사역 전체(그의 삶, 고난, 죽음, 부활, 승천을 포함하는)[50]를 통해 이미 우주를 자신의 것으로 취하셨음을 인식한다면, 개인과 교회가 살아가는 방식에는 엄청난 변화가 일어난다. 그렇게 되면, 우리의 정치 참여는 사물을 변화시켜야 할 필요가 아닌, 정말로 사실인 것을 더 분명하게 만들고자 하는 갈망에 따라 움직인다(4장에서는 특별히 이 말에 내포된 의미를 살펴볼 것이다).

모리슨의 두 번째와 세 번째 반론은 종말론을 좀 더 주의 깊게 이해할 때 별로 문제가 되지 않는다. 비서트 후프트는 신약성경 저자들이 단번에 얻어진 승리와 앞으로 성취되어야 할 승리 사이에서 모순을 느끼지 않는다는 놀라운 사실을 강조한다. 그는 이 두 시대(*aeon*)가 함께 존재하는 상태를 설명하고자 테오 프라이스(Théo Preyss)의 '객관적 변증법'(objective dialectic) 개념을 채용한다. 단순히 미래만을 강조하는 종말론은 그리스도의 승리를 과소평가하고 그를 단지 장차 왕이 될 존재로 만들어 버린다. 반면에 이미 성취된 승리만을 보는 해석은 대항 세력으로서의 정사와 권세의 실재를 과소평가하고 구속사의 끝에 대한 소망을 잃어버린다.[51] 전체적인 진실이 드러나려면 변증법의 양 측면을 모두 객관적 실재로 간주해야만 하며, 두 측면 모두를 긴장 가운데 붙들어야 한다.

이 객관적 변증법은 골로새서가 창조 때에 그리스도가 권세보다 우월하셨고(1:16), 구속 사건을 통해 그것을 정복하셨음(2:14-15)을 선언하는 내용과, 에베소서가 권세와의 계속되는 전쟁에 대해 경고하는(6:10-20) 것 사이의 독특한 강조점들의 차이를 통해 분명히 드러난다. 오스카 쿨만은 이것이 그저 겉으로 드러난 모순일 뿐이며, 구속사 속에서는 모든 사물이 처한 상황이 아주 복잡하다는 것을 보여주었다. 그러나 그 복잡성은 형이상학적 이원론이 아닌, 시간적 이원론에 뿌리를 내리고 있다.[52] 다시 말하면, 골로새서가 "하늘의" 상황을 말하는 것은 에베소서가 기술하는 "땅 위의" 싸움들을 무시하려는 것이 아니다. 정확히 말하면, 골로새서는 우리 시대로 이미 쳐들어온 새 시대의 충만함을 펼쳐 보이는 반면, 에베소서는 우리가 아직도 옛 시대와 함께 그 속에 살고 있음을 잊지 않도록 경고한다.

이러한 그리스도의 승리의 '객관적 변증법'을 염두에 두면서, 몇 가지 시점들을 택하여 각 시점에서 그 변증법이 어떻게 실재(reality)로 나타나는지 주의 깊게 살펴보자. 성경 이야기 속에는 세 가지 특징적인 시간 기준점, 곧 (1) 권세가 제압되어 그리스도의 주권에 복종하게 된 시점(십자가와 빈 무덤), (2) 권세가 그 주권으로부터 풀려나려고 계속 갈등을 일으키는 시간, (3) 미래에 그리스도의 승리가 완성되는 시점이 있다. 이 세 가지 시점을 함께 고려하면서 성경을 읽으면, 그리스도가 권세들을 제압하신 것은 과거의 사실이며, 현재의 경험이고, 그리고 미래의 소망으로 이해된다. G. B. 캐어드(Caird)는 이러한 삼중적인 특성이 권세에 대한 그리스도의 승리를 말하는 신약성경 본문들 속에서 항상 발견된다고 강조한다. 이 세 가지 시간 기준점을 결정하는 중요한 사건은 각각 부활과 재림(그리고 그 사이의 시간)이다.[53]

비록 십자가에서 권세에 대한 결정적 승리가 이루어졌지만, 권세와의 전투는 당분간 계속되어야만 한다. 권세가 그 속박을 풀어 버리려고 사납게 날뛰고 있기 때문이다. 헨드릭 벌코프는 이러한 현실을 1944-1945년 네덜란드의 '굶주린 겨울'의 상황과 비교한다. 당시 나치는 이미 패배했지만 여전히 네덜란드 사람들을 억압하고 있었다.[54] 나치의 객관적 실재에는 변화가 일어났다(마치 그리스도의 사역 속에서 권세가 그러했던 것처럼, 모리슨의 주장과는 대조적으로). 그들의 통치권은 이미 깨어졌고, 그들의 움직임에는 한계가 그어졌기 때문이다. 이것은 그들의 궁극적인, 그리고 완전한 패배에 대한 표지이며 약속이다. 마찬가지로, 정사와 권세의 통치권은 깨어졌고, 그것을 선포하는 것이 바로 교회(Church)의 과업이다. 권세의 움직임은 제한되었고, 그것을 드러내는 것이 바로 교회(Church)의 임무다. 마지막으로, 권세의 통치권이 깨어지고 그 움직임이 제한된 것은 권세가 궁극적으로 제압될 것에 대한 표지이며, 우리가 3장과 4장에서 보게 되겠지만, 교회(Church)는 그런 표지를 경축하는 장소다.

예수님은 권세를 어떻게 대하셨는가?

교회는 어떻게 권세가 결박되고 고삐가 채워진 상태임을 드러내는가? 물론, 우리는 예수님을 따르고 있으므로 그의 행동에서 모델을 찾아야 한다. 칼 바르트는 「교회 교의학」(Church Dogmatics) IV/2의 기초가 된 1953년 강의에서, 예수님의 모범을 관찰하며 이런 측면들을 구체적으로 지적했다. 예수님은 어떤 정치적 권세와도 동맹을 맺지 않으셨고, 야당을 결성하지도 않으셨다. 그는 "어떤 프로그램에 대해서도 그것을 대표하거나, 방어하거나, 옹호하지 않는다……. 그런 프로그램들을 대표하는 자들은 그를 한결같이 의심하고 미워했다." 그는 "모든 프로그램과 원리에 대해 질문을 던지셨다. 그는 그렇게 하는 것을 즐기셨고, 놀라운 자유를…… 보여주셨다." 그는 모든 질서와 함께 사셨고, 그 질서에 대항하는 어떤 종류의 '체제'도 제시하지 않으셨다. "그는 단순히 이 모든 것의 한계를 드러내셨고, 그 너머의 영역, 곧 하나님 나라의 자유를 보여주셨다."[55]

이와 관련하여 존 요더는 예수님을 따르려는 공동체는 가장 중요한 사회적 구조가 되어 다른 구조들이 그 공동체를 통해 변화될 것이며, 그 변화의 패턴은 "혁명적 종속"을 통한 "창조적 변혁"일 것이라고 주장한다.[56] 그러므로 권세는 파괴되지도 않을 것이고, "기독교화"되지도 않을 것이며, "길들여진" 존재가 될 것이다.[57]

그러나 학자들은 그러한 "길들이기"의 과정을 우리의 일상생활과 교회의 사역 속에서 계속되는 권세와의 싸움으로 인식할 것이다. 마르쿠스 바르트는 어떤 변화가 정말로 일어난다고 단언한다. 그리고 동시에, 계속되는 싸움에 대해서는 다음과 같은 현실적인 평가를 내린다.

성도들은 제도(institutions)가 자신의 올바른 자리를 "알게 되면" 변화할 수 있다는 것을 깨닫게 될 것이다. 국가는 교회(Church)를 공개적으로나 비밀리에 박해하는 것을 멈출 수 있다. 국가의 압제와 혼란의 질서는 개인적·사회적 자유와 권리를 존중하는 좀 더 고상한 질서로 변화될 수 있다……. 하나의 제도에 이어 다른 형태의 제도가 나타날 때, 항상 새것이 모든 면에서 옛것보다 더 나을 것이며 미래에도 더 나은 상태로 남아 있을 것이라고 장담할 수 없다. 그러나 적어도 낡고 악하고 어리석은 것은 분명하게, 그리고 공개적으로 자리를 양보하고, 굴복하고, 변화해야만 했다. 새로운 제도와 질서도 (그리고 기술도) 반역의 표지가 나타나고 그것들이 그리스도의 통치를 대적하는 것이 확증되면 변화할 것이다.[58]

그는 이런 변화가 가능하다고 결론을 내린다. 하지만 그 이유는 그리스도인들이 권세를 (기독교화함으로써) 선하게 만들 수 있기 때문도 아니고, 그들을 그리스도께 복종시킬 수 있기 때문도 아니라, 그리스도께서 이미 그들의 주님이시기 때문이다.

교회는 다른 권세와 관련하여 어떤 존재가 되어야만 하는가?

교회(Church)가 하나의 권세로서 어떤 존재가 되어야 하는지 살펴보기 전에, 먼저 그리스도인들이 하나의 몸으로서 어떻게 권세와 관계를 맺어야 할지 생각해 보자. 앞에서 살펴본 것처럼, 비록 권세들의 존재 양식에 관해서는 학자들 사이에 많은 의견 차이가 있지만, 권세를 어떻게 다루어야 하는지에 대해서는 (강조점은 달라도) 훨씬 더 많은 공감대가 형성되어 있다. 이것은 하인리히 슐리어가 강조하듯이, 신약성경의 전반적인 태도가 유대

교나 주위의 헬라 세계와는 다르기 때문이다. 신약성경은 권세에 대하여 말이 훨씬 적을 뿐만 아니라, 이론적이거나 사변적인 관심은 전혀 없는 것 같다. 유대교 문헌에 나타나는 것과 같은 정확한 기술도 없고, 계층을 세분화하지도 않는다. 신약성경 저자들이 권세들의 영역(realm)에 관심을 보이는 이유는, 단지 그리스도인들이 권세에 대항해야만 했기 때문이고, 그리스도의 승리 안에서 그들이 권세에 대항할 수 있음을 믿었기 때문이며, 교회(Church)는 권세들이 계속 제압되는 장소이며, 권세들의 최종 운명을 미리 나타내는 영역이었기 때문이다.[59]

물론, 우리는 '권세'의 개념을 소홀히 취급하거나 "낡은 우주관"의 산물이라고 부를 수 없다. 진정한 "교회(Church)가 되기" 위해서는 이 개념을 이해하는 것이 결정적으로 중요하다는 것을 잊어서는 안된다. 존 요더가 「예수의 정치학」(*The Politics of Jesus*) 개정판의 권세에 관한 장 후기에서 강조하듯이, "이런 [권세] 개념을 받아들이는 진지한 사회사상이 점점 더 많아지는 현상은…… 바울의 비전이 현실적이고 계몽적임을 보여주는 충분한 증거로 간주되어야 한다." 그는 특히 다음과 같이 강조한다.

> 바울의 이 비전은 훨씬 더 많은 뉘앙스를 담고 있으며, 오늘날 기독교 사회 윤리에서 '권력의 문제'(the problem of power)를 논하는 많은 내용들보다 훨씬 더 유익하다……. 바울의 관점은 제도적 구조와 심리 역동적인 구조에 내재하는 복잡성, 곧 기본적으로 선한 피조물인 구조가 억압적인 기능을 할 수 있고, 기본적으로 이기적인 결정이 때로 덜 악한 결과를 낳을 수 있는 것과 같은 현상들을 훨씬 더 분명하게 이해하도록 도와준다. 우리가 직면한 도전은 자아 내부의 문제가 아니라 우주 내부의 분열이다. 우리는 그리스도가 반역적인 이 세상을 통치하고 계심을 선포함으로써, 하나님의 은혜가 이 도전을 능히 극복하게 하신다고 선언한다.[60]

더 나아가, 권세에 대한 영적 전쟁의 중요성을 이해하는 것은 각 그리스도인의 책임이지만, 악에 대한 그리스도의 승리는 고립된 각 그리스도인이 아닌, 신자들의 공동체를 통해서 실현되어야만 한다. 이것은 특히 우리 시대에 결정적으로 중요한 진리다. 바로 이런 이유 때문에 신약성경은, 교회들이 악의 권세가 기생하는 것을 허용하지 않고 순결함과 자유가 있는 대안 사회로 존재하는 것에 그토록 큰 관심을 기울이고 있다. G. B. 캐어드는 "은혜의 연대"가 필요하다고 주장한다.[61]

1960년대의 혼란 속에서 청년들을 사로잡으려고 생겨난 권세들을 설명하면서, 당시 세계교회협의회(the World Council of Churches) 청년 분과 실행 총무였던 알베르트 H. 반 덴 호이벨은 권세에 대한 그리스도인 공동체의 반응을 폭넓게 제시했다. 그가 그려 놓은 밑그림은 이 책의 남은 부분에 대한 탁월한 개관이 될 것이다.

무엇보다도, 그는 권세가 지배 구조로 등장하며 사람들을 새로운 노예 상태로 종속시킨다고 역설한다.[62] 그러므로 교회가 초점을 맞추어야 할 한 가지 과업은, 하나님의 의도대로 자유를 회복하는 것이 되어야만 한다.

교회는 권세들이 다시 굴레를 씌워야 하는 달아난 말과 같음을 인식한다. 그리스도의 승리를 통해 그들의 가면은 벗겨졌고, 반(半) 신적인 지위를 빼앗겼으며, 그리스도인의 일상생활과 일의 수준까지 강등되었다(69). 이것이 실제 상황에서 무엇을 의미하는지 많은 질문이 생겨나겠지만, 그 모든 질문에 알맞은 대답을 질문보다 앞서 제시할 수는 없다. 때로는 특정한 상황에 대해 해답이 발견될 수도 있고, 때로는 그리스도인 공동체가 계속 질문을 던져 가면서 잘못된 대답을 피하려고 노력해야 한다(108). 그리스도인들은 사회에 대해, 생각 없이 헌신하거나 그 안에서 단순히 식물처럼 살아가기보다는, 비판적으로 참여하라는 부름을 받는다(109).

반 덴 호이벨은 독자들에게, 자신이 사회에 대해 비판적으로 참여하기를 원하는지, 또 이런 참여가 그들의 삶에 가져올 긴장이나 고독을 견딜 수 있을지 스스로 정직하게 질문하라고 권한다(110). 이것은 내가 당신에게 묻고 싶은 질문이기도 하다. 당신은 우리의 교회에 침입해 들어온 권세들에 대항하는 데 필요한 행동을 기꺼이 행하려고 하는가? 정말 그런가? 나는 이 책의 끝 부분에서 이 질문들을 다시 물을 것이다. 교회(Church)의 생명력을 회복하는 한 가지 열쇠는, 권세에 관한 생각을 권세에 대항하는 행동과 기도로 전환하는 것이기 때문이다!

문화에 대한 비판적인 참여가 문화의 맹목적 수용이나 현실을 진지하게 취급하지 않으려는 태도로 전락하지 않으려면, 문화에 대한 지식과 공감이 필요하다(111). 그리스도인 공동체는 권세를 거부한다는 사실을 드러내 보여야 하며(113), 권세를 제압하신 그리스도의 이야기를 들려주어야만 한다(118). 반 덴 호이벨은 이 과업을 '벌거벗은 임금님' 이야기에 나오는 소년의 역할에 비교한다. 그 소년이 "임금님이 벌거벗었다!"라고 외치자, 다른 사람들도 일깨움을 받아 그 사실을 인정할 용기를 얻었다(118). 더 나아가, 이 모든 일은 반드시 긍휼과 용서의 맥락에서 일어나야 한다. 반 덴 호이벨은 전후(戰後) 유럽에서 그리스도인들이 "적절한 동정, 온유함, 겸손, 인내의 옷을 입지 않았음"을 고백한다. "우리는 종종 우리의 승리를 반역적인 권세로 변화시켜 버렸고, 그래서 이야기는 다시 처음으로 돌아갔다"(134).

마지막으로, 반 덴 호이벨은 그리스도인들의 예배에서 권세에 대항하는 공동체적 사역의 다양한 차원들이 드러나게 된다고 강조한다. 이상적인 설교는 권세의 정체를 규정하고(name), 권세의 어그러짐을 드러내 보여야 한다. 봉헌은 돈의 권세를 공격한다. 중보기도는 하나님의 화해를 실행해야 할 우리의 과업을 상기시키며, 권세에 대한 그리스도의 승리를 선언하는 우리의 신앙고백을 삶으로 살아 내도록 고무한다. 세례와 성찬의 성례전은 우리가 그리스도의 승리에 참여했기에 권세가 우리를 궁극적으로 통제할 수 없다는 표지이며 봉인이다(134-135). 칼 바르트는 이것을 "교회(Church)의 제사장적 기능"이라고 불렀다.[63]

데일 브라운(Dale Brown)도 교회의 이러한 역할을 실제적으로 해설하면서, 그리스도인 공동체가 권세를 향해 복음을 선포하기 위해 기꺼이 값을 치러야만 함을 다시 한번 상기시킨다. 권세와의 관계에서 그리스도인 공동체의 역할을 보여주는 핵심 본문은, 교회(the Church)가 정사에게 하나님의 각종 지혜를 알게 하고 그 지배가 끝났음을 선언한다고 말씀하는 에베소서 3:7-10과, 타락한 구조를 개혁하고 대치할 대안의 필요성과 가치를 보여주기 위해 하나님의 백성이 진정으로 섬기는 교회가 되고 대항 문화적인(counter-cultural) 모델이 되어야 한다고 말씀하는 마가복음 10:42-45이다.[64]

무엇보다도 중요한 것은, 그리스도인 공동체가 어둠으로부터 분리되는 것이 아니라, 어둠 한가운데에서 그리스도의 빛을 찾으며 소망의 복음을 항상 선포하는 것이다. 교회의 독특한 메시지는, 유일한 소망의 근원이 하나님이시며 권세가 아니라는 것이다. 이 지혜를 드러내기 위해 필요한 것은 열심당(Zealot)과 같이 권세를 무릎 꿇게 하려는 노력이 아니며, 헤롯과 같이 권세와 협력하는 것도 아니고, 문화에 동화되지 않는 섬김의 도(servanthood)이다. 이러한 섬김의 도는 다음 과제들을 포함한다.

- 권세에게 복종하고, 그것을 존중하고, 그것을 위해 기도함
- 구조를 향해 예언자적으로 회개의 복음을 선포함
- 구조의 변혁에 참여함
- 필요한 때에는 구조에 대항함
- 가능하다면 대항 구조(counter-structures)를 제시함

- 십자가에 못 박힌 그리스도를 선포함으로써 구조를 무장해제 함
- 권세의 저항에도 불구하고 하나님의 언약을 굳게 붙잡음[65]

마지막으로, 그리스도인의 공동체가 자신의 삶에서 권세와 싸움을 벌일 수 있는 것은 오직 성령님의 은사 때문임을 분명히 언급해야만 한다. 여기서 우리는 교회가 성령님께 의존한다는 것을 다시 한번 확인해야만 한다. 왜냐하면 '정사와 권세' 개념을 논의하는 대다수 학자들이 그 사실의 중요성을 지적하지 않기 때문이다.

윌리엄 스트링펠로우는 권세에 대응하려 할 때 성령님을 의지하는 가운데 영적인 은사를 활용하는 것이 필수적임을 강조하는 학자들 중 한 사람이다. 그는 '소망, 하나님 말씀의 효과(efficacy)'라는 장(章)에서, 분별의 은사는 성경적인 삶을 사는 토대가 되며, 카리스마적인 은사는 그리스도인들이 정사와 권세에 대항할 수 있는 능력으로서 주어졌다고 강조한다. 무엇보다도, 그는 성경적인 삶의 본질적 속성으로서 깨어 있음과 위안(consolation)이 중요하다고 선언하면서, 윤리는 도덕적이거나 경건주의적이거나 종교적인 것이 아니라, 성례전적인 것이어야 한다고 주장한다(윤리가 단순히 부과된 의무의 수행이 아니라, 윤리를 실천할 능력조차 은혜로 받는 것이라는 의미다—옮긴이).[66]

이러한 요약을 기반으로 하여 우리는 교회(the Church)의 진정한 성격과 소명(2장), 교회가 세상 권세들을 수용한 결과 타락한 권세로서 활동하는 오류들(3장), 그리고 교회가 창조된 권세로서 진정한 소명(그리스도가 권세를 정복하셨음을 증거하는 것)을 성취하는 모습(4장)을 좀 더 세밀하게 살펴볼 수 있을 것이다. 아담스는 역사 속에서 정사와 권세가 실제로 움직이는 모습이, 전제 국가나 이방인의 전통이나 바리새인의 율법주의나 군중의 여론이나 우상숭배적 관습에 관한 (이 모든 것들은 속박과 부패, 증오와 불의

를 낳았다) 성경 기사들 속에서 구체적으로 드러난다고 말한다. 이렇게 정사와 권세를 폭로하면서, 성경 저자들은 예수님이 하셨던 것처럼 참된 교회(Church)의 근본적인 목적이 무엇인지 가리켜 보인다. 참된 교회(Church)는 이런 파괴적인 세력과의 싸움에 대해 깨어 있는 공동체이며, 또한 자신이 주님의 능력을 힘입어 그 세력을 정복하거나 적어도 불구로 만들 수 있음을 아는 공동체다.[67]

아담스가 성경 시대의 권세들을 구체적으로 나열한 내용은 마하트마 간디가 말한 일곱 가지 사회악을 떠올리게 한다.

원칙 없는 정치
노동 없는 부
도덕 없는 상거래
양심 없는 쾌락
인격 없는 교육
인간성 없는 과학
희생 없는 예배

이것은 주어진 한계를 벗어나서 타락해 버린 오늘날의 정사와 권세를 지적하는 말처럼 보인다. 따라서 만일 우리가 정치나 개인적 경제생활이나 집단적 경제활동이나 사업이나 오락 산업이나 교육 시스템이나 과학·의료 복합산업 등 우리 시대의 다른 권세들을 지적하려 한다면, 희생 없이 예배하는 교회들이 그것들에 대해 무슨 할 말이 있는지도 물어야만 한다.

이 장에서 나의 중심 주장들 중 하나는, 윙크의 견해처럼 권세의 본질을 축소하는 것은 잘못이며, 권세가 스스로 생명과 통합성(integrity)을 가진 피조물임을 인식해야만 한다는 것이다.[68] 이러한 논점은 결정적으로 중요하다. 빌 와일리 켈러만(Bill Wylie Kellermann)이 주장하듯이, 이 사실을 근거로 우리는 각 권세에게 주어진 하나님을 찬양하고 인간 생명에 봉사하라는 소명(vocation)을 성취하고 있는지 각 권세를 향해 물을 수 있기 때문이다.[69] 다음 장에서 우리는 교회의 구체적인 소명이 무엇인지(2장), 그리고 그 소명이 왜 성취되지 못하고 있는지(3장), 또 어떻게 성취될 수 있는지(4장) 물을 것이다.

2장_ 하나님의 내주와 약함의 신학*

이 장은 아마도 앞 장이나 뒤에 이어지는 두 장의 내용과 전혀 연결되지 않는 것처럼 보일 것이다. 그러나 사실은 이 장의 내용이 이 책의 핵심이다. 교회(the Church)의 소명은 하나님의 목적을 실현하며, 삼위일체 하나님이 머무시는 하나님의 백성 공동체가 되는 것이다. 이것을 이해하지 못한다면 우리는 교회가 권세로서 어떻게 자신의 타락성을 드러내는지(3장), 그리고 어떻게 우리 교회에게 주어진 진짜 권세에 합당한 존재가 될 수 있는지를 (4장) 논의할 수 없다. 교회(the Church)가 사람들이 하나님을 발견하고 하나님의 목적이 성취되는 장소가 되어야 한다면, 우리 교회는 어떻게 삼위일체 하나님의 임재를 구현할 수 있을까? 창조된 권세로서의 '교회'의 진정한 소명은 무엇인가?

---

* 내주(來住, tabernacling): 저자는 'tabernacling'이라는 용어를 직접 만들어 사용하고 있는데, 이 단어를 우리말로 직역한다면 '장막을 치고 머무름'이라고 옮길 수 있을 것이다. 저자는 독자들이 이 영어 단어를 읽을 때 구약성경의 '성막'(tabernacle)을 떠올리게 하려는 의도로 이 단어를 사용한다. 'tabernacling'의 우리말 번역어로는 '내주'(來住, 오셔서 함께 머무름)라는 단어를 선택했다. 독자는 이 번역어에 다 담을 수 없는 '성막'의 이미지를 염두에 두고 이 용어를 읽어 주기를 바란다. 또 이 단어와 혼동할 수 있는 'indwelling'(들어와 머무름)을 의미하는 신학 용어인 '내주'(內住)와 구별하기 위해 본문에서는 'indwelling'이 나오는 경우에는 괄호 안에 한자를 표기했다—옮긴이.

성경의 권세 이해는 권세를 우주적 원리나 신과 유사한 개념으로 보았던 초기 헬라인들의 이해와 뚜렷한 대조를 이룬다. 헬라인들은 세상 속에서, 세상 위에서, 그리고 세상을 이용하여 움직이는 수많은 세력들(forces)의 현현(顯現)을 세상이라고 생각했다. 인간과 다양한 신들 사이의 관계를 그린 그리스 로마 신화에서 보듯이, 인간은 생존을 위해 이런 세력들에 참여할 수 있는 수단을 찾아야만 했다.

첫 언약 성경(the First Testament)[1]이 그리는 세계는 근본적으로 달랐다. 그러한 차이를 낳는 가장 중요한 이유는 하나님의 성품에 관한 히브리인들의 증언이다. 이스라엘은 야웨(YHWH)를 단순히 자연의 하나님이 아니라, 그보다 먼저 역사의 하나님으로 파악함으로써 인격적이며 돌보시는 하나님에 대한 믿음이 생겨났다. 이 하나님은 백성을 위해, 특히 이스라엘의 기초를 놓은 출애굽이라는 사건 속에서 능력(power)을 사용하셨다.

신약성경에서도 전체 수난 이야기와 함께 정점이 되는 사건인 부활은 사람들을 해방하시는 하나님의 능력을 드러낸다. 그 결과로 그리스도의 제자들이 능력(power)이라는 개념을 사용할 때는, 자신들을 통해 나타나는 그리스도의 능력을 힘입어 성령의 은사를 가지고 섬기는 것을 강조하는 경향이 있다.

하나님의 능력(뒤나미스)

'뒤나미스'(*dunamis*)라는 단어는 신약성경에서 하나님께 속한 능력을 말하는 문맥에서 41회 사용된다. 이들 중 많은 경우가 이곳에서 고려할 필요가 없는 하나님의 힘에 대한 일반적인 표현이지만, 누가와 바울이 이 용어를 사용하는 방식을 다른 복음서나 서신서 저자들과 비교해 보는 것은 중요한 의미가 있다.

요한은 '뒤나미스'라는 단어를 전혀 사용하지 않으며, 마태와 마가는 그 단어를 하나님께 속한 능력을 말하는 구절들과, 그리고 "권능(자)의 오른편"(마 26:64; 막 14:62—옮긴이)이라는 표현 속에서 사용한다. 반면에 누가는 특히 예수님의 수태 이야기 속에서 지극히 높으신 분의 능력이 덮으신 것을 말하며, 그 결과로 잉태된 아기가 독특한 의미에서 하나님의 아들로 불릴 것이라고 말한다(눅 1:35). 또한, 누가는 예수님이 광야의 시험을 받은 후 성령의 능력으로(4:14) 돌아오셨고, 예수님이 병을 고치신 것은 주님(the Lord)의 능력을 통한 것이라고 말한다(5:17). 마지막으로, 누가는 누가복음(24:49)과 사도행전(1:8)에서 예수님의 승천 이후에 제자들에게 위로부터 특별한 능력이 부어질 것이라는 약속을 기록한다. 그러므로 누가가 이해한 하나님의 능력은 사람들이 활용할 수 있고 그들을 통해 나타나는 것이다.

인간의 (그리고 그리스도의) 약함

사도 바울은 하나님의 능력에 대해 논할 때, 그것을 종종 인간(예수님을 포함)의 약함, '아스테네이아'(*astheneia*)를 인식하는 것과 자주 연관짓는다. '아스테네이아'라는 단어는 신약성경에 24회 등장하는데, 9회는 육체적 질병의 의미로, 그리고 15회는 좀 더 넓은 의미로 사용되었다. 복음서와 사도행전에 나오는 '아스테네이아'가 모두 육체적 약함이나 질병을 의미하는 반면, 사도 바울의 '아스테네이아' 용법은 그것과 다르다.

바울은 고린도로 보낸 첫 번째 편지에서 그곳 신자들에게 자신이 처음 그들에게 갔을 때 그가 약하고 두려워하고 심히 떨었음을 기억하라고 하면서, 서슴지 않고 자신의 '아스테네이아'를 언급한다(고전 2:3 또한 갈4:13). 잠시 후 그는 그 위대한 부활장(고전 15장—옮긴이)에서, 몸이 "약한 것으로 심고 강한 것으로(in power) 다시 살아날" 것이며, 욕된 것도 영광스럽게 변화될 것이라고 말하며 기뻐한다(15:43). 로마서 8:26에서 그는 독자들에게 우리의 약함 안에서 성령님이 우리를 도우신다고 확신 있게 선포한다. 그 증거는 우리가 어떻게 기도할지 알지 못할 때, "바로 성령님이 말할 수 없는 탄식으로 친히 중보하시는" 것이다.

고린도후서 11:30-13:11상반절 사이에서 바울은 '아스테네이아'라는 용어를 6회 사용한다. 세 번은 그가 자신의 약함을 자랑하는(11:30; 12:5; 12:9) 부분이고, 한 번은 자신이 약하고 모욕당하고 핍박당할 때에도 만족한다고 말할 때다(12:10). 그렇게 기뻐할 수 있는 이유는 13:4에 나타나는데, 그 구절에서 바울은 복음의 위대한 사실, 곧 그리스도가 약함 가운데 십자가에 못 박히셨으나 하나님의 능력으로 살아나셨음을 선포한다. 이것이 하나님의 방법이다. 즉 그리스도는 그의 '아스테네이아'를 통해 자신을 죽음에 내주신 것이다. 빌립보서가 말하듯이, 그는 전적으로 자신을 비우셨고 가장 비참한 죽음을 당하기까지 복종하셨다(2:5-10). 아버지의 뜻에 대한 완전한 복종(요한복음에서 자주 언급되는)에서 나온 그러한 전적인 약함으로 인해, 하나님은 그리스도를 통해 이 세상에 온전히 내주(tabernacling)하실 수 있게 되었다.

약함과 '텔레오'

약함의 신학에 대한 나의 관심은 1970년대 초에 내가 워싱턴 주립대학의 학생들을 대상으로 성경공부를 인도하던 때에 시작되었다. 당시 내가 가지고 있던 유일한 주석서를 읽다가, 나는 1937년에 렌스키(R. C. H. Lenski)가 고린도후서 12:9에 나오는 '텔레오' 동사가 잘못 번역되었다고 주장하는 것을 발견했다. 그는 주님의 말씀을 "내 은혜가 네게 족하도다. 이는 내 능력이 약한 데서 온전하여짐이라"(for my strength is made perfect in weakness) 대신에 "능력이 약함 속에서 끝이 나게 됨이라"(for the power is brought to its finish in weakness)로 번역할 것을 제안했다.[2]

비록 문헌 조사를 통해서 그런 확신을 지지하는 주석가를 전혀 찾을 수는 없지만, 자세한 어원 분석 연구들은 그 동사에 대한 렌스키의 주장이 옳다고 말하는 것 같다. 하지만 나는 나 자신의 주석학적 연구를 통해 렌스키가 자신의 통찰을 잘못 발전시켜 나가고 있음을 확신하게 되었다. 그는 계속해서 '능력'을 주님의 능력으로 생각하기 때문이다. (고린도후서 12:9의 헬라어 본문에는 '헤 뒤나미스'〔hē dunamis, 능력〕를 꾸며 주는 대명사가 없다.[3]) 그 능력을 하나님의 능력이 아닌 바울의 능력으로 해석하면, 다른 의미심장한 신학적 결론에 도달하게 된다. 이 결론은 다양한 정사와 권세가 작용하는 이 세상에서 교회(Church)됨의 의미가 무엇인가를 논하려는 우리의 목적에 아주 중요하다.

나는 목회학 석사논문 연구에서, 몇 가지 관련된 어휘 연구들을 이용하여 '텔레오'(teleō) 동사와 '텔레이오오'(teleioō) 동사의 차이를 조사했다. 전자는 일차적으로 '끝낸다, 끝나다'의 의미가 있고, 후자는 '완전케 하다, 참된 것으로 만들다, 완결하다, 온전히 승리하다, 입교하다, (사건이) 일어나게 하다, (목표한 상태가) 되다'를 포함하는 넓은 의미를 담고 있다.[4] '텔레이오오'는 히브리서에서 그리스도를 제사장직과 성막의 표상을 완전히 성취하신 분으로 묘사하는 맥락에서 9회 사용된다. 반면에 '텔레오'는 뭔가를 종결시키거나 실행하여 완성하는 장면이 많이 등장하는 계시록에서 자주 사용된다. 바울은 '텔레이오오' 동사를 단 한 번만 사용하는데, 그것은 자신이 그 동사가 의미하는 완전한 상태에 도달하지 못했음을 강조할 때다. 오히려 그는 자신이 계속 자신의 길을 달리고 있으며, 예수 그리스도의 위로 부르신 부름의 푯대를 향하여 더 빨리 달려가고자 훈련하고 있다고 힘주어 말한다(빌 3:12-13).

'텔레오' 동사의 뉘앙스는 좀 더 제한적인 것 같다. 이 동사가 신약성경에 등장하는 28회 중에, 25회는 어떤 종류의 종결이나 마침 또는 성취를 의미하는 동사로 번역된다. 그 동사가 나타나는 남은 3회 중에서 2회는 세금과 관련되어 있고, 일상적인 숙어적 표현 '세금을 완결하다'(to complete the taxes)로 사용되는데, 이 표현은 우리의 표현으로는 '세금을 내다'에 해당한다. 마지막으로 남은 경우가 고린도후서 12:9인데, 언제나 '완전하게 하다'로 번역되어 왔다. 나는 이 번역을 받아들이지 말아야 한다고 주장하는 것이다. 이곳의 '텔레오' 동사는 평범하게 '끝내다'로 번역되어야 한다. 그렇게 고쳐 읽으면, 우리는 인간의 약함 속에서 일하는 하나님의 능력이라는 개념을 좀 더 분명하게 이해할 수 있게 된다.

다음은 신약성경에서 '텔레오' 동사가 사용되는 본문을 모두 열거한 것이다.

마태복음 7:28	예수께서 이 말씀을 마치시매
마태복음 10:23	이스라엘의 모든 동네를 다 다니지〔다니는 것을 마치지〕 못하여서 인자가 오리라
마태복음 11:1	예수께서 열두 제자에게 명하기를 마치시고
마태복음 13:53	예수께서 이 모든 비유를 마치신 후에
마태복음 19:1	예수께서 이 말씀을 마치시고
마태복음 26:1	예수께서 이 말씀을 다 마치시고
누가복음 2:39	주의 율법을 따라 모든 일을 마치고

누가복음 12:50	그것[세례]이 이루어지기까지 나의 답답함이 어떠하겠느냐!
누가복음 18:31	선지자들을 통하여 기록된 모든 것이 인자에게 응하리라
누가복음 22:37	기록된 바…… 한 말이 내게 이루어져야 하리니
요한복음 19:28	그 후에 예수께서 모든 일이 이미 이루어진 줄 아시고
요한복음 19:30	예수께서 신 포도주를 받으신 후에 이르시되, "다 이루었다" 하시고
사도행전 13:29	성경에 그를 가리켜 기록한 말씀을 다 응하게 한〔완성한〕것이라. 후에 나무에서 내려다가 무덤에 두었으나
로마서 2:27	또한 본래 무할례자가 율법을 온전히 지키면〔성취하면〕…… 너를 정죄하지 아니하겠느냐
갈라디아서 5:16	내가 이르노니 너희는 성령을 따라 행하라. 그리하면 육체의 욕심을 이루지〔성취하지〕아니하리라
디모데후서 4:7	나는 선한 싸움을 싸우고 나의 달려갈 길을 마치고
야고보서 2:8	너희가 만일 성경에 기록된 대로 네 이웃 사랑하기를 네 몸과 같이 하라 하신 최고의 법을 지키면〔성취하면〕잘하는 것이거니와
요한계시록 10:7	하나님의 그 비밀이 이루어지리라
요한계시록 11:7	그들이 그 증언을 마칠 때에
요한계시록 15:1	하나님의 진노가 이것으로 마치리로다
요한계시록 15:8	일곱 천사의 일곱 재앙이 마치기까지는

요한계시록 17:17	하나님의 말씀이 응하기[성취되기]까지 하심이라
요한계시록 20:3	천 년이 차도록[끝나도록]
요한계시록 20:5	그 천 년이 차기까지[끝나기까지]
요한계시록 20:7	천 년이 차매[끝나매]
마태복음 17:24	너의 선생은 반 세겔을 내지[완성하지] 아니하느냐
로마서 13:6	너희가 조세를 바치는[완성하는] 것도 이로 말미암음이라
고린도후서 12:9	내 은혜가 네게 족하도다. 이는 내 능력이 약한 데서 온전하여짐이라

앞에 나오는 모든 용법들에 비추어볼 때, 마지막 번역이 잘못된 것처럼 보이지 않는가? '텔레오'가, 뉘앙스가 풍부한 동사임은 분명하지만, 이 목록은 그 동사가 거의 한결같이 어떤 마침, 완성, 끝냄, 또는 성취함의 ('텔레이오오' 동사의 온전하게 함, 성숙하게 함이 아니라) 의미로 사용됨을 보여준다. 그렇다면 왜 고린도후서 12:9에서는 마치 그 동사를 '텔레이오오'처럼 번역해야 하는가? 그런 습관이 너무도 깊이 물들어 있어서 학자들이 대안을 상상하지 못하는 것처럼 보인다.

    우리는 이 장의 나머지 부분에서 고린도후서 12:9이 '마침'(ending)의 의미로 번역되어야 한다고 전제할 것이다. '텔레오' 동사를 이렇게 번역할 때, 어떤 유익이 있는가?

    내가 보기에는 그렇게 함으로써 우리는 인간의 약함과 하나님의 능력 사이의 관계를 좀 더 잘 이해할 수 있는 것 같다. 이 번역을 적용하여 고린도후서 11:30과 12:7-10의 바울의 고백을 읽어 보고 당신의 반응이 어떠한지 살펴보라.

내가 반드시 자랑을 해야만 한다면, 나의 약함을 보여주는 것들을 자랑하리라……. 그러므로 내가 너무 자만하지 않게 하시려고 육체의 가시 곧 나를 치는 사탄의 사자를 내게 주셨으니, 내가 너무 자만하지 않게 하려 하심이라. 이것에 관하여 내가 세 번 주님께 이것이 떠나게 해 달라고 간구하였으나, 주께서 내게 이르시기를 내 은혜가 네게 족하도다. 이는 [너의] 능력이 약함 속에서 끝이 남이라 하신지라. 나는 도리어 기쁜 마음으로 나의 약함을 자랑하리니, [내 것이 아닌!] 그리스도의 능력이 내 위에 내주하게(tabernacle) 하려 함이라. 그러므로 나는 그리스도를 위해 경험하는 약함과 모욕과 궁핍과 박해와 곤경을 기뻐하노니, 내가 약할 때 내가 강하기 때문이라.

목표는 우리의 능력이 끝이 나게 하는 것이다. 그러나 왜 그렇게 해야만 하는가?

약함과 하나님의 내주(來住)

우리가 고린도후서 12:9에서 '거하다'로 번역된 동사가 '에피스케노오'(*episkēnoō*)는 '내주하다'(來住, to tabernacle)임을 인식하게 되면, 약함의 신학이 주는 신선한 도전이 더 확대된다. 루(Louw)와 나이더(Nida)의 「의미 영역에 기초한 신약성경 헬라어 영어 사전」(*Greek English Lexicon of the New Testament Based on Semantic Domains*)은 '남다/머물다' 또는 '살다/거주하다'라는 의미 영역에 속하는 헬라어 동사들을 20개 정도 열거한다.[5] 바울은 왜 이렇게 큰 의미 영역으로부터 신약성경을 통틀어 단 한 번 이곳에서만 사용된 '에피스케노오' 또는 '내주하다'라는 동사를 선택하여,

약함 안에서 자신이 경험하는 만족과 기쁨의 이유를 설명하고 있을까?

이 헬라어 동사는 그 어근이 첫 언약 성경에서 '살다', '머무르다'를 뜻하는 히브리어 동사 '샤칸'(*shkn*)과 비슷하게 발음된다. 히브리 정경에서 이 '샤칸' 동사가 처음으로 사용된 곳은 출애굽기 24:16이다. "여호와의 영광이 시내 산 위에 **머무르고** 구름이 엿새 동안 산을 가리더니……." (나중에 이 동사는 하나님의 임재를 의미하는 특수한 용어 '셰키나'[*shekinah*]로 발전한다.) 이 동사는 다음에 출애굽기 25:8("내가 그들 중에 거할 성소를 그들이 나를 위하여 짓되")에서 사용되며, 이 구절에서 '성소'로 번역된 히브리어 단어는 나중에 성전을 부르는 이름이 된다. 이어지는 구절 출애굽기 25:9과 출애굽기의 나머지 부분에서는, 실제로 제작되어 세워진 그 구조물을 '미쉬칸'(*mishekan*, '거주지' 또는 '장막'이라는 의미로서 어근 *shkn*에서 나옴)이라고 부른다. 이 명사는 첫 언약 성경 내의 130개 절 속에 140번 등장한다. 출애굽기 안에 성막을 묘사하는 열세 개의 장이 정경 내용으로 포함된 것을 보면(이에 반해 창조와 타락 이야기는 겨우 세 장에 불과하다), 이스라엘의 삶에서 성막(the tabernacle)이 얼마나 중요한 위치를 차지했는지를 짐작할 수 있다.

출애굽기 29:45은 이스라엘이 애굽으로부터 구출된 강력한 이유를 제시하면서 말을 맺는다. 그것은 바로 야웨(YHWH)가 그들 가운데 사시고 그들의 하나님이 되시려는 것이었다. '샤칸' 동사는 45절에서 사용되고, 또 46절에서 한 번 더 사용된다. "그들은 내가 그들의 하나님 여호와로서 그들 중에 거하려고 그들을 애굽 땅에서 인도하여 낸 줄을 알리라. 나는 그들의 하나님 여호와니라." 그 동사는 출애굽기 40:35의 극적인 장면에서 마지막으로 한 번 더 나온다. "모세가 회막에 들어갈 수 없었으니, 이는 구름이 회막 위에 덮이고[문자적으로는, 내주하고(tabernacled)] 여호와의 영광이 성막에 충만함이었으며……."

출애굽기 24:16에서 '샤칸'이 처음으로 사용될 때, 그 구절은 야웨의 영광이 산 위에 머무르고 구름이 그것을 덮었다고 선언한다. 출애굽기 40:35에서는 구름이 회막 위에 머무른다. 야웨는 성소를 세우게 하신 목적이 이스라엘의 주님이 그들과 함께 살고 그들의 하나님이 되려는 것이라고 말씀하셨는데, 이제 그들은 그 말이 실현된 가시적인 증거를 가지게 되었다. 시내 산과 성막, 이 두 장소의 연속성은 하나님의 뜻과 임재가 끊임없이 계시되고 있음을 보여준다.

실제로, 같은 '샤칸' 동사의 한 형태가 성전이 봉헌되는 부분인 열왕기상 6:13에서 사용된다. 하나님은 이렇게 약속하신다. "내가 또한 이스라엘 자손 가운데에 거하며, 내 백성 이스라엘을 버리지 아니하리라." 그 약속은 에스겔서 37:27에서 명사 형태로 반복된다. "내 처소가(또는 머묾이) 그들 가운데 있을 것이며, 나는 그들의 하나님이 되고 그들은 내 백성이 되리라." 아마도 하나님의 '내주'(tabernacling)에 관한 이 모든 첫 언약 성경의 강조들이 유대인 신약성경 저자들의 마음에서 배경으로 작용하고 있었을 것이다.

그들은 '장막'이나 '성막'을 뜻하는 단어로서 '샤칸'과 발음이 비슷한 헬라어 명사 '스케네'(skēnē)를 20회에 걸쳐 사용한다. 이 용례들 중 세 번은 예수님의 변모 사건과 관련되어 있고 (마 17:4; 막 9:5; 눅 9:33), 한 번은 누가가 영원한 처소를 언급할 때이다(눅 16:9). 그 명사는 또한 히브리서의 장막에 대한 논의에서 종종 사용되고(8:2, 5; 9:2-3, 6, 8, 11, 21; 13:10), 한 번은 아브라함이 머물렀던 '장막'을 일컬을 때 사용된다(11:9). 이렇게 이 명사가 예수님과 관련되어 나타나는 용례들을 보면, 신약성경이 기록되던 시기에 하나님의 임재에 대한 히브리식 사고가 얼마나 "널리 퍼져 있었는지" 알 수 있다.

그뿐 아니라, 헬라어 명사 '스케네'는 칠십인역(구약성경의 헬라어 번역본으로, 예수님 당시와 초대 교회에서 가장 널리 읽히던 성경―옮긴이)에서 히브리어 '장막'의 번역어로 약 435회 정도 사용되었다. 히브리인들의 신앙이 발전함에 따라, '장막'이라는 단어는 광야에서의 천막과 관련된 일시성의 의미를 상실하기 시작했고, 점점 더 비유적이고 시적인 의미로 하나님의 처소를 가리키는 말로 사용되었다. 하나님이 천막에 사신다는 것이 아니라, 하나님이 하늘의 성소에 거하시는데 땅 위의 성막은 그 성소의 모형이 된다는 것이다. 이것이 신약성경의 히브리서에서 매우 조심스럽게 발전된 생각이다.

그런 이유 때문에, '장막을 치다' 또는 '장막에 머무르다'라는 의미의 '스케노오' 동사가 신약성경에 어떻게 나타나는지 살펴보는 것은 흥미로운 일이다. 그 동사가 처음으로 사용된 곳은 요한복음 1:14이다. "말씀이 육신이 되어 우리 가운데 거하시매〔'에스케노센'(eskēnosen), 장막을 치다, 내주하다〕, 우리가 그의 영광을 보니 아버지의 독생자의 영광이요 은혜와 진리가 충만하더라." 성육신에 대한 이 장엄한 진술은 "하나님이 우리와 함께 사시고 우리의 하나님이 되실 것"이라고 말한 첫 언약의 약속과 연관지을 때 훨씬 더 풍부한 의미를 지니게 된다.

'스케노오'의 다른 네 번의 용례는 종종 명사 '스케네'와 함께 계시록에 등장한다. 우리의 목적과 관련하여 가장 중요한 것은 이 말씀들이다.

요한계시록 7:15	그러므로 그들이 하나님의 보좌 앞에 있고 또 그의 성전에서 밤낮 하나님을 섬기매 보좌에 앉으신 이가 그들 위에 장막을 치시리니.
요한계시록 21:3	내가 들으니 보좌에서 큰 음성이 나서 이르되 보라, 하나님의 장막이 사람들과 함께 있으매 하나님이 그들과 함께 계시리니〔내주하시리니〕 그들

은 하나님의 백성이 되고 하나님은 친히 그들과 함께 계셔서……".

물론, 우리는 후자의 본문이 성막과 성전과 관련된 첫 언약 성경의 언약이 되풀이된 것임을 한눈에 분명히 알아볼 수 있다. 이 주제는 출애굽기로부터, 첫 언약 성경 전체, 요한복음, 히브리서, 그리고 요한계시록의 최종 언약에 이르기까지 전체 거대 이야기(meta-narrative)를 하나로 결합하는 정말로 웅장한 주제다!

'스케노오'에서 파생된 다른 동사들은 모두 다섯 번 등장하는데, 이들도 신약성경을 아름답게 장식해 준다. 세 번은 공관복음서에서 공중의 새가 겨자 수풀 가지에 '깃든다'고 하시는 예수님의 말씀에서 사용된다(마 3:32; 막 4:32; 눅 13:19). 또 한 번은 사도행전 2:26에서 베드로가 인용한 시편 34편의 번역에서("내 육체도 희망에 거하리니") 사용된다. 여기에 사용된 동사 '카타스케노오'(*kataskēnoō*)는 칠십인역에 스가랴서에서 다음 언약을 헬라어로 번역할 때 히브리어 동사 '샤칸'(*shkn*)의 번역어로 사용되었다. "시온의 딸아, 노래하고 기뻐하라. 이는 내가 와서 네 가운데에 머물 것임이라. 그날에 많은 나라가 여호와께 속하여 내 백성이 될 것이요 나는 네 가운데에 머물리라"(2:10-11).

남아 있는 '스케노오'의 파생동사는 우리를 깜짝 놀라게 한다! 왜 바울은 고린도후서 12:9에서 우리의 약함 안에 우리와 함께 머무르려고 오시는 하나님의 능력을 표현하기 위해 '에피스케노오' 동사를 선택했을까? 우리는 이 동사가 어떻게 번역되어야 하는지조차도 확실히 알 수 없다. 그 동사가 신약성경의 다른 곳에 등장하지 않고, 또한 칠십인역이나 필로나 요세푸스에도 나오지 않기 때문이다.

내주(tabernacling)와 능력의 끝

아마도 하나님의 과거, 현재, 미래의 내주를 좀 더 자세히 살펴보는 것이 열쇠가 될 수 있을 것이다. 또한 흥미로운 것은, 신약성경 중에 '내주하다' 동사가 나오는 책들을 살펴보면, 하나님과 관련되어 '스케노오'가 쓰이는 모든 경우에 '텔레이오오'가 아닌 '텔레오' 동사의 변화형이 따라온다는 점이다. 요한복음에서 예수님은 사람들 사이에 내주하셨고(1:14), 나중에는 복음서 화자(narrator)의 기록대로 "다 이루었다"('테텔레스타이'[*tetelestai*: '텔레오'의 완료수동형—옮긴이], 'it is finished', 이것은 죄값을 완전히 치른 죄수의 감방에 써 붙이던 말이다)라는 외침으로써 사역을 마무리하셨다. 이와 유사하게, 우리가 위에서 살펴본 본문들 속에서 드러나듯이, 계시록에서 하나님은 마지막 때에(at the telos) 사람들 사이에 내주하신다. 계시록에서 '텔레오' 동사는 여덟 번에 걸쳐 종말의 다양한 차원들이 완결되는 경우를 말할 때 사용된다. 그러므로 우리가 고린도후서 12:9에서 ('텔레이오오'가 아닌) '텔레오'를 적절하게 번역한다면, 우리는 바울의 능력이 그의 약함 속에서 끝에 다다랐고, 바울은 그의 약함을 영광스럽게 여긴다. 바로 그 약함을 통하여 그리스도가 바울에게 자신의 임재를(그리스도의 능력이 그의 위에 내주함을) 독특한 방식으로 계시하실 수 있기 때문이다.

그러므로 9절과 10절은 이러한 중요한 진행 과정을 보여준다. 9절 상반절에서 바울은 그의 능력이 다하여 약한 상태가 되었다. 9절 하반절에서는 그러므로 그리스도의 능력이 그의 위에 내주하신다. 10절에서 비록 바울은 약하지만, 또한 자신 안에 있으며 자신을 통해 나타나는 그리스도의 능력 때문에 강하다.

이런 진행은 신약성경 전체를 통해 항상 그려지며, 바울의 다음과 같은 말 속에 명료하게 표현되어 있다. "내가 율법으로 말미암아 율법에 대하여 죽었나니 이는 하나님에 대하여 살려 함이라. 내가 그리스도와 함께 십자가에 못 박혔나니 그런즉 이제는 내가 사는 것이 아니요 오직 내 안에 그리스도께서 사시는 것이라"(갈 2:19-20). 율법에 대하여 죽는 것, 우리 자신에 대하여 죽는 것, 그리고 우리 자신의 능력을 사용하여 하나님의 목적을 성취하려는 우리의 시도들에 대해 죽는 것, 이것들은 모두 은혜의 복음의 일부다. 그러므로 우리 자신의 끝은 그리스도와의 생명의 연합 안에서 그리스도와 함께하는 새로운 삶의 가능성을 열어 준다.

고린도전후서에서 바울이 일관되게 "약함" 이미지를 사용한다는 점이 이런 해석을 강하게 뒷받침한다. 아래 본문들을 주의 깊게 살펴보라. 바울은 우리로 하여금 어리석음과 약함이라는 하나님의 방법을 보라고 요청하고, 인간의 지혜와 사회적 지위와 부와 권력에 대해서는 죽음을 선택하라고 강권한다. 당신은 이미 이 본문들을 잘 알고 있을 것이다. 그러나 하나님의 방법과 관련하여 이 본문들이 주는 메시지는 우리에게 다시 한번 깊은 인상을 남긴다.

십자가의 도가 멸망하는 자들에게는 미련한 것이요 구원을 받는 우리에게는 하나님의 능력이라. 기록된 바 내가 지혜 있는 자들의 지혜를 멸하고, 총명한 자들의 총명을 폐하리라 하였으니 지혜 있는 자가 어디 있느냐. 선비가 어디 있느냐. 이 세대에 변론가가 어디 있느냐. 하나님께서 이 세상의 지혜를 미련하게 하신 것이 아니냐. 하나님의 지혜에 있어서는 이 세상이 자기 지혜로 하나님을 알지 못하므로 하나님께서 전도의 미련한 것으로 믿는 자들을 구원하시기를 기뻐하셨도다. 유대인은 표적을 구하고 헬라인은 지혜를 찾으나 우리는 십자가에 못 박힌 그리스도를 전하니 유대인에게는 거리끼는 것이요 이방인에게는 미련한 것이로되 오직 부르심을 받은 자들에게는 유대인이나 헬라인이나 그리스도는 하나님의 능력이요 하나님의 지혜니라. 하나님의 어리석음이 사람보다 지혜롭고 하나님의 약하심이 사람보다 강하니라.

형제들아, 너희를 부르심을 보라. 육체를 따라 지혜로운 자가 많지 아니하며 능한 자가 많지 아니하며 문벌 좋은 자가 많지 아니하도다. 그러나 하나님께서 세상의 미련한 것들을 택하사 지혜 있는 자들을 부끄럽게 하려 하시고 세상의 약한 것들을 택하사 강한 것들을 부끄럽게 하려 하시며 하나님께서 세상의 천한 것들과 멸시받는 것들과 없는 것들을 택하사 있는 것들을 폐하려 하시나니 이는 아무 육체도 하나님 앞에서 자랑하지 못하게 하려 하심이라. 너희는 하나님으로부터 나서 그리스도 예수 안에 있고 예수는 하나님으로부터 나와서 우리에게 지혜와 의로움과 거룩함과 구원함이 되셨으니 기록된 바 "자랑하는 자는 주 안에서 자랑하라" 함과 같게 하려 함이라.

형제들아, 내가 너희에게 나아가 하나님의 증거를 전할 때에 말과 지혜의 아름다운 것으로 아니하였나니 내가 너희 중에서 예수 그리스도와 그가 십자가에 못 박히신 것 외에는 아무것도 알지 아니하기로 작정하였음이라. 내가 너희 가운데 거할 때에 약하고 두려워하고 심히 떨었노라. 내 말과 내 전도함이 설득력 있는 지혜의 말로 하지 아니하고 다만 성령의 나타나심과 능력으로 하여 너희 믿음이 사람의 지혜에 있지 아니하고, 다만 하나님의 능력에 있게 하려 하였노라(고전 1:18-2:5).

아무도 자신을 속이지 말라. 너희 중에 누구든지 이 세상에서 지혜 있는 줄로 생각하거든 어리석은 자가 되라. 그리하여야 지혜로운 자가 되리라 (고전 3:18).

그뿐 아니라 더 약하게 보이는 몸의 지체가 도리어 요긴하고(고전 12:22).

맨 나중에 만삭되지 못하여 난 자 같은 내게도 보이셨느니라. 나는 사도 중에 가장 작은 자라. 나는 하나님의 교회를 박해하였으므로 사도라 칭함 받기를 감당하지 못할 자니라. 그러나 내가 나 된 것은 하나님의 은혜로 된 것이니 내게 주신 그의 은혜가 헛되지 아니하여 (고전 15:8-10상).

형제들아, 우리가 아시아에서 당한 환난을 너희가 모르기를 원하지 아니하노니 힘에 겹도록 심한 고난을 당하여 살 소망까지 끊어지고 우리는 우리 자신이 사형 선고를 받은 줄 알았으니 이는 우리로 자기를 의지하지 말고 오직 죽은 자를 다시 살리시는 하나님만 의지하게 하심이라. 그가 이같이 큰 사망에서 우리를 건지셨고 또 건지실 것이며 이후에도 건지시기를 그에게 바라노라 (고후 1:8-10).

우리가 이 보배를 질그릇에 가졌으니 이는 심히 큰 능력은 하나님께 있고 우리에게 있지 아니함을 알게 하려 함이라. 우리가 사방으로 우겨쌈을 당하여도 싸이지 아니하며 답답한 일을 당하여도 낙심하지 아니하며 박해를 받아도 버린 바 되지 아니하며 거꾸러뜨림을 당하여도 망하지 아니하고 우리가 항상 예수의 죽음을 몸에 짊어짐은 예수의 생명이 또한 우리 몸에 나타나게 하려 함이라. 우리 살아 있는 자가 항상 예수를 위하여 죽음에 넘겨짐은 예수의 생명이 또한 우리 죽을 육체에 나타나게 하려 함이라. 그런즉 사망은 우리 안에서 역사하고 생명은 너희 안에서 역사하느니라 (고후 4:7-12).

그리스도께서 약하심으로 십자가에 못 박히셨으나 하나님의 능력으로 살아 계시니 우리도 그 안에서 약하나 너희에게 대하여 하나님의 능력으로 그와 함께 살리라 (고후 13:4).

이 본문들을 길고 자세하게 인용한 이유는, 이 말씀들을 통해 삼위일체 하나님이 당신의 목적을 세상에서 이루어 가시는 "비밀스런" 방법에 대한 증언들을 빠짐없이 음미해 보려는 것이다. 그리스도가 고난과 죽음을 통해 우리를 위한 속죄를 성취하셨던 것처럼,6 주님은 우리의 약함을 통해 세상에 복음이 증거되게 하신다. 사실, 하나님께는 우리의 능력보다 약함이 더 필요하다. 마치 권세들(powers)이 주어진 한계를 넘어서서 신이 된 것처럼, 우리의 능력도 하나님과 다툰다. 시편과 이사야서가 가르치는 것처럼, 하나님의 방법은 우리를 환난으로부터 건져 내는 것이 아니라 그 안에서 우리를 위로하시는 것이며,7 우리가 그 환난을 직면할 때 우리의 힘을 "교체"(exchange)하시는 것이다.8 우리는 약함 안에서 그리스도와 연합함으로써 성령님의 능력으로 하나님의 영광을 드러낸다.

내주(來住, tabernacling)

우리의 약함 안에 하나님이 내주하신다는 이 놀라운 개념을 우리가 너무도 안이하게 받아들이지 않도록, 두 가지 주의사항을 덧붙여야만 하겠다. 첫 번째 경고는, 우리가 하나님의 내주를 진지하게 생각해 보면, 그것은 상당히 두려운 일이라는 점이다. 출애굽기 3:1-5의 주님이 떨기나무의 불꽃 가운데서 모세에게 나타나셨던 사건을 떠올려 보라.

> 여호와께서 그가 보려고 돌이켜 오는 것을 보신지라. 하나님이 떨기나무 가운데서 그를 불러 이르시되 모세야, 모세야 하시매 그가 이르되 내가 여기 있나이다. 하나님이 이르시되 이리로 가까이 오지 말라. 네가 선 곳은 거룩한 땅이니 네 발에서 신을 벗으라. 또 이르시되 나는 네 조상의 하나

님이니 아브라함의 하나님, 이삭의 하나님, 야곱의 하나님이니라. 모세가 하나님 뵈옵기를 두려워하여 얼굴을 가리매(출 3:4-6).

창세기 28:16-17에서 야곱 역시 비슷한 반응을 보인다.

야곱이 잠이 깨어 이르되 여호와께서 과연 여기 계시거늘 내가 알지 못하였도다. 이에 두려워하여 이르되 두렵도다, 이곳이여. 이것은 다름 아닌 하나님의 집이요 이는 하늘의 문이로다 하고.

하나님의 내주는 종종 두려움을 불러일으킨다. 그런데 우리는 하나님의 임재에 관해 어떻게 이렇게 냉담할 수 있는 것일까? 예수님을 단순히 우리의 모범이 되는 인물로 축소해 버린 신학 운동들의 결과로(3장을 보라), 우리는 이제 성경적인 두려움이 필요하다는 생각을 하지 않게 되었다. 그리고 얼마 지나지 않아서 하나님을 사소한 존재로 간주하게 되었다. 우리가 우리 자신으로부터 구원받아야 할 필요가 없는데 왜 우리가 두려워해야만 하는가?

두 번째 주의사항은 고린도후서 12:9에 나오는 '에피스케네오' 동사의 한 가지 가능한 해석에 근거한 것이다. 왜 바울은 '스케네오' 동사에 전치사 '에피'(epi)를 덧붙였을까? 한 가지 그럴듯한 가능성은, 그 접두사가 '~에 도착함'이 아니라, '~을 향하여 나아감'의 뜻을 내포할 수 있다는 것이다. 그렇다면 바울의 의도는 하나님의 내주가 현재 시점에서 완전할 수 없으며, 현재의 내주는 계시록에 그려지는 완전한 내주를 바라보는 것임을 나타내려 한 것일 수도 있다. 인간으로서 우리의 약함은 결코 완전한 수준이 아니며, 또한 우리는 자신의 능력을 전적으로 포기하지도 않는다(비록 이것이 목표이기는 하지만). 나는 반복되는 경험을 통해 내가 나의 나약한 시도들을 결코 전적으로 포기하는 법이 없음을 알고 있다. 나는 자신을 구원하려는 나의 (날마다 새로워지는) 노력에 대해 날마다 죽어야만 한다.

이 사실 때문에 우리가 절망할 필요는 없다. 우리는 단지 우리의 끊임없는 죄성을 (그리스도가 궁극적으로 그것을 끝장내실 때까지!) 반복해서 인식하는 것일 뿐이다.

하지만 그런 일이 일어나는 동안에 우리는 또 다른 방식을 통해 하나님의 내주를 좀 더 온전하게 알아간다. 아마도 그리스도인들에게 가장 중요한 내주의 경험은 성찬을 통해 일어나는 경험일 것이다. 베르트홀트 폰 셍크(Berthold Von Schenk, 1895-1974년)는 그 내주의 경험을 이렇게 설명했다.

> 나는 단지 성찬이 나에게 무엇을 의미하는지 고백할 수 있을 뿐이다. 간단히 말하면 이것이다. 그리스도가 자신을 내어주심으로 나에게 초자연적인 생명을 주시는 진정한 음식이 되셨다. 나는 여기에 살아 계신 그리스도의 실제 임재와 자기 내어줌을 가지고 있다. 나를 위해 십자가에서 자신을 내어주신 그분이, 내가 제단으로 나아갈 때 나에게 자신을 내어주신다. 그 때에는 그가 자신을 죽음에 내어주셨다. 지금은 그가 생명을 주시고자 나에게 자신을 내어주신다. 그것은 그가 그의 살아 있는 임재와 능력을 통해, 그의 죽음이 나를 위해 가능하게 한 모든 일을 나를 위해 실현하시는 것이다. 거룩한 성찬에서 나는 가장 위대한 실재를 소유한다. 그것은 보이지 않는 임재이지만, 이 보이지 않는 임재 안에서, 단지 기억만이 아니라, 탄생, 삶, 죽음, 부활, 그리고 승천 그 자체가 공간과 시간을 초월하여 오늘날까지 전해 내려왔다.[9]

약함에 관한 다른 성경 본문들

위의 고린도전후서 본문에서 볼 수 있었듯이, 성경에서 '약함'(weakness)은 단순히 그 단어 그대로 나타나는 것이 아니라, 신약성경 저자들은 자신의 사역 기술이나 혈통, 배경, 교육, 능력 등을 의존하지 않고, 약점들을 감추지 않으며, 하나님을 의존하여 겸손히 행하는 모습으로 드러난다. 성경은 종종 제자들이나 교회(the Church)를 권세의 이미지가 아니라 작은 자의 이미지로 그리며 하나님의 일이 약함 속에 감추어진 비밀을 통해 성취된다고 말한다.[10]

교회(the Church)가 권세들 중 하나로서 어떻게 자신의 소명에 충실할 수 있는지를 우리가 올바로 이해하려면, 우리는 이 약함이라는 주제가 성경 속에 얼마나 넓게 퍼져 있는지를 알아야만 한다. 나는 이곳에서 신약성경의 각 책에서 골라 낸 약간의 사례만을 제시할 것이다. 그것만으로도 약함에 대한 강조가 어떻게 성경 전반을 뒤덮고 있는지 볼 수 있을 것이다. 나의 목적은 다음과 같은 아픈 질문이 우리를 강타하게 하려는 것이다. "왜 오늘날 대부분 교회들은 약함의 삶을 살지 않는가?"

신약성경은 약함에서 시작한다. 마태는 예수님의 족보에서 이방 여인과 율법을 범한 여인 네 명을 언급하고(마 1:1-17), 요셉이 마리아와의 관계를 조용히 끊겠다고 생각함으로써 마리아가 처하게 되었던 위험을 보여준다(1:18-25).[11] 팔복 선언은 "심령이 가난한 자는 복이 있나니"로 시작하고, 그리스도 때문에 우리가 욕을 듣고 박해를 받으며 우리를 거스르는 모든 악한 말을 들을 때 복이 있다는 말로 끝맺는다(마 5:1-12).

마태복음 8:17에서 마태는 "이는 선지자 이사야를 통하여 하신 말씀에 우리의 연약한 것을 친히 담당하시고 병을 짊어지셨도다 함을 이루려 하심이더라"라고 지적함으로써, 예수님이 우리의 약함을 짊어지셨음을 강조한다. 빌라도의 병사들이 예수님의 무덤을 로마의 공식적인 권위의 표시로 봉인하는 장면에서도 (이것 때문에 예수님이 일어나서 무덤에서 나오는 것은 사실상 불법적인 행동이 된다!) 세상 권세의 방식과 대조되는(이 경우에는 정치적인 권세) 하나님의 약함의 방식이 강조된다(마 27:62-66).

마가복음의 이야기에서는 열두 제자와 대조되면서 항상 참된 믿음을 보여주는 "작은 자들"을 통해 반복적으로 약함의 주제가 드러난다. 마가복음의 문학비평적 연구에서 데이비드 로즈(David Rhoads)와 도널드 미키(Donald Michie)는 이 작은 자들이 "목숨을 잃어버리고 자기를 부인하고 지극히 작은 존재가 되라는" 예수님 말씀대로 살았던 실제 사례가 되며, 예수님의 길을 전혀 이해하지 못하는 것처럼 보이는 제자들을 대조적으로 부각시키는 역할을 한다고 지적한다. 로즈와 미키의 결론적인 요약은 내가 약함의 신학을 통해 말하려는 바를 정확하게 표현하고 있다.

> 저자가 창조한 이 세계 속에서 우리는 이런 것들, 곧 하나님의 통치 아래 사는 삶이 요구하는 철저히 새로운 질서, 하나님을 향한 믿음 때문에 가능해지는 새로운 일들, 다른 사람을 섬기는 것의 위대함, 다른 사람을 지배하는 것의 파괴성, 구속적인 고난 속에 감추어진 능력, 권력과 성공을 얻고자 국가와 종교를 오용함, 종교적 헌신이 가져올 수 있는 맹목성, 살아남아야 한다는 심리의 유혹, 자기 부인과 죽음을 정면으로 대면하는 것에 대한 깊은 저항감, 지극히 작은 자가 되기를 선택하는 것의 어려움, 하나님의 통치에 신실하고자 할 때 따르는 고난 등을 경험했다.[12]

그뿐만 아니라, 예수님은 예루살렘으로 올라가는 도중에 제자들에게 그의 나라에 참여하려면 어린아이와 같이 되어야 한다고 선언하셨다(10:14-15). 무엇보다도 마가는 예수님의 고난에 대한 말씀을 진지하게 받아들이지 않았던 베드로를 예수님이 "사탄"이라고 부르며 가장 강력한 말로 꾸짖으신 것을 기록함으로써(8:31-38) 십자가의 길(약함)에 대한 반대에 대해 응답하는 듯이 보인다. 베드로가 예수님의 고난을 막으려 했던 이유가, 자기도 자기 메시아를 따라 십자가를 져야만 했기 때문임은 의심할 여지가 없다.

물론, 누가복음은 다른 복음서들보다 소외된 자, 여자, 외국인, 그리고 다른 약한 자들의 이야기를 더 많이 담고 있다. 복음서의 첫 부분부터 수난 이야기 끝의 무덤에 머물렀던 여자들에 대한 더 자세한 이야기에 이르기까지 이런 특징은 매우 분명히 드러난다. 누가복음의 앞부분 몇 장만 읽어도 우리는 금세 "작은 자들"에 관한 누가의 강조(예수님 자신의 강조와 연결된)를 발견하게 되며 깜짝 놀라게 된다. 1:26-56에서 우리는 사가랴와 대조되는(특히 1:18을 보라) 마리아의 겸손과 복종과 사려 깊음을 발견하게 된다. 이와 마찬가지로, 성탄절에 대한 낭만적인 시각 때문에 구세주의 탄생을 전하는 첫 번째 사자들로서 사회적으로 소외된 사람들이었던 목자들이 택함을 받은 것과(2:16-20), 예수님의 부모가 가난한 사람이 바치는 제물을 성전에 가져갔던(2:22-24; 참고. 레 12:8) 사실이 흐려져서는 안된다.

우리가 잠시 멈추어 예수님의 비유들과 이야기들을 생각해 보면, 그 이야기들이 세상 권세의 관점과 완전히 거꾸로인 것에 충격을 받게 된다. 세리들이 의인이 되며(눅 18:9-14), 종교 지도자들이 아닌 이방인이 이웃 사랑의 모범이 되고(눅 10:25-37), 인간의 빛나는 성취보다 새와 백합화가 더 영광스럽고(마 6:26-34), 가장 작은 씨앗이 새들의 안식처가 되며(마 13:31-32), 주인이 종들에게 엄청난 신뢰를 두며(마 25:14-30), 거지 나사로가 아브라함의 품에서 쉬고(눅 16:19-31), 부자는 쌓아 놓았던 모든 것을 잃으며(눅 12:13-21), 선한 목자는 양들을 위해 목숨을 바친다(요 10:1-18). 우리가 이 이야기들을 그저 영웅적인 성격의 주인공이 단순한 수단들을 가지고 싸워 마지막에 승리한다는 동화 같은 이야기로 여기지 않도록,

예수님은 주인의 은혜를 믿었던 악한 자를 좋은 모범으로 치켜세우는 특별한 이야기도 첨가하신다(눅 16:1-13).[13] 우리의 약함이 의미가 있는 것은, 바로 은혜로우신 하나님의 내주 때문이다!

　요한복음은 우리의 열매 맺음이 오로지 그리스도의 내주에 대한 우리의 의존에 달렸다고 권고한다. 예수님은 이렇게 말씀하셨다. "내 안에 거하라. 나도 너희 안에 거하리라. 가지가 포도나무에 붙어 있지 아니하면 스스로 열매를 맺을 수 없음같이 너희도 내 안에 있지 아니하면 그러하리라"(15:4). 세례 요한은 그리스도와 우리의 관계에 대한 가장 좋은 모델이 된다. 그는 신랑의 친구가 된 것처럼 기뻐하며, "그는 흥하여야 하겠고 나는 쇠하여야 하리라"라고 선언했다(3:28-30). 우리는 학대당하고 거절당한 사마리아 여인을 끌어안으시는 예수님을 보며 그의 헤아릴 수 없는 은혜와 그 결과에 놀란다. 그 은혜는 그녀를 자유롭게 하였고, 그녀를 자기 마을에 하나님 나라를 전하는 사자로 변화시켰다(4:1-42). 베드로는 그의 연약함 때문에 예수님을 부인했지만, 그래도 주님은 그에게 양들을 먹이라는 사명을 주신다(21:15-19). 빌 와일리 켈러만이 주장하듯이, "만일 베드로가 그 자리에서 목회적 권위와 사명을 부여받았다면, 그것은 바로 그의 약함에 기초한 것이다. 여기서 문제의 핵심은 은혜이며, 죽음에 이르기까지 그리스도를 따를 수 있는 자유다. 베드로의 목회 사역은 거기서 시작하고 거기서 끝이 난다."[14]

　사도행전에 나오는 초기 그리스도인들의 이야기는, 사회와 이웃을 향한 그들의 강력한 복음 증거가 그들의 약함에서 나오게 되었음을 풍부한 예를 통해 분명히 보여준다. 베드로는 자신이 정말로 감옥으로부터 구출된 것인지 믿을 수 없었다(행 12:1-17). 바울은 사슬에 결박된 채로 베스도와 아그립바와 버니게에게 증거한다(25:23-26:32). 베드로와 요한에게 금과 은은 없었지만, 그들이 가진 그리스도의 이름 때문에 걷지 못하던 한 사람이 뛰어다니며 하나님을 찬양할 수 있었다(3:1-11). 장애인이었던 그 남자는 체포되거나 소환을 받지 않았지만 사도들이 투옥된 다음 날 법정에 섰다(4:1-10). 빌 와일리 켈러만은 그 남자의 약함에서 나오는 경이로운 증거(witness)를 다음과 같은 말로 잘 표현해 준다.

> 관리들은 그가 그곳에 있는 것을 원하지 않았다. 그는 그들이 억눌러 버리고 싶었던 살아 있는 증거이며 증언이었다. 그들은 그가 다시 장애인으로 돌아가기를 바랐다. 사람들이 보는 앞에서 그는 단순히 걸어 들어와서 자신을 내보였다. 그는 와서 제자들 옆에 섰다. 이 관리들은 날마다 성전 문에 앉아 있던 그를 알아보았음이 틀림없다. 그들 중에는 날마다 친절하게 자선을 베풀었던 사람도 있었을 것이다. 어떤 이들은 그를 업신여겨 눈을 돌렸을 것이다. 어떤 이들은 서두르는 걸음으로 못 본 체하며 지나쳤을 것이며, 가장 못 된 부류들은 마치 그가 보이지 않는 존재인양 행동했을 것이다.
>
> 그들은 지금 그를 보고 있다. 그들 앞에 서는 것은 엄청난 용기가 필요한 일이었을 것이다. 이것이 진짜 변화다. 몸과 영혼과 사회적 관계, 이 모든 부분에서 완전한 치유가 일어난 것이다. 진짜 기적은 그가 서 있다는 사실이 아니라, 그가 그곳에 서 있다는 사실이다.[15]

이와 유사하게, 바울은 로마서에서 비록 어떤 사람들이 기독교의 약함을 치욕스럽게 생각하지만, 자신은 복음을 "부끄러워하지" 않는다고 말한다(1:16-17). 또한 그는 우리가 무력하고 하나님의 원수가 되었을 때, 그때가 바로 그리스도가 우리를 위해 죽으신 때요 그것이 바로 구원의 조건이었다고 말한다(5:6-11). 우리는 스스로 원하는 존재가 되지도 못하고 자신이 원하는 것을 행할 수도 없지만, 그럼에도 구원을 받았다(7장). 심지어 우리가 우리의 약함 때문에 어떻게 기도해야 할지조차 모를 때 성령님이 도우시며(8:26), 우리는 아들의 형상으로 (그의 고난과 약함을 포함하여) 빚어지도록 예정을 받았다(8:29).

이 정도면 약함의 신학이 신약성경에 두루 퍼져 있다는 사실이 풍부한 증거들을 통해 확실해졌을 것이다. 그러나 나는 우리가 이 요점을 확실히 붙잡을 수 있도록, 사례들을 좀 더 쌓아올리고자 한다. 우리가 우리의 삶과 교회를, 하나님의 내주를 받아들이는 약함을 통해서가 아니라 힘의 논리로 운영하고 있다면, 뭔가 심각하게 잘못되어 가는 것이다. 약함의 신학이 모든 신약성경 책들 속에 가득 차 있음을 확실히 알자. 이제 나는 아래에서 좀 더 개략적으로 그 목록을 제시하려 한다.

갈라디아서 바울은 육체적인 질병이 있는 상태로 복음을 선포했다(4:13). 그리스도의 십자가로 말미암아 그는 그리스도와 함께 십자가에 못 박혔고(2:20), 세상은 그에 대해 십자가에 못 박혔다. 바울은 그리스도의 십자가 외에는 아무것도 자랑하지 않겠다고 말한다(6:14).

에베소서 비록 우리가 우리의 죄 가운데서 죽었지만, 사랑을 받았고, 그리스도와 함께 살리심을 입었으며, 전적인 은혜로 완전한 구원을 얻었다(2:1-10). 바울은[16] 모든 성도 중에 지극히 작은 자였지만, 그리스도의 측량할 수 없는 풍성함을 이방인에게 전하게 하시는 은혜를 받았다(3:8).

빌립보서 바울의 투옥이 오히려 복음 전파에 진전이 되었다(1:12-14). 공동체는 이기적인 야망이나 허영심으로 살지 말고, 그리스도의 비우심을 본받으라는 권고를 받는다(2:1-10). 바울은 다른 사람들의 믿음을 위해 자신이 전제와 제물로 쏟아 부어지는 것도 기뻐하고 즐거워할 수 있었다(2:17-18). 바울의 목표는 그리스도의 고난에 참여하고 그의 죽으심을 본받는 것이었다(3:10).

골로새서   그리스도의 종들은 실제로 교회를 위한 그리스도의 남은 고난을 완성할 수 있다(1:24-26). 또 그리스도의 신비를 선언하는 일 때문에 감옥에 갇힐 수도 있다(4:3).

데살로니가전서   핍박받는 중에도 성령님은 기쁨을 주시고 복음 증거를 위한 영감을 주신다(1:6-10). 바울은 모욕을 당하고 큰 반대에 부딪혀 싸워야만 했다(2:2).

데살로니가후서   성도들은 핍박과 환란 가운데서 흔들리지 않고 신실함을 지켰다(1:4). 바울은 수고하고 애쓰며 밤낮으로 일해야만 했다(3:8).

디모데전서   동일한 수고와 애씀에 대해 언급하면서(4:10), 사도는 부자들에게 마음을 높이지 말고, 그들의 소망을 재물에 두지 말며 하나님께 두라고 강권한다(6:17-19). 디모데는 사람들이 자신의 연소함을 업신여기지 못하게 하라는 권고를 받는다(4:12, 권위를 내세움으로써가 아니라 말과 행실에 본이 됨으로써 – 옮긴이).

디모데후서   디모데는 복음 때문에 고난받는 바울을 부끄러워하지 말고 그 고난에 동참하라는 권고를 받는다(1:8-10; 2:3). 바울 사도는 죄인처럼 쇠사슬에 매이는 데까지 고난을 받았다(2:9).

디도서 바울은 자신을 하나님의 종이라고 부른다(1:1). 성도는 권세에 복종해야 한다고 권면받는다(3:1). 그들은 그들이 행한 일 때문이 아니라, 전적으로 은혜로 구원을 받은 것이다(3:5).

빌레몬서 노예 오네시모는 바울의 아들이며(10절) 지금까지는 무익한 존재였다(11절). 그러나 바울은 빌레몬에게 감옥에 갇힌 자신을 생각하며 그를 형제로 받아들여 달라고 부탁한다(17-21절).

야고보서 야고보는 성도들에게 시험을 당할 때 기뻐하라고 강권한다(1:2-4). 낮은 자는 높여짐을 자랑할 수 있다(1:9-10). 그들은 온유함으로 그들을 능히 구원할 마음에 심겨진 말씀을 받아야 한다(1:21). 진정한 경건은 고아와 과부를 돌아보는 것이고(1:21), 하나님이 가난한 자를 택하사 믿음에 부요하게 하심을 인식하므로(2:5), 그들을 환영하는 것이다(2:8-17). 겸손한 자들은 은혜를 얻는다(4:6-7). 선지자들은 고난과 오래 참음의 본이 된다(5:7-11).

베드로전서 왕 같은 제사장의 백성은 사람들에게 버림받은 분을 따르며(2:4-10), 거류민과 나그네로서 살아간다(2:11). 그들은 모욕을 당하고 상처입으시고(2:23-25) 고난을 당하신(3:18; 4:1, 12-14; 5:1) 분의 발자취를 따른다. 그들은 겸손으로 옷을 입어야 한다(5:5-10).

베드로후서 예언은 사람의 뜻에서 나온 것이 아니며 성령님이 선물로 주신 것이다(1:20-21). 성도는 하나님이 예언을 성취하실 날을 기다린다. 그날이 지연되는 것은 하나님이 구원을 위해 오래 참으시기 때문이다(3:11-15).

요한일서　　　　우리가 죄에 대해 약하지 않다고 생각하면 자신을 속이는 것이다(1:8-9). 우리에게는 그리스도의 속죄하시는 희생이 필요하다(2:1-2). 우리는 하나님의 자녀이지만, 그 사실의 온전한 의미는 장차 드러나게 될 것이다(3:1-2). 사랑은 우리가 드러내는 것이 아니라, 아들의 속죄하시는 희생을 통해 계시되는 것이다(4:7-10).

유다서　　　　그리스도는 우리가 넘어지지 않도록 지키시고, 흠 없이 서게 하시고, 하나님의 사랑 안에서 안식하도록 자비를 베푸신다(21, 24절).

아마도 요한이서와 요한삼서만이 직접적으로 약함의 이미지가 드러나지 않는 예외적인 서신들일 것이다. 이 서신들에는 공동체적인 환대에 대한 열린 마음이 깊이 스며들어 있다. 우리는 신약성경 전반을 살펴보며 약함이 하나님의 주된 방법임을 보여주는 다양한 증거들을 보았다. 그 증거들 중에는, 고난받는 메시아의 약함과, 외부로부터 구원자가 필요하게 만드는 우리의 죄성에 기인하는 약함, 세상 권세들에 대한 우리의 상대적 약함, 그리고 우리가 우선적으로 약자를 환영해야 한다고 말하는 공동체적인 우선 순위가 포함되었다.

　　신약성경의 네 책은(위에서 인용된 고린도전후서, 히브리서, 요한계시록) 가장 두드러지게 약함을 강조하고 옹호하는 책들이다. 그 누가 히브리서 11장의 엄청난 선언을 무시할 수 있겠는가?

내가 무슨 말을 더 하리요. 기드온, 바락, 삼손, 입다, 다윗 및 사무엘과 선지자들의 일을 말하려면 내게 시간이 부족하리로다. 그들은 믿음으로…… 약속을 받기도 하며…… 연약한 가운데서 강하게 되기도 하며…… 여자들은 자기의 죽은 자들을 부활로 받아들이기도 하며 또 어떤 이들은 더 좋은 부활을 얻고자 하여 심한 고문을 받되 구차히 풀려나기를 원하지 아니하였으며 또 어떤 이들은 조롱과 채찍질뿐 아니라 결박과 옥에 갇히는 시련도 받았으며 돌로 치는 것과 톱으로 켜는 것과 시험과 칼로 죽임을 당하고 양과 염소의 가죽을 입고 유리하여 궁핍과 환난과 학대를 받았으니 (이런 사람은 세상이 감당하지 못하느니라.) 그들이 광야와 산과 동굴과 토굴에 유리하였느니라.

이 사람들은 다 믿음으로 말미암아 증거를 받았으나 약속된 것을 받지 못하였으니 이는 하나님이 우리를 위하여 더 좋은 것을 예비하셨은즉 우리가 아니면 그들로 온전함을 이루지 못하게 하심이라.

이러므로 우리에게 구름 같이 둘러싼 허다한 증인들이 있으니 모든 무거운 것과 얽매이기 쉬운 죄를 벗어 버리고 인내로써 우리 앞에 당한 경주를 하며 믿음의 주요 또 온전하게 하시는 이인 예수를 바라보자. 그는 그 앞에 있는 기쁨을 위하여 십자가를 참으사 부끄러움을 개의치 아니하시더니 하나님 보좌 우편에 앉으셨느니라(히 11:32-12:2).

뿐만 아니라 히브리서는 우리의 대제사장이신 예수님의 약함을 다른 서신들보다 훨씬 더 강조한다(2:5-10, 14-18; 4:14-16; 5:1-10). 또한 저자는 우리가 그리스도의 모범을 따른다면, 손님들을 대접하고 옥에 갇힌 사람들을 돌아보아야만 한다고 역설한다(13:1-3).

요한계시록은 많은 사람이 종종 오해하는 것처럼 마지막 때와 관련된 무시무시한 환상을 기록한 책이 아니라, 우리의 약함을 통해 드러나는 그리스도의 주권을 찬양하는 책이다. 이 책은 박해 아래서 고통받던 1세기 그리스도인들에게 소망을 주고자 쓰인 책이며, 그래서 오늘 싸움 가운데 있는 우리에게도 큰 힘이 된다.[17] 로마의 잔인한 핍박 아래 신음하고 슬퍼하던 성도는 "하나님의 말씀과 그들이 가진 증거로 말미암아 죽임을 당한" (6:9), "큰 환난에서 나오는…… 어린양의 피에 그 옷을 씻어 희게 한" (7:14) 수많은 무리와 함께할 미래를 바라보며 위안을 얻는다. 그들의 주님이 죽임을 당한 어린양이시며, 지금은 "능력과 부와 지혜와 힘과 존귀와 영광과 찬송을 받으시기에 합당한"(5:12) 분이시므로, 성도는 고난 속에서 기꺼이 인내할 수 있다.

그들은 서머나 교회와 마찬가지로, 그리스도가 그들의 환난과 궁핍을 아신다는 것과, 그들이 장차 생명의 면류관을 받을 것이며, 둘째 사망의 해를 받지 않을 것임을 확신할 수 있었다(계 2:8-11). 그들은 용의 발톱에서 구출받은 해산하는 여자나 "하나님 앞과 보좌 앞으로 올려진" 그녀의 아들 그리스도처럼, 교회(the Church) 곧 "우리 형제들이 어린양의 피와 자기들이 증언하는 말씀으로써 참소하던 자를 이길 것이며, 죽기까지 자기들의 생명을 아끼지 않을" 것임을 믿을 수 있었다(계 12:1-12).

그리스도를 본받기

그리스도가 스스로 약함 안에서 십자가에 못 박히셨고 우리도 자신과 함께 십자가에 못 박히라고 초대하신다고 말하는 바울의 글들, 고난을 겪으심으로 우리의 모범이 되신 예수님의 발자취를 따르라고 격려하는 베드로의 글들, 고난을 당하는 가운데서도 인내하라고 강권하는 계시록 본문들, 이 모든 말씀은 우리 시대의 교회를 향해 결정적으로 중요한 질문을 던진다. 우리는 예수님과 베드로와 바울에게 진실이었던 것이 또한 교회에게도 진실임을 기억해야만 한다. 성경 대부분은 복수형의 언어로 기록되었고(여러 사람의 공통적인 경험임을 암시한다─옮긴이), 또 성경은 하나님의 방법이 약함을 통해 목적을 성취하시는 것임을 반복적으로 보여주기 때문이다. 만약 교회(the Church)가 창조된 권세의 하나로서, 약함을 통해 하나님의 내주를 드러내야 하는 자신의 참된 소명에 온전히 충실해야만 한다면, 우리는 이런 질문들을 던져야만 한다.

- 왜 우리는 목사들을 약한 자들을 돌보는 목자가 아닌 성공적인 CEO로 바꾸어 놓았는가?
- 왜 우리는 고난 속에서 모델이 될 수 있는 목사를 찾기보다, 인상 좋고 세련되고 카리스마적인 목사를 찾는가?
- 왜 우리의 교회는 기업의 경영 기법과 성취 모델을 배우려고 하는가?
- 왜 우리는 "말씀에 순전하게 귀 기울이는" 대신에, 비법(gimmicks, 자크 엘룰이 '기술'이라고 불렀던)에 의존하고 있는가?

우리는 성경 속에 약함의 이미지가 얼마나 널리 퍼져 있는지 살펴보았다. 또한 우리는 특히 하나님이 약함 안에 내주하심을 발견했다. 이제 어떻게 우리가 공동체로서 진정한 소명의 한계를 벗어나 타락한 권세들처럼 움직이는 잘못을 피할 수 있는지 물어야만 한다.

루크 티모시 존슨(Luke Timothy Johnson)은 그의 책 속의 '복음과 복음서들'과 '예수 안에 있는 진리'라는 두 섹션에서 예수님이 누구이시며 우리가 그를 어떻게 닮아 가야 하는지를 간결하게 요약하면서 같은 주장을 한다.[18] 그는 신약성경 본문들이 그리스도나 그리스도 안에서의 삶을 언급할 때 어떤 중심 패턴이나 의미가 담겨 있는지 질문한다. 그것은 "가장 초기의 기독교 경험과 기억에 새겨져 있고" "복음서 이야기 속에 신뢰성 있게 반영되어 있는" 것이어야만 한다(152). 그리고 그는 계속해서 "마가에 나타난 예수님이 고난받는 인자"인 것과(153), "마태와 누가가 사실상 마가복음의 모든 측면을 거리낌 없이 변경하면서도……이 고난받는 분으로서의 예수님의 이미지는 조금도 변경하지 않았던" 것(154), 그리고 그 점은 신약성경의 다른 부분들도 마찬가지였음을 보여준다(155, 156). 존슨은 다음과 같이 결론을 내렸다.

> 우리가 신약성경의 증언을 전체적으로 받아들인다면, 표면에 드러난 다양성 배후에 존재하는 깊은 일관성을 포착할 수 있다. "진짜 예수"는 무엇보다도 권능의 주님, 부활의 주님이시며, 그의 변혁하시는 능력은 성령님을 통해 공동체 안에서 활동한다. 그러나 **예수님을 따르는 것은 어떤 능력을 발휘하여** 다른 사람 위에 군림하거나, 하나님의 나라에서 "이미 왕 노릇 하는 것"(고전 4:8)과는 **별로 상관이 없다**. 대신에 그것은 메시아가 보여준 패턴을 따라 변화되는 것과 관련이 있다. 그러므로 "진짜 예수"는 또한 성령님을 통해 신자들의 삶 속에서 하나님에 대한 신실한 복종과 다른 사람을 향한 사랑의 섬김이 반복되게 하시는 분이다. 신약성경의 모든 곳에서, 예수님의 이미지는 죽음과 부활, 고난과 영광의 역설적인 긴장을 담고 있다(166, 강조 추가).

약함의 신학: 우리 안에, 우리 가운데 있는 약한 자를 존중함

내가 가장 절실하게 약함을 경험했던 날이 있다. 그날은 3주간의 강의를 위해 호주로 떠나려던 날의 하루 전날이었다. 15개월을 기다린 끝에 새로운 다리 보조기를 마련하여 교체하면서, 옛 보조기가 이제껏 나에게 고통을 주고 있었음을 발견하게 되었다. 내 발에는 새로운 상처가 나 있었고, 그것은 내가 다시 수개월 동안 되풀이해 의지해 온 동반자인 목다리를 사용해야 한다는 뜻이었다. 나는 이런 물음을 던지지 않을 수 없었다. "내 삶이 늘 이렇게 힘든데, 하나님은 어떻게 이런 생활을 계속하라고 하시는 걸까?"

어떤 날에는 과도한 긴장 때문에 완전히 진이 빠져 버리는 때가 있다. 나는 늘 관절염에 걸린 두 손과, 저는 한쪽 다리와, 보지 못하게 된 한쪽 눈과, 듣지 못하는 한쪽 귀와, 17퍼센트 정도만 기능하는 양쪽 신장과, 꿈틀 운동을 하지 못하도록 죽어 버린 위 신경과 장 신경과, 암 수술과 턱 수술 이후 남은 통증과, 남은 한쪽 눈의 시력마저 곧 잃어버릴지도 모른다는 가능성과, 다리뼈 고정 수술 이후 떨어져 나온 뼈 조각들이 계속 염증을 일으켜 결국 다리를 절단할 수도 있다는 가능성을 안고 살아가야 하기 때문이다. 그러나 위에 열거한 것도 전체 목록은 아니다. 하나님은 정말로 나를 이토록 약하게 하실 필요가 있으신가?

그렇다!

나는 비록 이해하지 못하지만 그렇다고 믿는다. 우리의 인간적 약함 때문에 우리는 하나님의 일하심이 언제나 "비밀스럽고" 신비하고 우리의 인간적인 이해를 초월한다고 느끼게 된다. 그러나 우리의 부지(不知)의 한복판에, 하나님은 새롭게 내주하신다.

때로 나는 성령님이 내가 읽는 경건 서적들 속의 책갈피를 움직이신다고 생각한다. 그리스도의 능력이 나의 약함 속에 내주하심을 정기적으로 다시 기억하게 하시려고……. 호주로 떠나기 전날 아침에 내가 읽었던 주현절 첫째 주간 금요일 기도문은 다음과 같다.

여는 기도

하나님, 당신은 우리가 원하는 것은 무엇이든지 당신께 구하라고 하셨습니다. 우리는 그 무엇보다도 당신 자신을 주실 것을 구합니다. 당신은 우리를 온전히 아시면서도, 우리 중 누구에 대해서도 소망을 잃으신 적이 없으십니다. 우리를 우리가 경배하는 그리스도의 형상으로 인치소서. 우리의 모든 의심과 불확실성을 거두어 오직 당신만이 주실 수 있는 의미를 빛으소서. 우리의 약함 속에서 당신의 강함을 온전히 드러내시고, 우리가 모든 근심 한가운데 머물 때 값비싼 당신의 평화를 우리 위에 내려 주소서. 그 평화는 오직 당신의 뜻이 우리의 뜻이 될 때에만 우리의 것이 될 수 있사옵나이다. 예수님의 이름으로 기도합니다. 아멘.[19]

마치는 기도

전능하신 아버지,…… 통회하는 심령의 예배를 기뻐하시는 주님, 이 예배 시간에 우리에게 은혜를 부어 주셔서, 우리 마음에 깃들기 쉬운 교만을 버릴 수 있게 하시고, 우리를 만드신 분이 우리 자신이 아닌 당신이시며 당신이 우리 삶의 시작이요 끝이심을 기억하게 하소서. 우리가 우리의 지식의 한계를 알아 당신의 지혜를 찾게 하시고, 우리 능력의 한계를 알아 약함 속에서 완전해지는 당신의 강함으로써 영화롭게 되게 하소서. 그리하여 우리가 당신을 겸손히 예배하고, 당신과의 교제를 통해 맛보는 삶의 새로움을 향해 깨어나게 하소서. 아멘.

_라인홀드 니이버(1892-1971년)

약함 안에서 쉼을 누리도록 돕는 글들

나는 이 장을 그저 경건한 기도와 묵상들로 마무리하려고 한다. 우리가 약함을 진정으로 기뻐하지 않음을 잘 알기 때문이다. 우리를 감동하여 십자가를 받아들일 수 있게 만드는 것은 무엇일까? 하나님이 우리를 통해 일하시도록 우리가 자신의 노력을 포기할 수 있게 만드는 것은 무엇일까? 힘을 사용하는 세상의 방법에 저항하고, 대신에 우리를 통해 나타나는 하나님의 힘을 받아들일 수 있도록 우리를 겸손으로 가득 채워 줄 수 있는 것은 무엇일까? 우리가 그리스도의 내주하는 능력을 드러낼 수 있는 고난으로부터 달아나지 않도록 우리를 붙들어줄 수 있는 것은 무엇일까?

 이 장의 남은 부분에는 더 깊은 묵상을 도와줄 글들을 싣고자 한다. 당신이 우리 믿음의 삶에서 결정적으로 중요한 약함이라는 주제를 좀 더 시간을 들여 묵상하고자 한다면, 아래의 내용이 유익할 것이다. 나는 단순히 지난 몇 주 동안 경건의 시간에 마주쳤던 글들을 모아 놓았다. 이 내용을 잠시 제쳐 놓고 이 장의 마지막 두 문단으로 뛰어넘어가도 좋다. 나중에 약함의 주제를 생각나게 하는 글이나 위로나 소망이 필요하다고 느낄 때, 다시 돌아와 이 글들을 묵상해 보라.

 지난 세기의 위대한 여성이었던 자넷 스튜어트(Janet Stuart) 수녀는 자신의 수련생들에게 이런 말을 하곤 했다. "하나님에 관한 영광스런 생각을 하라. 그리고 그분을 고요한 마음으로 섬기라!" 정말로 그렇다. 우리가 그분에 대해 더 영광스럽고 더 광대한 생각을 할수록, 우리에게 주어진 일상의 자질구레한 일에 필요한 더 큰 고요함과 확신을 얻게 된다. 논쟁적인 생각이나 메마른 학문적 사고나 근심과 걱정에서 나오는 상념이나 틀에 박힌 편협한 사고는 결코 우리의 영혼을 확장시키지 못하며 오히려 위축시킨다. 그리고 우리는 모두 이 내면의 위축감이나 확장감이 우리 영혼의 상태에 대한 틀림없는 시험 기준임을 안다. 우리는 경외감과 기쁨을 가지고 하나님의 실재와 거룩함을 생각해야 한다. 그분은 우리가 상상할 수 없을 만큼 크시지만, 언제나 사랑이시다. 그런 실재이신 하나님은 가장 단순한 형태로 일상의 사건 속에서 당신 자신을 쏟아 부어 주시고, 가장 평범한 상징을 통해 당신을 알리신다. 그분은 우리 안에, 그리고 우리 곁에 완전히 임재하시며, 삶의 모든 순간마다 우리에게 결단할 마음을 주신다. 우리의 창문은 이와 같은 묵상을 통해 영원을 향해 열려 있게 된다. 그리고 또한 이런 묵상은 헌신한 삶의 좀과 동록인, 은밀히 침입해 오는 경건의 답답증으로부터 우리를 지켜 준다.

_이블린 언더힐(1875-1941년)
「내면의 삶에 관하여」

주님, 저는 당신 앞에서 아무것도 아닌 존재가 되려 합니다. 지금까지 저의 삶을 사로잡아 온 교만과 허영심을 당신께 번제로 올려드리겠습니다. 저의 미약한 시작을 도우소서. 넘어질 만한 순간들로부터 저를 지켜 주소서. "내 눈을 돌이켜 허탄한 것을 보지 말게 하시고"(시 119:37) 오직 주님만을 바라보게 하시며 주님 앞에 있는 저를 보게 하소서. 그러면 저는 제가 누구이며 주님이 누구이신지 알게 될 것입니다.

예수 그리스도는 마구간에서 태어나셨다. 그는 이집트로 피난하셔야만 했다. 그는 자신의 생애 30년을 목공소에서 보내셨다. 그는 굶주림, 목마름, 피곤함을 경험하셨다. 그는 가난했고 조롱받았고 비참함에 떨어지셨다. 그는 하늘의 교훈을 가르치셨으나 아무도 그에게 귀를 기울이지 않았다. 모든 위대한 자들과 지혜로운 자들이 그를 뒤쫓았고 붙잡았고 소름 끼치는 고문에 넘겨주었다. 그들은 그를 노예처럼 다루었고, 그를 풀어주는 대신 강도를 풀어주었고, 그를 두 강도 사이에서 죽게 했다. 그것이 예수 그리스도가 선택하신 삶이다.

그리고 우리, 우리는 아주 작은 모욕에 대해서도 큰 두려움을 느낀다. 우리의 삶을 예수 그리스도의 삶과 비교해 보자. 그분이 주인이시고, 우리는 종임을 기억하자……. 우리가 정당하게 다른 사람을 멸시할 수 있을까? 우리는 다른 사람의 잘못을 똑같이 저지르고 있지 않은가? 우리 자신 안에 그들이 가득하지 않은가? 예수 그리스도가 우리를 위해 표시해 두신 길을 걷기 시작하자. 그 길은 우리를 그에게로 인도하는 유일한 길이다.

_프랑소아 페넬롱(1651-1715년)
「그리스도인의 완전」

오 하나님, 당신을 신뢰하는 모든 사람들의 힘이 되시는 하나님, 자비하심으로 우리의 기도를 들어 주소서. 우리는 약하기에 주님 없이는 아무 선도 행할 수 없습니다. 우리가 당신의 계명을 지켜 뜻과 행위로 당신을 기쁘시게 할 수 있도록, 우리를 주님의 은혜로 도우소서. 우리의 주님이시며, 살아계시고, 당신과 성령님과 함께 다스리시는, 영원 무궁히 하나님이신 예수 그리스도의 이름으로 기도합니다. 아멘. _주현절 여섯째 주간 화요일의 여는 기도

자비의 아버지, …… [당신의 아들의] 죽음과 부활로써 우리의 거짓된 능력을 무너뜨리시고, 그 무너진 자리에 당신의 이름을 두실 성전을 세우소서. 그리하여 온 세상이 예수 그리스도 우리 주님 안에서 보여주신 당신의 변혁하시는 능력과 그 영광을 알게 하소서. _「모든 성도를 위하여」 633쪽

주님, 우리로부터 자만의 오류와 위대함의 환상을 쫓아내시고, 모든 악을 버리고 당신을 경외함으로 서도록 도와주소서. 온 세상 위에, 이제와 영원토록 당신만이 홀로 지극히 높으십니다. _시편 83편을 읽고 드리는 기도
「모든 성도를 위하여」 638쪽

우리 자신의 힘과 능력을 더 많이 신뢰할수록 우리는 그리스도 안에서 더 적은 것을 가지게 된다. 우리의 인간적 약함은 하나님께 나아가는 데 장애물이 아니다. 사실 우리가 약함을 죄에 대한 변명으로 사용하지만 않는다면 약함은 좋은 것이다. 그러나 이렇게 약함을 받아들이는 것은 단지 우리의 한계를 인식하는 것만이 아니다. 그것은 우리 자신의 힘보다 훨씬 더 큰 힘을 경험하고 그 힘에 우리를 의탁하는 것을 의미한다. 브루더호프 공동체의 창립자인 에버하르트 아놀드(Eberhard Arnold)는 이렇게 말했다. "우리의 힘을 해체하는 것, 바로 이것이 은혜의 뿌리다. 우리 안에서 아주 작은 힘이 일어난다면, 그만큼 성령님과 하나님의 권위는 뒤로 물러설 것이다. 내가 생각하기에는 바로 이것이 하나님 나라에 대한 오직 한 가지 가장 중요한 통찰이다."
_요한 크리스토프 아놀드[20]

거만한 사람은 항상 옳은 일, 위대한 일을 하기 원한다. 그러나 그 일을 자기 힘으로 하길 원하기 때문에, 그는 사람과 싸우고 있는 것이 아니라 하나님과 싸우고 있다.
_죄렌 키에르케고르(1813-1855년)[21]

그러므로 속지 말라. 당신이 위대한 결단을 한다면 사람들은 당신을 놀랍

게 여길 것이 분명하다. 하지만 여전히 당신은 꼭 필요한 한 가지를 놓치고 있다. 당신은 이생의 삶에서 존경을 받을 것이고, 당신을 숭앙하는 기념비가 세워질 것이다. 그러나 하나님은 당신에게 이렇게 말씀하실 것이다. "불쌍한 자여, 왜 더 좋은 길을 선택하지 않았느냐? 너의 약함을 고백하고, 그것을 직면하라."

아마도 바로 이 약함 속에서 하나님이 당신을 만나시고 당신을 도우려고 임하실 것이다. 적어도 이만큼은 확실하다. 각 사람이 할 수 있는 가장 위대한 일은, 약함과 두려움과 다른 모든 것들과 함께 자신을 하나님께 완전히 조건 없이 드리는 것이다. 왜냐하면 하나님은 약함을 가리는 데 너무도 자주 이용되는 차선의 제물이나(자신을 드리는 것이 최선의 제물임을 의미함—옮긴이) 선한 의도보다는 순종을 더 좋아하시기 때문이다.

_쇠렌 키에르케고르[22]

그러므로 이것은 당신이 자신과 세상에 대해 죽을 때이다. 그러나 그 후에, 나의 청중들이여 기억하라, 그 후에, 생명을 주시는 성령님이 오신다. 언제? 당신이 모든 다른 것에 대해 죽었을 때. 언제 위로자가 오시는가? 당신이 자신의 이기심에 대해 죽고 당신의 힘이 완전히 바닥났을 때. 당신이 하나님에 대한 사랑으로 자신과 자신의 능력을 미워하게 될 그때까지는, 당신은 성령님과 생명과 새로운 생명에 대해 말할 수 없다.

_쇠렌 키에르케고르[23]

권세에 관한 한, 온 세상을 홀(笏)로 다스리는 것은 세상을 갈대로 다스리는 것에 비하면 아무것도 아니다. 갈대는 약함(impotence)이며, 그것으로 다스리는 것이 바로 거룩한 통치다.

_쇠렌 키에르케고르[24]

그 영원한 모범(the Pattern)이 "어린양"이라고 불리었음을 상상하려고 애쓰라. 그 사실 하나만으로도 자연인의 마음에 걸림이 될 것이다. 누가 어린양이 되기를 바라겠는가?
_쇠렌 키에르케고르[25]

당신은 약하게 됨으로써만 예배할 수 있다. 자기 능력을 자랑스럽게 여기면서도 감히 하나님께 예배하려 하는 주제넘은 자에게 화 있도다! 참 하나님은 오직 영과 진리로만 예배받으실 수 있다. 그러나 이 진리는 바로 당신의 전적인 약함을 선언하는 것이다. 사실 당신은 아무것도 아니다.
_쇠렌 키에르케고르[26]

오 하나님, 제가 당신 앞에서 아주 작지만, 이 작음이, 당신 앞에서 아무것도 아닌 존재가 됨이 오히려 저에게는 무한히 많음입니다. 다른 모든 것은 제게 아무런 가치도 없고 절대적으로 무의미합니다! _쇠렌 키에르케고르[27]

여자와 용, 아기와 이 세상의 왕들, 완전한 어리석음의 메시아와 죽음의 권세 등, 언제나 전혀 어울리지 않는 짝이 등장한다. 그러나 그것이 정확히 성육신 안에서 하나님이 선택하신 방법이다. 하나님은 무력함의 능력을 선택하면서 모든 위험을 감수하셨다. 성탄절에 우리가 이야기를 나누어야 할 주제는, 과연 우리가 그것을 보는 눈이 있는가, 그리고 그것을 따를 마음이 있는가 하는 것이다.

계시록 12장은 여자와 용이 큰 표적으로 나타났다고 말한다. '표적'의 헬라어 단어는 '세메이온'(semeion)이다. 그 단어는 늙은 선지자가 마리아에게 "보라, 이[아기]는 이스라엘 중 많은 사람을 패하거나 흥하게 하며 비방을 받는 표적이 되기 위하여 세움을 받았"다고(눅 2:34) 예언했을 때 사용한 단어와 같은 단어다. 그리고 천사가 목자들에게 "너희가 가서 강보에 싸여 구유에 뉘어 있는 아기를 보리니, 이것이 너희에게 표적이니라"(눅 2:12)라고 선언할 때도 같은 단어를 사용했다.

요한복음의 서문은 말씀이 육신이 되셨을 때, 많은 사람이 그를 알아보지 못했다고 말한다. 그가 세상에 계셨고 세상이 그를 통하여 지음을 받았으나, 세상은 그를 알지 못했다. 그가 자기 소유인 세상에 오셨으나, 그들은 그를 알아보지도, 영접하지도 않았다. 그러나 어떤 이들은 그렇게 했다. 성탄절의 의미는 표적을 보는 것, 제대로 알아보는 것, 그리고 세상에 오신 하나님의 임재를 분별하는 것과 관련이 있다.

_빌 와일리 켈러만
'계시록 12:1-9, 13-17을 성탄절 본문으로 묵상하기'[28]

[사순절] 다섯째 주간에 이르면 죽음은 비유가 아닌 실제 사실이 된다. 예수님은 그가 죽음에서 살리신 나사로의 집을 방문하시고, 그곳에서 마리아는 예수님의 장례를 준비하며 그에게 기름을 붓는다. 그의 죽음은 피할 수 없는 사건이며, 그 점이 요한복음이 독자들을 가장 두렵게 하는 부분이다. 여기 하나님이 내신 최고의 사람이 있다. 그는 일생 옳은 일만 행했지만, 무엇이 그에게 돌아간 보상인가? 손자들과 어울리며 행복한 노년을 보내는 것이 아니라, 젊은 나이에 십자가에서 폭력적인 죽음을 당하는 것이었다. 이 죽음은 성경을 행복한 삶을 위한 핸드북으로 바꾸어 놓으려는 우리의 모든 노력을 헛된 것으로 만들어 버린다. 예수 그리스도의 이야기를 들은 사람이라면 그 누구도 그를 따르는 것이 사람들을 어느 곳으로 이끌지 오해할 수 없다. 그러므로 고난과 죽음을 피하려는 모든 사람에게는 요한복음이 공포의 책이 된다. 그리스도 안에 계시된 하나님의 복음은 새로

만들어진 자신의 무덤 저편에 서 있는(죽음을 이미 경험한—옮긴이) 사람들에게 가장 크게, 그리고 가장 똑똑하게 들린다.

종려주일에 우리는 누가로부터 그리스도의 죽음에 대한 진저리칠 정도로 상세한 이야기를 듣는다. 성 금요일에는 요한에게서 이 이야기를 다시 듣게 될 것이다. 그러나 이 두 개의 묘비 사이에 수난 주간 이야기 위에서 빙빙 맴돌던 죽음이 마치 나무에 숨은 독수리처럼 모습을 감추고 있다……. 배경음악으로는 구약성경의 교훈들이 이사야의 종의 노래들을 연주하여 고난이 언제나 하나님의 택함받은 종들의 소명이었음을 일깨워 준다.

성 금요일에는 달아날 길이 없다. 독수리들이 이제 낮은 곳에 내려와 앉아 있다. 친구들은 모두 사라졌고 적들만 사방에 가득하다. 한 가지 좋은 소식이 남아 있다면, 거짓이 없는 한 사람이 있다는 것이다. 그는 진리를 말한다. 그 진리 때문에 이 세상의 모든 제국들이 그를 벌하려고 그의 머리 위로 몰려드는 때에도 그는 말하기를 멈추지 않는다. 요한에 따르면(요 19:30), 예수님은 그 일이 "끝났음"(개역개정판에는 "다 이루었다"로 번역됨—옮긴이)을 확인하실 때까지 자신의 영혼을 포기하시지 않는다(개역개정판에는 "영혼이 떠나가시니라"로 의역되었으나, 직역하면 "영을 넘겨주셨다" [gave up the spirit]이다—옮긴이). 그 다음에 일어날 일을 그가 알든 모르든, 그는 자신이 자신을 초월하는 무엇인가의 일부임을 아신다. 그는 헤아릴 수도 비교할 수도 없는 하나님의 뜻에 자신을 전적으로 내어 맡김으로써 그 일을 온전히 성취하셨다.

믿음 안에서 우리는 사순절이 주는 두려움과 우리의 삶의 두려움은, 우리가 여전히 붙잡고 있는 계약 조항들을 무너뜨리는 정화하는 두려움임을 안다. 두려움이 우리가 확실하다고 생각하는 모든 것을 씻어 내는 동안에는 그것이 또한 우리의 환상들도 씻어 내고 있음을 믿기가 어렵다. 그러나 그것이 도전이다. 우리가 그 도전에서 한발 물러나 더 쉬운 길을 찾으라는 유혹을 받는다면, 그렇게 유혹받은 사람은 우리만이 아니다. 세상에는 한때 제자였던 사람들이 가득하다. "너희도 가려느냐?" 요한복음 6장에서 예수님은 얼마 남지 않은 제자들에게 물으셨다(6:67). 시몬 베드로는 대답했다. "주여, 영생의 말씀이 주께 있사오니 우리가 누구에게로 가오리이까?"

_바버라 브라운 테일러
'사순절 설교에 관하여'29

로이스브룩의 요한(John of Ruysbroeck)에 따르면, 우리는 예수님 없는 우리가 얼마나 궁핍한지에 대한 감각을 기름으로써 예수님을 우리의 삶에 임재하시도록 초청할 수 있다. 그러한 감각을 기르는 동안에 우리는 요한이 겸손의 계곡이라고 부르는 것을 만들 수 있다. 물론, 진정한 겸손을 얻기는 쉽지 않다. 우리는 타락한 본성 때문에 스스로 강한 척 가장함으로써 안전을 얻으려는 경향이 있다. 우리 문화는 자기 의존적이고 자신감 넘치는 사람이 성공한다고 말한다. 우리 중 많은 사람이 "자존감의 시대"에 자라났다. 사실, 자기를 세우는 이러한 전략들은 우리의 영혼을 죽이는 것들이다…….

예수님이 처음 세상에 오셨을 때, 높고 힘센 자들에게 오신 것이 아니라 하나님을 경외하는 경건한 시골 사람들에게 오셨던 것을 떠올리는 것이 유익할 것이다. 마리아는 겸손한 주님의 여종으로서 예수님을 그녀의 삶 속에 받아들였다……. 산상수훈에서 예수님은 우리에게 오직 심령이 가난하며 온유하며 우는 자들만이 그들의 삶으로 침입해 오시는 하나님 나라를 (그리고 그 왕을) 볼 것이라고 말씀하신다. 로이스브룩은 우리에게 예수님의 임재를 연습하고자 하는 사람은 "자신의 약소함 위에 서야 하며, 자신이 아무것도 소유하지 못했고, 아무것도 아님을 알고 고백해야 하고…… 자신이 얼마나 자주 덕과 선행을 실천하지 못하는지를 보며 자신의 궁핍함과 무력함을 고백해야 한다"라고 말한다.

_마크 해리스
'로이스브룩의 요한을 인용함'30

높고 거룩하시며 온유하고 겸손하신 주님,
당신은 저를 전망(展望)의 계곡으로 인도하셨습니다
    여기서 저는 깊음 안에 살면서 높은 곳에 계시는 당신을 봅니다.
    죄의 산들에 둘러싸여 당신의 영광을 바라보나이다.
역설을 통해 배우게 하소서. 내려가는 길이 올라가는 길이며,
    낮아지는 것이 높아지는 것이며
    깨어진 마음이 치유된 마음이며
    참회하는 영이 기뻐하는 영이며
    회개하는 영혼이 승리한 영혼이며
    아무것도 가지지 않은 것이 모든 것을 가진 것이며
    십자가를 지는 것이 왕관을 쓰는 것이며
    주는 것이 받는 것이며
    계곡이 곧 전망대임을.
주님, 낮에는 가장 깊은 우물 속에서만 별들을 볼 수 있습니다.
    우물이 깊으면 깊을수록 당신의 별들이 더 밝게 빛납니다.
당신의 빛을 나의 어둠 속에서 발견하게 하시며
    당신의 생명을 나의 죽음 속에서
    당신의 기쁨을 나의 슬픔 속에서
    당신의 은혜를 나의 죄악 속에서
    당신의 부요를 나의 궁핍 속에서

당신의 영광을 나의 계곡 속에서 보게 하소서.

_한 이름 없는 청교도의 기도

사람들은 스테인드글라스 유리창과 같다. 해가 나오면 그들은 반짝이고 빛이 난다. 그러나 주위가 어두울 때에는, 그들의 참된 아름다움은 그들 안에 빛이 있을 때에만 드러난다.

_엘리자베스 퀴블러 로스(Elisabeth Kubber-Ross)
출처 미상

온 하늘과 땅의 축적된 지혜도, 여러 언어에 통달함과 교부들에 대한 지식과 날마다 성경을 읽는 것도, 광범위한 학식과 달변도 십자가를 더하지 않으면 좋은 신학자나 목사를 만들지 못한다. 십자가를 통해 하나님은 당신의 참된 지식의 빛을, 그리스도 안에 있는 참된 믿음의 빛을, 그리고 거룩한 약속, 올바른 기도, 소망, 겸손, 하나님이 처음부터 말씀을 통해 마음에 심어 놓으신 모든 덕(virtue)에 대한 참된 이해의 빛을 정화하시고 닦으시고 강하게 하시고 완전하게 하신다. 날마다 행복하고 즐겁게 살아가는 자들은 진짜 그리스도인이라기보다는 그저 무사태평한 영혼일 뿐이다. 그들은 에스겔의 애가나 요나의 기도나 다른 시편들을 읽을 때, 그저 공허한 말과 헛된 꿈만 들을 뿐이다. 그러므로 그들은 이렇게 가장 어려운 시험들 아래에서 싸우는 믿음에 관한 설명을 이해할 수도 없고 다른 이들에게 전할 수도 없다. 따라서, 우리는 십자가를 위해 자신을 준비해야만 한다. 교회(the Church)를 섬기기 원하는 사람에게 십자가는 몸에 공기와 음식과 같은 것이다……. 어떻게 슬픔과 시험 한가운데서 스스로 복음의 능력을 경험해 보지 못한 사람이 복음을 이해하거나 가르칠 수 있는가?

_다비트 키트래우스(David Chytraeus, 1531-1600년)
'십자가 묵상'

죄인이 성인으로 변화될 수 있는가? 뒤틀린 삶이 곧아질 수 있는가? 오직 한 가지 대답만이 있을 뿐이다. "오 주님, 당신만이 아십니다." 종교적인 상식에서 유추하여 이런 경솔한 말을 하지 말라. "예, 그렇죠. 성경읽기와 경건생활과 기도에 조금만 더 노력하면, 그 일이 어떻게 일어나는지 알 수 있습니다."

하나님을 신뢰하는 것보다는 어떤 일을 행하는 것이 훨씬 더 쉽다. 우리는 공황상태(panic)를 영감으로 착각한다. 그것이 하나님의 동역자는 아주 적고 하나님을 위해 일하는 사람은 대단히 많은 이유이다. 우리는 하나님을 믿는 것보다는 하나님을 위해 일하는 것을 훨씬 더 좋아한다. 나는 하나님이 내가 할 수 없는 일을 하실 것이라고 확신하고 있는가? 나는 하나님이 나를 위해 행하신 일을 깨닫지 못하는 정도에 비례하여 [사람들에 대해] 절망한다. 나는 내가 보는 사람들에 대해 다시는 절망할 수 없을 만큼 하나님의 놀라운 힘과 능력을 깨달은 적이 있는가? 나는 한 번이라도 내 속에서 영적인 일이 일어나는 것을 허용한 적이 있는가? 공황의 정도는 인격적인 영적 체험이 부족한 정도와 비례한다.

_오스왈드 챔버스(1874-1917년)
「주님은 나의 최고봉」(*My Utmost for His Highest*)

[원로 악마 스크루테이프가 그의 조카이자 신참 악마인 웜우드에게 보낸 편지]
틀림없이 너는 왜 원수(하나님)가 자기 능력을 좀 더 사용하여 적절한 시점마다 자신이 선택한 정도만큼 인간 영혼이 느낄 수 있도록 임재하지 않는지 종종 궁금하게 생각했을 것이다. 그러나 너는 이제 그가 꾸민 계략의 성격상, 그가 "저항할 수 없음"과 "논쟁할 수 없음"이라는 두 가지 무기를 사용할 수 없다는 것을 알 것이다. 그저 인간의 의지를 짓밟는 것은 (그의 임재가 어떤 곳에서든 아주 미미하고 아주 약화된 상태로라도 느껴진다면, 반드시 그런 결과가 생

길 것이다) 그에게는 쓸모없는 일이다. 그는 강제로 빼앗을 수 없다. 오로지 구슬리기만 할 뿐이다. 그는 케이크를 먹기도 하고 가지기도 하겠다는 비열한 생각을 하고 있기 때문이다. 피조물들은 그와 하나가 되면서도 여전히 자기 자신으로 남아야 하므로, 그들을 단순히 무효화하거나 흡수하거나 하는 것은 도움이 안된다. 그는 처음에는 기꺼이 선을 넘어서고자 한다. 처음에 출발할 때는 그들에게 자기의 임재를 조금 드러내 준다. 이것은 아주 미약한 것이지만 그들에게는 엄청나게 느껴지며, 감정적인 달콤함과, 유혹을 쉽게 정복하는 힘을 준다. 그러나 그는 결코 이런 상태가 오래가게 하지는 않는다. 조만간에 그는 그런 모든 지원과 격려를 거두어들인다(사실은 그렇게 한 것이 아니지만, 적어도 그들은 그렇게 느낄 정도로 만든다). 그는 피조물들이 스스로 두 발로 서도록 내버려 두고, 이제 아무런 맛도 나지 않게 변해 버린 의무를 의지의 힘만으로 실천하게 한다. 꼭대기의 시기가 아니라 이런 골짜기의 시기야말로, 그들이 그가 원하는 부류의 피조물로 훨씬 더 많이 성장해 가는 기간이다. 그러므로 그는 메마른 상태에서 하는 기도를 가장 좋아한다. 우리는 우리 환자를 계속되는 유혹으로 질질 끌고 다닐 수 있다. 우리는 그들을 식탁에 올려놓기만 하면 되니까, 우리가 그들의 의지에 많이 끼어들수록 더 좋은 것이다. 하지만 그는 우리가 악을 행하도록 유혹하는 것처럼 덕을 행하라고 "유혹할" 수 없다. 그는 그들이 걸음마를 배우기를 바라며, 그러므로 자기 손을 떼어야만 한다. 그리고 정말로 걷고자 하는 의지만 있다면, 그들이 넘어져도 그는 기뻐한다. 웜우드야, 속지 마라. 한 사람이 우리 원수의 뜻을 더는 갈망하지 않으면서도 아직도 그것을 행하려고 하고, 그의 모든 흔적이 사라져 버린 것 같은 우주를 돌아보면서, 왜 나는 버림을 받고도 아직도 복종하고 있는지 의문을 품을 때, 우리의 과업은 최고의 위험에 처한 것이다.

_C. S. 루이스(1898-1963년)
「스크루테이프의 편지」

두 가지 주제가 내 생각을 사로잡고 있다. 첫째로, 어느 누구라도 자아를 잊어버리고 하나님의 도구로 행동하는 법을 배우지 않고서는 이생에서 자신이 행하도록 부름받은 일을 올바로 행할 수 없다. 둘째로, 그 사람 개인에게는, 그가 부름받은 길이 십자가, 곧 고난과 세상에서의 모욕과 삶의 실제적인 희생으로 나아가는 길이다.

_다그 함마르셸드(1905-1961년)
「표지들」(*Markings*)

[자기 이야기를 삼인칭으로 적은 기자의 기록]

영국의 통치를 받는 인도에서보다 러시아에서 더 분명히 드러나는 이 섬뜩한 권력의 광대놀음에 대해 곰곰이 생각하면서, 기자는 주의를 다른 장면으로 돌린다. 광야에 있는 예수에게 마귀가 유혹자로 나타나서 세상 나라들을 주겠다고 제의한다. 마귀는 자신이 그것을 줄 수 있는 권한이 있다고 하며, 그것을 넘겨주는 유일한 조건으로 하나님을 버리고 자신, 곧 마귀에게 경배하라고 한다! 유토피아를 꿈꾸는 사람이라면 이것이 하늘의 나라를 땅 위에 세우고 영원히 행복하게 살 수 있는 얼마나 좋은 기회인가! 그러나 예수는 마귀에게 경배하는 것이 악마적인 결과만을 낳을 것이라는 판단으로 그 제안을 거절한다. 그는 자랑이 겸손 위에 군림하며 권력의 추구가 사랑의 추구가 되는 이 세상 나라의 대안으로서, 다른 나라를 선포한다. 이 모든 것은 그저 말이 아니라 위대한 성육신의 드라마로 구체화되었다.

이런 사고의 흐름을 따라가던, 기자는 예수의 지상 사역의 절정인 십자가 사건을 생각하게 된다. 그것은 마귀의 제안인 권력을 터무니없이 축소한(*reductio ad absurdum*) 것이다. 마찬가지로, 빌라도가 십자가 위에 예수에 관하여 써 붙인 반어적인 명칭인 "유대인의 왕"은 예수님의 진정한 정체, 곧 "하늘의 보좌에서 뛰어내린 하나님의 전능하신 말씀"을 제대로 맞추지 못한 오발탄이다. 또다시, 로마 군인들의 조롱도 과녁을 제대로 맞히지 못한다. 그들은 예수에게 자색 옷을 입히고, 머리에 가시관을 씌우고, 손에 갈대 홀을 쥐게 한 뒤, 그 앞에 엎드려 인사하며 "유대인의 왕 만세!"를 외쳤다. 그 군인들은 자신들의 생각처럼 그저 곧 십자가형을 당할 가난한 미치광이 남자 하나를 조롱하고 있었던 것이 아니라, 권력을 부리는 모든 자들을 조롱거리로 만들고, 나아가 권력 그 자체를 조롱거리로 만들고 있었다. 그리하여 가시는 모든 왕관들을 파고들 것이고, 모든 자색 옷 속에는 상처입은 육체가 있게 될 것이다.

_말콤 머거리지
「어느 20세기 순례자의 고백」31

나는 수난 주간에 이 장을 마지막으로 다듬었다. 약함을 묵상하기에 얼마나 좋은 시기인가! 우리는 완전한 겸손으로 나귀 새끼를 타시는 예수를 보고 놀란다(비록 주님의 이름으로 오시는 자라는 합당한 찬양을 받으시지만). 우리는 그가 권세들의 방법을 사용하여 그것들을 제압하시기보다, 권세들에 복종하시는 것을 보고 멈칫한다. 우리는 그가 다른 사람들을 위해 마취제도 없이 생생하게 고난과 죽음의 격렬함을 받아들임을 보고 울부짖는다.32

우리가 어떻게 하나님의 은혜 안에서 쉬는 법을 배우고, 우리도 우리 자신을 하나님의 손에 드려 하나님의 목적이 성취되게 하며, 또 날마다 부활을 경험하며 진정한 능력이 하나님께 속한 것임을 체험하여 알 수 있을까? 우리가 어떻게 기독교의 핵심인 약함의 신학, 십자가의 신학을 좀 더 신실하게 기억할 수 있을까? 우리의 교회가 그 중심에 있는 이 십자가를 잊어버리면 곧 타락한 권세로 행동하게 된다.

3장_ 타락한 권세가 된 교회

앞 장에서 나는 왜 우리의 교회들이 예수님이나 바울이나 다른 초대 교회(Church)와 닮은 모습이 아닌지 물었다. 우리가 1장의 주제인 정사와 권세의 문제로 돌아간다면 그 질문에 대해 부분적인 대답을 발견할 수 있을 것이다. 만일 이 타락한 세상에서 모든 창조된 권세들이 주어진 경계를 벗어나려고 하는 경향이 있다면, 또한 그것들과는 대조적으로 교회(the Church)와 교회의 종들이 약함을 통해 우리 안에 하나님의 능력이 내주하게 하라는 부름을 받았다면, 우리가 교회들이 타락한 권세로서 살아가는 방식이 어떤 것인지, 그리고 교회들이 어떻게 성령이 아닌 성경이 말하는 '사르크스'(sarx, 육체)를 따라 움직이는지 아는 것은 중요하다. 예를 들어, 우리는 '교회들에게 주어진 약함의 소명이 다른 권세들의 영향을 받아 어떻게 손상될 수 있는가'와 같은 질문을 생각해 볼 수 있다.

피츠버그 신학교에서 이 장의 기초가 된 내용으로 강의를 하던 날 아침에, 나는 사순절 둘째 주간 수요일에 배정된 말씀인 예레미야서 3:6-19을 읽게 되었다. (다시 한번, 나는 마치 하나님께서 내 책갈피를 옮겨 놓으신 듯한 체험을 했다. 그날 읽도록 정해진 이 본문은 내가 생각하고 있었고 강의하려고 하던 내용과 충격적이라 할 만큼 꼭 들어맞는 말씀이었다.) 이 말씀에서 예레미야는 야웨께서 자신에게 이스라엘이 "모든 높은 산에 오르며 모든 푸른 나무 아래로 가서" 행음하는 것을 보라고 명령하셨다고 말한다. 이스라엘은 "돌과 나무와 더불어 행음함을 가볍게 여기고 행음하여 이 땅을 더럽혔다" (3:6, 9). 이 장에서 우리는 이 시대의 교회들이 어떤 권세들과 음행을 저지르고 있는지 물을 것이다.

이 말씀에 이어서 나오는 묵상 자료에는 1500년대로부터 들려오는 다음과 같은 경고의 목소리가 있었다.

이 문제를 연구해 본 사람이라면, 교회의 역사를 통틀어 교회의 해악으로부터의 보존이나 몰락이 전적으로 교회의 목사들과 주교들에게 달렸던 것처럼, 교회(the Church)의 지상에서의 운명도 똑같은 방식으로 결정되어 왔음을 아무도 부정하지 않을 것이다. 세상의 기초가 놓이던 날부터, 이들이 신실하고 용기 있게 그들의 사명을 지켰을 때 교회(the Church)는 언제나 그 힘을 유지했고 번성했다. 그리고 그 반대도 또한 사실이다. 교회의 목사들과 주교들이 사탄이 자신들을 부패하게 하는 것을 허용하고 이런저런 이유로 지위에서 쫓겨났을 때보다 교회의 사정이 더 악화되었던 적은 없었다. 그러므로 마귀는 자기 목표를 최대한 빨리 성취하기 위해 경건한 목사들과 그들의 사역에 끊임없이 접근하려고 애쓰며, 자기의 사악한 힘을 오로지 이들을 부패시키는 데 쏟아 붓는다. 이들의 타락은 필연적으로 교회(the Church)의 붕괴를 가져올 것이기 때문이다.[1]

나는 레이나(de Reina)의 말을 약간 수정하고 싶다. 우리는 성경을 통해서 교회의 건강이 "전적으로" 지도자들에게만 달린 것은 아님을 알기 때문이다. 그러나 지도자들의 영적인 강건함이 참된 기독교의 번성에 가장 두드러진 영향을 끼치는 것은 분명하다. 내 생각에는 바로 그 이유 때문에 이 책이 필요하다. 즉 목사들과 다른 영적인 지도자들로 하여금 교회의 안팎에서 우리를 혼란에 빠뜨리는 권세들에 대해 좀 더 세밀하게 주의를 기울이게 하는 것이다. 이 장에서 우리는 가장 먼저 그 권세들이 움직이는 몇 가지 방식에 주목할 것이다. 우리가 그들에 대항하며 "굳게 서기" 위해서는 그 권세들에 이름을 붙이고, 그것들을 인식하고, 깨어 경계하는 것이 결정적으로 중요하다.

먼저, 권세들의 타락의 범위와 음흉함과 교활함과 강력함을 일깨워 주는 몇 가지 간단한 예를 들어 보자. 호주의 사회비평가 휴 매케이(Hugh Mackay)는 (비록 기독교적 관점을 가지고 말하지는 않았지만) 절박한 문화적 이슈들을 나열한 다음, 우리가 신중하게 고려해 볼 만한 통찰력 있는 논평을 제시한다.

> 진실은 영적인 충동과 경쟁(sporting)의 충동이 우리 안에 공존한다는 것이다. 이 두 가지 충동은 각각 우리에게 전할 중요한 메시지를 가지고 있다. 그러나 그 둘은 서로에 대해서는 거의 아무것도 말하지 않는다. 또한 이 진실은 금세기 말 호주 사회를 사로잡아 온 긴장을 표현해 주고 있다. 우리의 경쟁 충동은 경제 성장이나 세계화나 산업 부문의 개혁을 승리의 관점에서 생각하도록 우리를 부추긴다. 우리의 영적 충동은 우리가 평등, 공정함, 정의에 대해, 그리고 우리의 성공이 가난한 사람들이나 어려운 사람들이나 소외된 사람들에게 끼치는 영향에 대해 생각해 보도록 우리를 몰아간다. 그러나 경쟁을 거의 신격화하는 우리 문화 속에서 경쟁의 강박관념은 대부분의 시간 동안 우리를 지배하고 있다.[2]

경쟁의 강박관념이 우리 교회들을 지배하고 있지는 않은가? 왜 목회자 세미

나의 저녁식사 시간의 대화에서 가난한 사람들을 위한 정의의 실현 문제보다는 다른 교회들과의 비교(경쟁)에 관한 이야기가 더 자주 초점이 되는가?

나는 교회들이 생존 문제에 두드러지게 관심을 보이는 것이 교회의 타락성(fallenness)의 표지가 아닐까 생각한다. 빌 스트링펠로우가 지적했듯이, "정사는 굉장한 탄력성을 가지고 있다……. 정사는 인간을 지배하는 모든 수단을 단 하나의 목표에 맞추어 조정한다. 그 목표는 모든 악마적인 권세가 존재하는 한 그것을 끝까지 지배하는 원칙(morality), 곧 생존이다."[3] "교회 성장"에 대한 관심이나 생존에 대한 관심 때문에 (때로 이 둘은 같은 것이다) 우리는 타락한 권세들의 수많은 전술, 곧 경쟁이나 교회 지도자들에게 성공에 대한 압박을 주는 것 마케팅을 위해 복음을 축소하는 것과 같은 방법론을 수용하게 된다.

더 나아가, 하나님의 내주를 수용하는 약함으로 일하지 않고, 자신의 능력이나 능력에 대한 부담감 때문에 일하는 교회 지도자들에게 무슨 일이 일어나는가? 스트링펠로우는 세속의 지도자들에 대한 언급에서 이렇게 기록한다.

실제로, 우리의 사업가들, 우리의 과학자들, 우리의 경제·정치 지도자들 사이에서 뚜렷이 드러나는 도덕적 사실은, 미국 사회에서 그들이 가장 불쌍한 포로들임이 분명하다는 것이다. 이 사회에는 제도적 절차(institutional process)라는 결박되지 않은 정사가 있다. 그것은 무자비하고, 자기 증식을 하며, 모든 것을 집어삼킨다. 또한, 그 정사는 인간의 삶을 공격하고 낙담시키고 굴복시키고 파괴하는데 이것은 심지어, 아니 가장 먼저 조직(institution) 안에서 지도적 위치에 있는 사람들을 지배한다. 지도자들은 직함은 가지고 있지만, 그들의 권위는 실효성이 없다. 그들은 권력(power)의 덫에 걸려들어 있고, 그들 자신이 우두머리로 있는 조직을 통솔하지 못한다. 정상적으로 명령을 내리는 위치에는 있지만, 지배력은 빼앗겨 버렸다. 이와 동일한 정사들이, 앞에서 언급한 대로, 다양한 방식으로 다른 지위에 있는 인간들도 위협하고 무시하고 노예화한다. 하지만 오늘날 미국에서 이 악마적 세력의 가장 통렬한 피해를 보는 사람은 리더라고 일컬어지는 사람이다.[4]

오늘날 많은 목회자들이 느끼고 있는 것을 참으로 적절하게 표현하고 있지 않은가? 바로 오늘 아침에 나는 한 상담가와 이야기를 나누었다. 그녀는 한 목사를 돕고 있었는데, 그 목사는 자신이 목회하는 교회가 계속 "성장하기" 위해서는 지금의 말도 안되는 속도를 계속 유지해야만 한다는 강박감에 사로잡혀 있었다. 그러나 목사가 자신의 영적인 삶을 돌아볼 수 없을 정도로 미친 듯이 바쁘게 살아간다면, 그의 교인들이 성장할 수 있겠는가?

빌 와일리 켈러만은 성경에 나오는 예수님의 시험 이야기를 통해 권력이 권력을 행사하는 사람을 희생자로 만드는 이유를 보여준다. 그는 이렇게 관찰한다.

그 유혹들의 음흉함은 "어떻게"(how)와 "누구"(who)의 결합 속에 놓여 있다. 권력과 사람이 그 주제다. 하나가 다른 하나를 삼키려고 숨어서 기다렸다. 권력은 사람을 소모시키거나 부패시키거나 교만하게 하거나 뒤틀어 놓거나 삶을 낭비하게 하거나 또는 단순히 무감각하게 만들어 버린다. 혼란케 하는 자의 계략은 예수님이 어떻게 일해야 할지에 몰두하다가 자신이 누구인지를 잊어버리게 하고, 그 결과 처음과 끝이었던 그를 수단이 삼켜 버리게 하려는 것이다.

점점 더 많은 사람들이 예수님의 시험 하나하나가 모두 권력에 대한 유혹이었음을 인식하고 있다. 각각의 시험은 첫째로, 경제적 권력, 둘째로, 군사적·정치적 권력, 셋째로, 종교적 권력과 관련이 있다. 이 장면에서 우리는 예수님의 삶에서 아주 실질적인 문제였고 우리의 삶에도 매우 적실한 이슈들에 관한 매우 간결하고 압축된 논쟁을 들을 수 있다. 이 대결의 끝 부분에서 유혹자가 영원히 패배를 당하고 조용히 망각 속으로 사라지지 않았음을 기억하라. 그는 "적당한 때가 되기까지"(개역개정판 눅 4:13에는 "얼마 동안"으로 번역됨—옮긴이) 물러났다. 그 적당한 때는 예수님과 그를 따르는 자들을 언제든지 반복해서 찾아온다.[5]

지금 우리 시대는 커다란 유혹을 받기에 적당한 때인 것 같다. 그러므로 나는 우리가 더 큰 경각심을 가지도록 자극하려고 이 장을 쓰고 있다.

나는 소명을 망각하고 타락성을 따라 움직이는 교회들이 처한 위험은 아무리 강조해도 지나치지 않다고 생각한다. 와일리 켈러만은 미국인들이 타락의 "깊이와 편만함"에 관한 한 "절망적일 만큼 순진하다"고 말한다. 특히 이곳에서의 우리의 논의를 위해서는 우리가 개인적으로나 공동체적으로 얼마나 타락한 존재인지를 아는 것이 필수적이다.

피터 모린(Peter Maurin)과 함께 가톨릭 일꾼 운동(the Catholic Worker Movement)을 설립한 도로시 데이(Dorothy Day)는, 비록 회심 이후 헌신적인 가톨릭 신자로 살았지만, 세상 권세의 영향 아래에 있는 교회들을 신랄하게 비판했다. 로버트 콜스(Robert Coles)는 그녀와 광범위한 대화를 나누었는데, 그녀가 종종 "교회(the Church)는 그리스도가 못 박힌 십자가"라는 로마노 과르디니(Romano Guardini)의 역설적인 경구를 인용하며 질문에 답했다고 말한다. 콜스는 이렇게 말한다. "그 말의 망령이 그녀를 늘 따라다녔음이 틀림없다. 나는 녹취록에서 그 말을 열 번이나 발견했다!" 또 다른 때에 그는 이렇게 말했다. "그녀는 프랑수아 모리악(François Mauriac)이나 조르주 베르나노스(Georges Bernanos)를 방문했을 때, 교회의 내부인으로서 이와 비슷한 공격을 했다. 매우 독실한 가톨릭 신자였던 이들 두 사람도 교회에 대해 환상을 가지고 있지 않았다. 그들은 교회가 마귀를 숨겨 놓고 번식시켜 일개 군단의 존경받는 성직자들을 만들어 놓을 수 있는 충분한 역량이 있다고 말하며 수긍했다."6

교회는 언제나 그런 역량을 지니고 있지 않았던가? 하나님의 백성이 진정 교회(Church)로 존재했던 황금기가 과연 있었는가?7

신학자들 사이에서는 콘스탄티누스 황제에 의한 교회의 타락(4세기에 거룩한 로마 가톨릭 교회가 로마 제국의 권세와 손을 잡게 된 일)을 논하는 것이 드문 일은 아니다. 이 사건은 물론 전적으로 새로운 권력 구도를 낳았다. 자크 엘룰은 교회의 주된 타락이 일어난 시기를 논하면서, 이 시기와 함께 교회가 19세기에 자본주의와 타협했을 때, 또는 같은 시기에 교회가 특정한 과학적 방법론을 적용하면서 계시된 진리를 잃어버렸을 때를 덧붙였다.8

그러나 우리는 그리스도인들이 이 시기를 전후하여 자신들의 개인적이고 집단적인 타락성과 지속적으로 싸워 왔음을 반드시 인식해야만 한다. 신약성경은 초기 그리스도인들에게 예수님의 모범을 좀 더 신실하게 따르게 하려고 막대한 분량의 말로써 그들을 교훈하고 책망하고 바로잡고 권면한다. 권세가 주어진 한계를 벗어나는 것은 언제 어느 곳에서나 항상 벌어지는 일이므로, 이 장에서 우리는 이런 질문을 던져야만 한다. 우리의 시대와 문화 속에서 교회가 진정한 소명을 추구하기보다 타락한 권세로서 움직이게 만드는 유혹들에 대해서 우리는 어떻게 깨어 있을 수 있는가?

구성 원리를 찾아서

우리의 교회들이 죄에 물들어 있다고 말하기는 쉽다. 문제는 이 시대에 우리의 타락성의 성격을 보여주는 수단을 찾는 것이다. 특히 좀 더 구체적으로, 우리는 권력이 아닌 약함을 지향하는 우리의 소명이 어떻게 손상되었는지를 확인하려 한다. 우리는 성경을 통해 구성 원리가 될 수 있는 여러 가지 긍정적인 본문들을 접할 수 있다.

- 팔복 선언에 나타난 복 있는 자들에 대한 예수님 말씀들(마 5:1-16)
- 데살로니가 교회를 위한 바울의 가장 초기 교훈들(살전 5:12-24) 또는 로마 교회를 위한 바울의 후기 교훈들(롬 12장)⁹
- 너희는 택하신 족속이요 왕 같은 제사장들이요 거룩한 나라요 그의 소유가 된 백성이니 이는 너희를 어두운 데서 불러내어 그의 기이한 빛에 들어가게 하신 이의 아름다운 덕을 선포하게 하려 하심이라"고 하는 말씀(벧전 2:9)
- 사도행전에 나오는 복음이 처음 전파되던 시기의 초기 그리스도인들에 대한 상세한 묘사

우리가 우리의 타락성이 어떤 모습을 취하며(이 장에서 우리가 살펴볼 내용), 우리의 약함이 어떤 모습이 되어야 할지를 생각해 보려면(다음 장에서 살펴볼 내용) 신약성경 안에서 가능한 한 많은 본문들을 살펴보는 것이 좋다. 그러나 나는 이 장에서 살펴볼 본문을 고르다가, 결국 누가의 헬라어 불변사(不變詞, particle) '멘'(men)과 '데'(de)에 이끌려 사도행전 2장을 선택했다. 나는 이 본문이 교회들이 참된 소명에서 탈선한 경과에 대한 우리의 탐구를 도와줄 탁월한 도구가 되리라 확신하게 되었다. 사도행전 2:41에 나오는 이 작은 단어들('한편으로는' 그리고 '또 한편으로는'을 의미하는)은 주님의 부르시고 구원하시는 능력과 초기 그리스도인들의 헌신적인 응답을 하나로 묶어 주고 있다.

사도행전 2장의 장면은 매우 극적이다. 성령이 부어졌을 때, 사람들은 경악했고 그 도시에는 소동이 일어났다(2:6-7). 사람들의 조롱과 놀라움(12-13절)에 응하여, 베드로는 메시아에 대한 하나님의 예언과 예수를 통한 그 예언의 성취(14-36절)라는 거대 이야기(meta-narrative, 전체를 지배하는 이야기)를 탁월하게 해설해 준다. 사람들은 "마음에 찔려" 급한 마음으로 "우리가 어찌할꼬?"라고 물었다(37절). 베드로는 그들에게 회개하고 세례를 받음으로써 죄 사함과 성령의 선물을 받으라고 권했다(38절). 그는 하나님의 언약이 그들과 그들의 자녀와 가깝거나 먼 곳에 있는 모든 사람을 위한 것이라고 확증하며(39절), 특히 "이 패역한 세대에서 구원을 받으라"라고 강권했다(40절).

이 전체 사건 속에는 하나님의 능력과 인간의 약함이 놀랍게 결합되어 있다. 성령님의 불이 쏟아 부어지고, 제자들이 용감하게 방언으로 말하게 되는 하나님의 능력이 나타났다. 반면에 제자들은 그들의 약함 때문에 자신들이 어떻게 그렇게 여러 가지 언어로 강력하게 말할 수 있었는지 이해할 수 없었다. 사도들은 "하나님의 큰일"(11절)을 통해 드러난 하나님의 통치를 선포했다. 하지만, 그들은 술 취한 자들이라는 조롱을 받았다. 고대의 약속들을 성취하신 하나님의 통치가 나타났다. 그러나 그 하나님 통치의 목적을 성취한 방법은 (베드로가 말한 것처럼) 잔혹한 십자가형이라는 모순에 넘겨지신 예수님의 약함이었다. 예수가 왕이 되시는 영광이 나타났다("이스라엘 온 집은 확실히 알지니, 너희가 십자가에 못 박은 이 예수를 하나님이 주와 그리스도가 되게 하셨느니라", 36절). 또한 "마음에 찔림"을 받은 사람들의 겸손의 약함이 드러났다(37절). 용서와 성령의 선물을 베푸시는 하나님의 영광스런 능력이 나타났고, 또, 타락한 세대 한가운데 머무는 그리스도인의 전적인 연약함이 드러났다(40절).

그렇다면, 그 상태에서 그들은 어떻게 살았는가? 강력한 성령의 부어짐에 대한 그들의 첫 반응은 무엇이었는가? 불변사 '멘'과 '데'는 서로 융합된 여러 가지 결과를 소개한다. 한편으로는, 주님이 많은 수의 사람들을 공동체에 더하셨고, 또 한편으로는—그 부르심과 결합되어—부르심을 받은 자들이 모두 어떤 특징들이 나타나는 열정적인 삶을 살았다. 그들은 변함없는 신실함으로 다음 일곱 가지 일에 "지속적으로 헌신했다"(42절에서 헬라어 '에산 프로스카르테룬테스'[ēsan proskarterountes]가 나타내듯이[영어의 'be+~ing'와 유사한 헬라어 구문이다—옮긴이]).

1. 사도의 교훈·가르침('디다케')
2. 교제('코이노니아')
3. 떡을 뗌
4. 기도
5. 많은 기사와 표적
6. 서로 함께 하고, 모든 물건을 서로 통용하고, 재산과 소유를 팔아 각 사람의 필요를 따라 나눠 줌
7. 날마다 마음을 같이하여 성전에 모여 하나님을 찬양하고, 집집이 다니며 예배하고 떡을 떼는 일에 '헌신함'(42절을 보라['프로스카르테룬테스'가 46절에 다시 한번 반복된다—옮긴이])

이런 생활의 결과로 하나님이 찬양을 받으셨으며, 신자들은 기쁨과 검소함·관대함·진실함을 경험했고 "온 백성에게 칭송을 받았다"(46-47절). 교회(the Church)는 성장했지만, 그것은 이들 신자들의 능력 때문이 아니라 "주께서 구원받는 사람을 날마다 더하게 하셨기"(47절 하반절) 때문이었다.

물론, 최초의 그리스도인들이 항상 이 비전에 충실했던 것은 아니다. 사도행전은 돈을 맘몬(mammon)화했던 아나니아와 삽비라가와 같이(행 5

장) 초기 그리스도인들이 권세들을 우상화했던 여러 가지 사례도 숨기지 않는다. 하지만 우리는 사도행전 2장의 비전을 염두에 두고, 이 내용에 비추어 어떻게 현재의 교회들이 이런 행위에서 떨어져 나가게 되었는지 탐구해 보자. 우리는 어떻게 이 비전을 잃어버리게 되었는가?

물론 나는 "모든 개혁자들의 직업적인 함정이라 할 수 있는 고함치고 손가락질하는 태도의 위험"을 잘 인식하고 있지만,[10] 그럼에도 이 글을 쓰지 않을 수 없다. 교회(the Church)를 뜨거운 마음으로 염려하고 교회가 (그리고 그 지체인 우리가) 더 온전하게 변화되는 것을 보고자 하는 모든 사람들과 함께, 나는 이 글이 목사들과 영적인 지도자들과 교인들에게 적어도 문제 의식과 경각심을 일으키고, 나아가 소망을 주고 신실함을 회복시키는 데 사용되기를 기도한다.

지금 내 마음은 자크 엘룰이 1963년에 「하나님 나라의 거짓 임재」(*False Presence of the Kingdom*)를 쓸 때 품었던 마음과 비슷하다. 교회들이 하나님을 찬양하고 인간의 삶에 봉사하는 소명을 신실하게 이루지 못하고 타락한 권세로서 움직이는 방식을 지적하려고 하는 지금, 엘룰의 말은 놀라울 정도로 시의적절하다. 엘룰은 저주를 퍼붓거나 우월감을 드러내기 위해서가 아니라, "교회(the Church)의 일원으로 살아가면서 나 자신이 나에게 타협이나 오류처럼 보이는 모든 것들에 의해 영향을 받고 있다고 느꼈기" 때문에 글을 썼다고 말했다. 엘룰이 단언하듯이, "나의 형제〔또는 자매〕에 대해 판단하려는 뜻은 전혀 없다. 이것은 순전히…… 좀 더 명확하게 보려는 노력일 뿐이다."[11]

우리의 눈을 맑게 해주려고 수고하는 많은 사람들로 인해 하나님께 감사한다! '복음과 우리의 문화 네트워크'에서 나온 최신간 「교회의 선교적 사명에 대한 신선한 통찰」(*The Continuing Conversion of the Church*)에서, 대릴 구더(Darrell Guder)는 "교회가 회심을 지속하도록" 박차를 가하고 있다. 그는 이것이 "정사와 권세"와 관련된 문제임을 인식하면서, "복음은 제도적인 권력, 부, 영향력의 도전을 받고 신속하게 축소되었다"고 말한다.[12] 이제 우리는 앞에서 언급한 초기 그리스도인들의 일곱 가지 특징들을 살펴보기로 하자. 이를 통해 우리는 우리 시대의 권세들이 우리를 속여 우리로 하여금 그 일곱 가지의 행위들로부터, 그리고 하나님으로부터 멀어지게 하는 방법들을 식별할 수 있을 것이다. 교회들이 권세의 속임수에 빠져 타락하게 되는 여러 가지 모습들을 모두 상세하게 기술하는 것은 불가능하다. 그러므로 이 장의 남은 부분에서는 간단하게 몇 가지 예를 제시할 것이다. 이 사례들이 당신 스스로 문제를 제기하고 당신의 상황 속에 있는 특정한 유혹들을 인식하게 하는 자극제가 되기를 바란다.

초대 교회의 일곱 가지 실천

1. 사도들의 가르침

| 방법 | "사도들의 가르침"은 무엇이었으며, 그것이 초대 교회에서 왜 그렇게 중요했는가? 우리가 사도행전의 설교와 신약성경의 편지들을 살펴보면, 사도들이 가르친 내용은 첫 언약 성경과 하나님 약속의 성취이신 예수 그리스도임을 발견하게 된다. 그들의 주된 메시지는 우리가 십자가에 못 박은 예수님이 죽은 자들 가운데서 살아나셨다는 것이었다. 이 진리가 모든 것을 바꾸어 놓는다! 우리는 다음 섹션에서 이 진리가 의미하는 바를 좀 더 자세히 살펴볼 것이다. 그러나 먼저 우리는 우리 시대 권세들의 작용을 드러낼 수 있는 방법의 문제를 생각해 보아야만 한다.

조지 린드벡(George Lindbeck)이 명쾌하게 표현한 것처럼, 믿음은 단순히 교리적 명제에 대한 지적 동의나 일반화된 감정(generalized emotions, 구체적 상황에서 특정한 대상을 향해 생긴 감정이 아니라, 하나님, 유대인, 부자 등 일반적인 대상에 대해 품는 감정―옮긴이)의 표현이 아니다. 그보다는 믿음은 우리가 계속해서 배워 나가야 할 언어이며,[13] 부활의 진리를 체험하며 "걸어가는" 것이다(걷는 것을 강조하는 저자의 의도는 아래에 나타난다―옮긴이). 린드벡은 교리가 매우 중요하다고 말한다. 그것은 교리가 믿음이라는 언어의 문법이며, 몸으로 말하면 뼈대와 같은 것이기 때문이다. 나도 올바른 교리가 필수적임을 강조하고 싶다(저자는 doctrine이라는 단어를 좁은 의미의 '교리'라는 뜻만이 아니라 '가르침'이라는 폭넓은 의미로도 사용한다. 그러므로 아래에서는 이 단어를 문맥에 따라 '교리' 또는 '가르침'으로 번역한다―옮긴이). 뼈가 구부러져 있으면, 교회가 압력을 받을 때 그 구부러진 부분이 부러져 버릴 것이기 때문이다.

나는 이 말을 생활 속에서 생생하게 경험하고 있다. 십여 년 전에 오진과 여러 가지 복잡한 사정으로 나는 뼈가 완전히 박살이 난 한쪽 발에 1년간 석고 붕대를 감고 있었다. 그런데 그 다음에 다리가 부러졌고, 속에서 뼈 한 곳이 구부러진 상태로 아물었다. 그 결과, 나는 지난 11년간 다리의 구부러진 부분이 부러지지 않도록 발가락부터 무릎까지를 덮는 플라스틱 보조기를 사용해야 했다. 결국, 이 보조기는 그리스도의 몸이 그리스도의 생명을 몸으로 나타내려 할 때 곧은 교리적 뼈대가 얼마나 중요한지를 보여 주는 실물 사례가 되었다.

나는 피츠버그 신학교에서 이 책의 내용으로 셰프 강연을 한 기간을 포함하여 거의 1년간 목다리를 짚어야만 했었다. 악화된 발 때문에 다리 보조기 안쪽의 피부가 헐었고, 새로운 보조기를 제작하는 과정에서 네 번이나 제작자를 바꾸어야 했기 때문이다. 제대로 걸을 수 없었던 나는 결국 좌절감을 느끼고 탈진해 버렸다. 나는 이 경험을 통해, 우리가 교회의 구부러진 교리적 뼈대를 그저 밖에서 받침대를 대서 지탱할 수 없음을 절실히 깨달았다. 결국 그런 받침대들은 상처를 입히며 교인들의 사역에 장애가 될 뿐이다. 또 나중에 그 구부러진 곳에서 받침대를 빼면, 그 부분은 다시 부러지게 된다. 어찌 되었든 간에 우리는 참된 믿음 안에서 걸을 수 없다.

「뒤틀려진 기독교」(*The Subversion of Christianity*)에서 자크 엘룰은 이런 근본적인 질문을 던진다. (그는 이 질문이 자신을 가장 깊이 괴롭히는 질문이라고 고백한다.) "기독교와 교회의 발전 과정이 어떻게, 우리가 성경에서 읽는 것과 논쟁의 여지없이 율법과 선지자와 예수님과 바울의 것으로 여겨지는 본문에서 보는 것과는 완전히 반대되는 사회와 문명과 문화를 낳게 되었는가?"[14] 그는 기독교의 실천이 그리스도 안에 있는 진리를 계속 뒤엎어 왔다고 비판한다. 그가 말하는 그리스도 안의 진리는 "첫째로, 하나님의 계시와 일하심이 예수 그리스도 안에서 성취된 것, 둘째로, 교회가 그리스도의 몸인 것, 셋째로, 그리스도인의 신앙과 삶이 진리와 사랑으로 드러나는 것이다"(11). 그는 만약 우리 기독교가 이런 진리에 충실했다면, 기독교 자체가 실제로 맘몬, 정치 권력, 종교 현상, 도덕성, 문화 등 다른 모든 종류의 권세를 뒤엎는 성격을 가지게 되었을 것이라고 주장한다(13-18). 교회가 이런 권세를 뒤엎지 못하고 오히려 그것에 복종하면서, 또한 교회가 가진 능력을 약함으로 뒤엎는 것에 실패하면서, 교회는 하나님의 내주를 거부했다.

엘룰은 기독교가 뒤엎어진 이유는, 자신이 지닌 진정한 은혜의 메시지를 그 모든 변증법적 긴장들을 유지한 상태로 삶으로 살아 내기가 너무 어려웠기 때문이라고 강조한다(43). 엘룰은 성경에 있는 모든 것이 모순적이지만(contradictory),[15] "그 모순들이 서로 결합해 있을 때에만 계시가 보존된다"라고 주장한다(44). 루터의 "항상 죄인인 동시에 의인"(*Semper simul peccator et justus*)이라는 말이나, 전적인 타자(他者)이신 하나님이 사람으로 성육신하셨지만 여전히 전적인 타자이실 수 있는 사실과 같은 모순들은, 진리는 모순들로 구성되며 각 부분을 분리하면 오류와 거짓만 남게 된다는 것을 보여준다(44-45). 내가 보기에는, 우리가 성경적 변증법의 풍부한 의미를 포착하지 못하기 때문에 교회 내에서 가르침의 방법론과 관련된 수많은 문제(세상 권세들의 영향으로 방법론이 왜곡되는 문제—옮긴이)가 생겨난다.

변증법적 진리들이 긴장을 포함한 상태로 받아들여지지 않을 때, 한 측면이 쉽게 신성시된다. 그리고 한쪽 측면이 너무도 신성시되면, 다른 측면은 상실되어 버린다. 엘룰은 탈신성화(desacralization)와 신성화라는 주제를 철저하게 해설하면서(52-68), 그리고 히브리서가 강조하듯이 예수님의 유일한 희생 제사가 모든 유대교의 부패한 종교적인 권세들을 무효화 한다고 말하면서,[16] 다음과 같이 강조한다.

> 결국, 세상의 신비한 권세들은 결정적으로 축출되고 제거되고 정복되었다. 이것이 본질적인 주제다. 세상은 통치자, 권세, 주권 등 다양한 이름의 영적인 권세들을 담고 있다. 이 권세들은 세상 안에 머물면서 제도나 사람 속에 숨어 있다. 그러나 그 권세들은 모두 예수 그리스도의 죽음과 부활로 말미암아 파괴되었고 뿌리째 뽑혔다(60).

엘룰은 그리스도가 종교, 맘몬, 정치 등의 권세들로부터 신성을 박탈하셨을 때 획득하셨던 것이, 기독교가 그리스도에 의해 정복된 종교적 권세들을 다시 세움으로 인해 스스로 뒤엎어짐으로써 다시 상실되고 있다고 탄식한다.

마찬가지로, 종종 정치적 권세들, 경제적 이데올로기들, 또는 과학적 방법론들이 교리를 혼란하게 만든다. (이런 것들이 교단 총회나 우리의 학문적 방법론 속에서 힘을 발휘하는 것을 종종 볼 수 있다.) 이것은 우리가 정치적·경제적 차원의 반응을 보여서는 안된다거나, 과학적 탐구를 믿어서는 안된다는 뜻이 아니다. 그러나 우리는 그리스도의 지체이므로 우리는 그리스도의 말씀(Word)이 우리의 세계를 기술(describe)하게 해야만 하며, 그 반대가 되어서는 안된다. 이데올로기가 우리의 신학 작업을 통제하게 하는 것은 하나님이 아닌 다른 권세에 의해 뒤엎어지는 것이다. 엘룰은 성경 주석이 "순수하게 과학적인 절차"가 될 수 없으며, "가치의 선택"이 일어난다고 주장한다(118). 신학자로서, 목사로서, 그리고 교회 지도자로서 우리가 선택한 해석학적·설교학적·교회론적 방법론은 본문 자체와 잘 어울리는 결과를 낳고 있는가? 아니면 우리의 방법론은 경제적·정치적 이데올로기에 깊이 물들어 있는가?

예를 들어, 우리 교회의 목표는 우리 주변의 문화가 외치는 구호에서 나오는가, 아니면 성경 본문에서 나오는가? 회중을 대상으로 하는 프로그램들은 사회학이 정의하는 소비자의 현재 "필요"(needs)에 따라 기획되는가(그것이 정말 "그들이 원하는 것"을 읽어 내는가?) 아니면 성경으로부터 나오는가? 무엇이 예배에서 가르쳐질 내용을 결정하는가? 신학적으로 훈련받은 사람인가, 아니면 사람들이 무엇을 원하는지 조사한 설문 결과인가? 교회의 위원회나 총회에서 어떤 사역을 의논할 때, 그 사역의 교리적인 기초를 얼마나 인식하면서 결정을 내리는가?

자크 엘룰은, 교회가 복음의 선물을 나누어 주는 방법으로서 우리 주변 문화의 방법론을 채용하는 문제와 오랜 기간 씨름했다. 그는 「하나님 나라의 거짓 임재」에서 엄중한 질문을 던진다. "당신이 지속적으로 이 [세상의 방법론과 권세······등과 같은] 목욕통에 몸을 담그고 있다면, 그리스도인 됨이 의미하는 바는 과연 무엇일까?"[17] 그는 이 문제를 다음과 같이 설명한다.

세상과 동화된 그리스도인들은 세상의 가치 판단과 개념을 가지고 교회 안으로 들어온다. 그들은 행동을 믿는다. 그들은 효율성을 원한다. 그들은 경제학에 첫 번째 지위를 주며, 모든 수단이 선하다고 생각한다……. 그들은 그들이 처한 사회학적 환경에 의해 결정된다. 그 개신교도는 세상이 사용하는 수단들을 수용할 것을 생각한다. 그는 자기 직업이나 여가를 통해 그런 수단들의 유용성을 발견했으므로, 자신의 판단을 너무도 신뢰한 나머지, 왜 자신이 그것들을 교회에 소개하고 영적인 일들이 그것들에 의존하도록 만들면 안되는지를 이해하지 못한다.

그는 이런 수단들의 문제점을 직면하는 법이 없다……. 그것들은 효과가 있다. 그러므로 선하다. 그것들이 성화된(sanctified) 세계에 있고 효과도 있는데, 왜 그것을 교회에서 사용하면 안되는가? 그리스도인으로서 그의 사고의 기준은 매우 모호하고 그의 신앙은 너무 "내향적"이라서, 그는 세상의 도구들과 신앙의 삶 사이에 어떤 모순도 인식하지 못한다(47-48).

이렇게 우리 사회의 사고방식을 받아들이는 것이 묵인될 때, 그런 적응을 통해 갈라디아서 4:3과 9절, 그리고 골로새서 2:8과 20절이 명시적으로 경고하는 "'스토이케이아'(stoikeia), 곧 세상의 '초보적 원리'〔개역개정판에서는 '초등학문'으로 번역됨—옮긴이〕가 신앙 속으로 들어온다"(58).

예를 들어, 이 책의 첫 머리에서 언급했던 미디어의 권세를 생각해 보라. 루크 티모시 존슨은 이 특별한 권세가 교회의 가르침의 방법론을 완전히 무너뜨릴 수 있는 위험성을 지녔다는 것을 보여준다. 그는 예수 세미나(1985년 로버트 펑크와 존 도미닉 크로산을 비롯한 몇몇 학자들의 주도로 시작된 운동으로서, 예수님에 관한 자료를 역사 비평적 방법론으로 분석하여 '진짜 예수'를 찾는 작업을 시도했으며 그 결과를 출판하여 대중적으로도 큰 주목을 받았다—옮긴이)를 강하게 비판한 그의 책「진짜 예수」(The Real Jesus)의 초판 출간에 대한 대중의 반응을 언급하면서, "나의 호루라기 소리는 주위의 소음에 휩싸여 계속되는 미디어 사건의 한 부분으로 흡수되어 버렸다"고 말했다.

존슨은 첫 번째 보급판 책에서 이렇게 불평한다. "이 중요한 주제가, 교회나 학계가 아니라 미디어라는 경로를 통과해 지나가 버렸다. 나는 나 자신도 똑같은 과정에 흡수되고 있음을 발견했다. 나의 논점들은 몇몇 인물들에 대한 평가나, 나 자신의 견해를 밝히는 성명 정도로 점점 축소되어 버렸다."[18] 그는 계속해서 말한다.

미디어가 그런 토론에 적당한 장소가 아닌 것 같다는 내 느낌은 이제 확신으로 변했다. 미디어가 그런 중대한 이슈들을 적절히 다룰 수 없기 때문만이 아니라, 미디어의 생산 과정에 참여함으로써 사람들은 불가피하게 그들의 주된 문화적 개입 방식으로부터 멀어지게 되기 때문이다. 미디어는 강력한 힘으로 우리를 유혹하여 미디어 자신의 생산 과정에 참여하도록 끌어들인다. 어느 누가 이 문화의 제사장으로부터 주목받을 만한 존재가 될 기회를 거절할 수 있겠는가? 또한 미디어는 한 사람에 삶에 끼어들어 그것을 망쳐 놓는 강력한 능력을 가지고 있다. 내 기억으로는, 내가 가장 심혈을 기울인 노력을 내 학생들이 받아들이지 않는다는 느낌이 그 학기보다 더 강했던 적은 없었던 것 같다. 다시 한번, 아이러니하게도, 나는 내가 〔「진짜 예수」의〕 3장에서 비난했던 그 잘못을 나 자신이 범하고 있음을 발견한다. 즉 사람들은 대중의 의견에 영향을 끼치고자, 가르침을 통한 좀 더 근본적이고 중요한 지성의 변화(transformation)를 희생할 위험을 기꺼이 무릅쓰면서 그 일을 추구한다는 것이다(viii).

마찬가지로, 우리는 설교나 목회 사역 또는 평신도 지도자들의 중요 과업과 관련해 미디어의 위험성을 지적할 수 있다. 만일 우리가 여론에 영향을 주려고 시도하며 미디어의 '초보적 원리'(*stoikeia*)의 덫에 걸린다면, 우리의 교리, 우리의 가르침, 우리의 삶의 방식과 관련된 방법론들이 얼마나 크게 변하겠는가? 또한 우리의 성경 해석 방법론 중 어떤 것은 불가피하게 우리를 교회 참여로부터 멀어지게 만든다. 존슨은 이런 경향에 강력히 저항한다. "역사 비평적 방법론이 미치광이의 길로 나가 버린 것은, 성서학 연구가, 구약과 신약의 문헌들이 실존적이고 규범적인 중요성을 가지게 되는 공간인 공동체에 대해 무관심해진 것과 무관하지 않다"(ix).

다양한 미디어들이 "시시껄렁한 내용을 담아 내는 데 알맞은 것으로 점점 변해 가고 있으며", "뉴스와 오락 사이의 경계는 거의 사라져 버렸다. 둘 다 점점 더 사생활이나 스캔들 쪽으로 중심이 이동해 가기 때문이다"(9). 이런 현실에서, 만일 교리가 미디어가 만들어 내는 "성명"(sound-bite, 성명은 그것을 담는 미디어에 알맞게 짧고도 강력한 표현으로 인상을 주는 전달 방식을 대표한다—옮긴이)의 세계 속으로 들어간다면, 그 내용이 얼마나 심각하게 바뀌겠는가? 이와 마찬가지로, 만일 가르침이 일차적으로 정치적 목적을 지향한다면, 우리의 가르침의 내용은 얼마나 축소되겠는가? 존슨은 다양한 이데올로기적 성경 읽기에 관하여 이렇게 비평한다.

그들은 예수님과 교회를 불러 싸움을 붙인다. 복음서들과 신약성경의 나머지 부분이 싸우게 한다. 그러나 이런 것은 본문의 평범한 의미를 무시하고 읽을 때에만 가능한 일이다. 이런 읽기는 독자들의 이데올로기적 성향에 맞아떨어지는 예수님 상을 낳게 되어 있다.

　그런 관념들에 영향을 받은 목사들이, 신약성경이 자신과 자신이 목회하는 교인들이 속한 상황을 향해 어떻게 말하는지에 대한 감각이 없는 것이 놀라운 일이겠는가? 기독교는 가부장적이며, 자본주의적이고, 동성애 공포증이 만연한 사회에 대한 비판으로 축소된다.[19] 죄는 사람의 마음 속에 있는 것이 아니라, 사회의 구조 속에 있는 것이 된다. 이런 이해에서는, 개인적인 변화의 이야기는 (비록 개인 구원에 대한 이야기보다는 훨씬 덜 하겠지만) 반혁명적인 것이 되어 버린다. 그러나 이런 목사들이 섬기는 대다수 그리스도인들은 이런 인식을 가지고 있지 않다. 그들은 아직도 어떤 식으로든 복음에 근거하고, 오로지 사회적으로 소외된 자들의 문제에만 적실한 것이 아니라 그들 자신의 삶의 궁극적 실재들과도 관련이 있는 하나님 말씀의 선포를 기대하고 있다(65-66).

존슨의 가장 중요한 의도는 교회(the Church)가 우리를 향한 하나님의 헌신을 반영하는 방법을 사용하도록 촉구하려는 것이다. 그는 특별히 신학교 교수들을 향해(그러므로 나는 그가 기독교 공동체를 세우고 그리스도인의 삶을 양육하는 것에 관심을 둔 우리 모두를 향해 말하고 있다고 생각한다) 이렇게 도전한다.

내 생각에는, 기독교의 목회자와 지도자를 길러 내는 일을 맡은 우리는 우리 학계 동료의 판단은 좀 덜 심각하게 생각하고, 하나님의 판단은 좀 더 심각하게 받아들여야만 할 것 같다. "우리가 다 하나님의 심판대 앞에 서게" 될 것이기 때문이다(롬 14:10). 우리는 우리가 무엇을 가르치는지 물어야 하고, 또한 우리가 가르치는 데 실패하고 있는 것이 무엇인지도 물어야만 한다. 우리는 기독교 전통 속에서 부족한 것이 무엇이고 다른 전통들로부터 어떻게 도움을 받을 수 있는지를 묻기 전에, 먼저, 그리스도 예수 안에 있는 하나님의 선물 속의 긍정적인 것과 예수님의 이야기 속에 있는 놀라운 것과 변화시키는 능력이 있는 내용을 확실히 가르치는 일부터 시작해야 한다. 한마디로, 우리가 기독교 전통을 비판하기 전에, 그리고 비판하는 동안, 우리는 서로에게 기독교 전통에 대해 공개적으로 드러난 최상의 충성심을 가지고 있는지 물어야 한다(170-171).

우리는 모두 약함 가운데서, 하나님의 심판에 비추어 볼 때 우리의 가르침이 어떠한지 물어야 한다. 우리의 가르치는 방법과 내용, 이 두 가지를 모두 하나님의 심판대 앞에 벌거벗은 채로 드러내야 한다. 우리는 하나님의 능력으로 가르치는가, 아니면 다른 적대적인 권세들의 영향을 받는 채로 가르치는가? 우리의 비판은 기독교 신앙에 대한 우리의 깊은 충성심에서 시작된 것인가?

피츠버그 신학교에서 내 강의를 들은 청중들은 토론 시간에 존슨의 말이 현대의 모든 학문적 방법들을 거부해야만 한다는 의미인지 물었다. '세상의 방법들' 중 어떤 것이 교회의 사역에서 활용될 수 있는가? 우리가 복음의 본질을 잃어버리지 않으면서도 우리의 목적에 맞게 이 방법들을 고쳐 사용할 수 있는가? 이 방법들이 변혁될 수 있는가?

물론 현대의 학문적 방법들은 우리의 사역을 위해 수많은 건설적인 선물을 제공한다. 그러나 모든 방법이 교회(the Church)를 위해 기여할 수 있는 것은 아니다. 왜냐하면 권세가 타락성을 보이는 정도가 다양하기 때문이다. 그러므로 우리는 어떤 권세가 좀 더 그 본래 소명에 충실한지, 어떤 것이 약간의 변화 가능성을 보이는지, 그리고 어떤 것이 고칠 수 없을 정도로 악하여 그 정사에 의해 억압받는 사람들의 편에 서기 위해 그것과 협력하기를 거절해야만 하는지를 계속 분별해 나가야 한다. 우리는 권세가 변화될 수 있음을 항상 기억해야만 한다. 그러나 권세의 변화는, 우리가 그것들을 선하게 만들 수 있거나 복종시킬 수 있기 때문이 아니라, 예수 그리스도가 이미 그것의 주님이시기 때문에 가능한 것이다.

칼 바르트가 그의 1953년 강의에서 지적한 (1장에서 간략히 소개했던) 예수님의 모범을 기억하라. 예수님은 다른 권세와 보조를 맞추지 않으셨고, 또한 특별한 프로그램을 선호하지도 않으셨다. 대신에 그는 그 모든 것을 의문시하셨고, 그 한계를 드러내셨으며, 하나님 나라의 자유를 즐기셨다.[20] 바르트의 말은 나를 다시 우리의 약함을 인식할 필요성으로 (2장에서 설명한 것처럼) 돌아가게 하였다. 왜냐하면 나 혼자서는 (그리고 우리 교회들이 힘을 합한다고 해도) 권세의 한계를 드러낼 수 없고 하나님 나라의 자유를 유지할 수도 없기 때문이다. 오직 우리가 자신에 대해 죽을 때에만, 그리고 신앙 공동체 안에 내주(內住)하시는 삼위일체 하나님께 의존할 때에만, 우리는 저항해야 할 권세와 변혁해야 할 권세를 분별할 수 있고, 또 어떻게 그리스도가 그들을 지배하시고, 그들을 통해 다스리실 수 있는지를 알 수 있다.

| 내용 | 우리 사회의 다양한 권세들은 가르침의 내용이 발전되고 결정되는 방법뿐 아니라 그 내용까지도 지속적으로 위협한다. 청소년, 교회, 문화에 대한 1998년 프린스턴 강좌(Princeton Lecture)에서 마틴 마티(Martin Marty)는 초기 그리스도인들과 점점 더 포스트모던화 되어 가는 문화 속에서 자라는 청소년들이 어떤 공통점이 있는지 물었다. 그가 제안한 대답은, "수많은 제단과 신전, 수많은 구호와 광고, 수많은 떠드는 소리와 주장들, 그리고 소위 신이라고 불리는 것과, 다양한 신과 주인 사이에서 예수 그리스도가 누구인지에 대하여 자신의 입장을 결정해야만 한다는 점"이었다.[21] 이 혼란스러운 소음들 속에서 우리가 반복해서 우리의 뿌리로 돌아가는 것은 본질적으로 중요하다. 우리는 오늘날 우리의 주님으로서 예수님이 어떤 분이신지를 재발견해야만 한다. 가톨릭 신자들은 최근 몇 십 년 동안 이 "근원으로 돌아가기"(ressourcement) 또는 "위대한 재충전 자원, 곧 살아 있는 전통에서 흘러나오는 신선한 물을 공급받는 것"의 필요성을 강조해 왔다.[22]

많은 사람이 진리가 무엇인지에 대해 혼란스러워하는 이 어지러운 시대에, 예수님이 누구이신가 하는 문제는 몇 가지 날카로운 논쟁의 주제가 되고 있다. 루크 티모시 존슨은 예수님과, 종교로서의 기독교와, 교회, 그리고 신약성경에 대하여 날카롭게 대립하는 관점들을 설명해 준다.

한편에는, 기독교 신조들이 제시하는 예수님에 대한 이해가 있다. 신조들은 예수님을 하나님의 아들이라고 선언한다. 예수님의 의미는 그의 사역만이 아니라, 무엇보다도 (그리고 본질적으로) 그의 죽음과 부활의 신비에 의해 결정된다. 기독교 신앙고백에서는 부활하셔서 지금도 능력 가운데 살아 계신 주님이 "진짜 예수"다. 다른 한편에는, 예수님을 기독교 신조의 틀을 벗어나 이해해야만 한다고 보는 입장이 있다. 부활은 몇몇 추종자들의 연속적인 환상 체험으로 축소된다. 그리고 예수님의 의미는 전적으로 그의 사역 기간에 의해 평가된다.

종교로서의 기독교에 대해서도 대립하는 관점들이 있다. 한 관점은, 기독교를 하나님의 자기 드러냄 또는 계시에 근거한 것으로 본다. 그러므로 기독교는 그 "자기 드러냄"에 의해 형성되었고 그것으로부터 생명력을 공급받는다. 이 관점에서 볼 때 기독교는 궁극적 실재에 대한 진정한 경험에 뿌리내리고 있으며 그 경험을 중심으로 형성된 하나의 삶의 방식이다. 또한 이 경험은 십자가에 못 박히고 다시 일으킴을 받은 메시아 예수에 의해 전달된 것이다. 다른 관점은, 기독교를 여러 세계 종교들 중 하나로 보며, 근본적으로 상징 세계에 대한 인간의 구상(構想)에 근거를 둔 문화적 실재로 간주한다.

똑같은 인식의 차이가 교회에 대한 이해에도 영향을 끼친다. 한편에서는, 교회를 일차적으로 자기 정체성의 근원에 대하여 책임을 지는 공동체로 본다. 교회의 온전함은 교회가 자신의 기원이 되는 경험들과 정경 문헌들에 얼마나 충실한가로 평가되고, 교회의 교사들과 가르침은 본질적으로 그런 자료들에 대한 그들의 헌신과 그들이 그것을 얼마나 명확히 표현하는지로 평가된다. 다른 관점은, 교회를 자신이 속한 사회의 기준에 대해 책임을 지는 사회 조직으로 본다. 이 경우 교회의 온전함은 다른 사회적·정치적 단체에 적용되는 규범으로 측정되며, 동시대 세계의 이해

(understanding)와 가치 판단에 얼마나 잘 어울리며 어느 정도로 유용한가 라는 측면에서 평가된다(57).

내가 존슨을 이렇게 길게 인용한 이유는, 자칭 '예수 세미나'라고 하는 진영과 '정통' 기독교로 이해되는 진영 간의 논쟁에서 이슈가 되는 부분들을 그가 아주 간결하게 잘 요약해 주기 때문이다.

교회가 "영광의 신학"(루터의 시대부터 성경적인 "십자가의 신학"에 대립하는 신학을 일컫는 이름)을 부추기는 문화적 권세들의 종으로 팔려갈 때, 또 다른 성경적 가르침의 축소가 일어난다. 루크 티모시 존슨이 예수 세미나와 관련하여 영지주의 복음서들에 대해 언급한 아래의 말은 오늘날 성공, 승리, 건강, 부, 그리고 다른 힘과 특권을 주된 활동 양식으로 삼는 교회들에게도 그대로 적용된다.

더욱 놀라운 것은, 영지주의 복음서들에는 수난 기사가 나오지 않는다는 점이다. 예수님의 죽음은 빠져 있거나 가볍게 언급될 뿐이다……. 정경 복음서들에서는…… 수난 기사가 중심이며 절정이 된다. 정경 복음서들이 강조하는 바는 메시아의 고난이다. 강조점의 차이는…… 신적인 능력이 세상에서 어떻게 일하는지에 대한 인식의 차이와 관련이 있다. 영지주의 기독교는 마음에 빛을 받으면 고난을 피할 수 있다고 말한다. 그러나 고전적인 기독교는 성령을 선물로 받은 사람은 메시아가 걸어갔던 것과 똑같은 고난의 길로 인도받는다고 말한다.

나는 정경 복음서들이 예수님을 부활의 관점에서 본다고 말했다. 그것은 사실이다. 그러나 정경 복음서들은 부활의 관점만을 가진 영지주의 복음서들과 뚜렷하게 대비된다. 즉 정경 복음서들은 부활의 능력에 대한 비전을 예수님의 고난과 죽음이라는 실재와의 긴장 속에서 붙들고 있다.

네 개의 정경 복음서들은 예수님을 '케노시스'(*kenosis*), 곧 자기 비움이라는 특징을 가진 분으로 그린다. 어떤 정경 복음서도 신성의 영광을 부각시키려고 십자가라는 걸림돌을 치워 버리지 않았다. 정경 복음서들 속에서는 영광에 이르는 길이 진짜 고난을 통과한다. 정경 복음서들이 비록 예수님 사역을 기술하는 세부적인 내용에서 서로 간에 많은 차이점을 지니고 있지만, 이 근본적인 패턴에서는 모두가 일치한다(150-151).

물론, 십자가는 항상 걸림돌이며 거슬리는 것이었다. 예수님은 엠마오로 가는 길에서 두 제자에게 물으셨다. "그리스도가 이런 고난을 받고 자기의 영광에 들어가야 할 것이 아니냐"(눅 24:26). 글로바와 그의 동반자는 하나님이 약함과 같은 신비한 방식으로 일하고자 하신다는 것을 거의 이해하지 못했다. "미련하고 선지자들이 말한 모든 것을 마음에 더디 믿는 자들이여"(25절). 그들에게는 예수님의 꾸짖음이 필요했다. 아마 우리도 마찬가지일 것이다. 나는 우리가 모두 그 세 사람과 함께 걷고 있었더라면 얼마나 좋았을까 생각해 본다. "[예수께서] 모세와 모든 선지자의 글로 시작하여, 모든 성경에 쓴 바 자기에 관한 것을 자세히 설명해" 주셨기 때문이다(27절).

하나님의 약함의 계획을 따라 성경을 성취하신 이 예수가 바로 우리에게 필요한 교리의 내용이다. 다른 길을 선택하라고 우리를 꼬드기는 다양한 권세들에 맞서려면 이 교리가 꼭 필요하다. 이 교리가 우리가 다른 권세들을 물리칠 수 있는 능력을 공급해 준다. 존슨은 다음과 같이 확언한다.

예수님은, 다른 세대에 그렇게 하셨던 것처럼, 이 세대에 대해서도 도전하신다. 그는 하나님께 순종하며 고난을 당하신 분이며, 또한 다른 사람들도 그와 같은 인류를 위한 고난의 봉사로 초대하시는 분이다. 이것이 고전적인 기독교가 항상 선포해 왔던 예수님이며 고전적인 기독교가 언제나 붙들었던 제자도의 이해이다(177).

그리고 이것이 구부러진 교리적 뼈대에 의해 위협을 받는 제자도다. 우리가 그리스도 안에 있는 개인적·공동체적 약함을 거부하거나, 그리스도를 통해 나타나는 하나님의 약함을 거부하면, 우리는 왜곡된 교리를 가지게 되고, 그 왜곡된 교리는 참된 제자도를 무너뜨린다.

복음이 더 이상 걸림돌이 되지 않을 때, 또는 우리가 고린도전서 1장과 2장이 말하는 하나님의 "어리석음"과 "약함"을 포기하고 신분이나 지위나 부나 인기나 권력을 얻고자 하거나, 현대 또는 포스트모던 지성에 의해 수용되기를 추구할 때, 우리 교회들은 타락한 권세로서 활동하게 된다. 오직 "고난을 통한 영광"이라는 역설 속에서만 우리는 하나님 승리의 참모습을 발견할 수 있다. 이 승리는 우리가 억압적인 권세가 됨으로써 얻을 수 있는 것이 아니며, 죽기에 이르기까지 복종할 때 나타나는 능력 안에서 경험된다.

"내가 너희 중에서 예수 그리스도와 그가 십자가에 못 박히신 것 외에는 아무것도 알지 아니하기로 작정하였음이라"(고전 2:2)라는 사도 바울의 말은 속죄 교리를 불필요한 것으로 여겨 거부하는 이 시대에는 별로 매력적이지 않다(물론, 바울의 말을 오용함으로써 그 말이 밖에서 버팀목을 대야 하는 구부러진 뼈가 되어 심한 상처를 만드는 상황은 배격해야 한다). 레온 모리스(Leon Morris)는 「신약의 십자가」(*The Cross in the New Testament*)에서 속죄와 관련된 모든 신약성경 본문들을 철저히 논의하면서, 그 주제에 대해 초대 교회가 무엇을 가르쳤는지 탐구한다. 모리스의 논제는 신약성경이 이 주제에 대해 상당한 다양성을 보이고 있지만, 그럼에도 실질적인 통일성이 있다는 것이다. "나의 또 한 가지 확신은, 드러난 내용 배후에 있는 성경적 가르침, 곧 그리스도가 어떤 의미에서 우리의 대속자(Substitue)가 된다는 가르침이 대부분의 현대 학자들이 인정하는 것보다 훨씬 더 견고한 자리를 차지한다는 것이다."[23]

우리 시대 사람들은 그리스도의 철저한 겸손 안에 감추어진 하나님을 왜 이렇게 열심히 거부하는가? 내가 보기에는 그 교리가 "가부장적 억압"을 부추긴다는 비난은 대부분 온전히 삼위일체적이지 않은 입장에서 나오는 것 같다. 그러나 이런 움직임이 생기는 더 깊은 이유는 아마도 우리 인간들이 우리가 죄로 충만함을 인정하는 것이나, 그 문제에 대해 무엇인가를 행하려면 하나님을 절대적으로 의존해야 한다(우리는 마땅히 하나님의 진노와 형벌을 받아야 하며, 죽임을 당한 어린양이 우리를 위해 그것을 기꺼이 받으셨기 때문이다)는 생각을 별로 좋아하지 않기 때문일 것이다. 나는 내가 되고 싶은 대로 될 수 없는 나의 전적인 무기력함과, 하나님의 거룩함 앞에서 느끼는 절망감, 그리고 늘 강하고 싶고 성공하고 싶지만 약한 존재일 뿐이라는 사실을 인식하는 것이 매우 괴로운 일임을 알고 있다. 하나님의 지혜와 삼위일체의 신비를 대할 때, 나는 내 지식이 얼마나 우스꽝스러운지 깨닫고 움츠러든다.

| 성경적 비전 | 그런 이유 때문에 우리는 '사도들의 가르침' 항목에 세 번째 요소를 덧붙일 수밖에 없다. 가르침을 전개하는 방법이나 그 가르침의 내용뿐 아니라 우리가 믿는 바를 성경적으로 형성된 비전과 습관을 통해 삶으로 실천하는 부분도 문제가 된다. 우리가 성경을 신중히 숙고해야 할(하나님 나라 안에서의 훈련을 통해, 마 13:52) 보화나 "굳게 붙잡아야 하는"(살후 2:15) 신앙 전통이나 하나님의 계시로 받아들이지 않고, 본문을 찢고 산산조각 냄으로써 풀어 내야 하는 문제 덩어리로 받아들인다면, 우리는 결코 우리의 삶을 형성해 줄 가르침을 소유할 수 없다. 2장에서 설명한 약함의 신학은 그리스도인들에게 이 세상이 보는 것과 다른 시각을 갖게 한다.

우리의 목표는 우리가 (그리고 우리 교회들이 섬기는 모든 그리스도인들이) 성경적인 모습으로 변화되는 것이며, 바울의 말처럼 그리스도의 마음을 가진 존재가 되는 것이다(빌 2:5-10). 만일 교회에 속한 모든 젊은이들이 자신들의 삶이 하나님 말씀으로 인도함 받는 것을 다른 그 무엇보다도 더 원한다면, 우리의 교회들은 어떤 모습이 될까? 그리고 비참할 정도로 낮은 '정보 행동 비율'의 문화 속에서[25] 우리가 아는 것을 모두 행동으로 옮긴다면, 우리 교회들은 어떤 모습이 될까?

「하나님 나라의 거짓 임재」에서 엘륄은 우리와 우리의 교회들이 가진 "최신 경향을 따라잡고자 하는" 욕구를 (그리고 상대적으로 영원에 대한 관심의 상실을) 비판한다. 이런 욕구는, 우리가 교리적·성경적 형성의 길에서 벗어났음을 말해 주는 표지다. 새로운 것에 대한 이러한 열정적 추구는 우리를 "세상을 본받는 데서 벗어나지 못하게 만들고", 그 결과 "우리의 관심은 경제적·사회적 문제에만 국한되며, 세상이 규정하고 바라보고 제시하는 대로 그 문제들을 받아들이게 된다." 엘륄은 계속해서 다음과 같이 말한다.

> 이 마지막 말이 문제의 핵심이다. 우리는 세상이 보는 것만을 보려고 세상의 안경을 쓴다. 그런 그리스도인은 세상이 문제를 인식할 때에만, 그리고 세상이 문제를 기술하는 방식대로만 문제를 인식한다는 특징이 있다. 그는 더 먼저, 더 깊이, 더 멀리까지 볼 수 있는 맑은 눈을 가지지 못한다. 내가 보기에는, 이것은 지성의 문제가 아니라 성령과 관련된 문제다…….
> 그러나 만일 그리스도인들이 단지 세상의 자기 진단과 결정을 합리화하는 일에만 자신을 제한한다면, 그리고 만일 그들이 비기독교인들이 문제를 기술할 때에만 문제를 인식하고, 그것도 비기독교인들이 기술하는 방식으로만 인식한다면, 또 만일 그들이 조금도 주저하지 않고 비기독교인들의 활동에 협력한다면, 물론 다른 사람들과 쉽게 만날 수 있는 도로가

뚫릴 것이다. 이 경우에 그리스도인들은, 사람들에게 그들이 종교로부터 기대하는 것만을 전해 준다. 그러나 또한 바로 정확히 그 순간에, 그 그리스도인은 계시된 진리를 종교로 변형시킨다. 그는 그것을 사람의 필요를 채우고 인간의 가슴을 만족하게 하는 수단으로 사용한다. 그것은 철학상의 오류 이상의 문제이며, 계시에서 종교로 진짜 전이(轉移, transition)가 일어나는 것이다.[26]

교리적·성경적 형성이 종교(진정한 의미가 아닌 잘못된 의미에서의 종교)로 둔갑하는 방식은 여러 가지다. 엘룰이 위에서 예를 든 모든 것을 우리 사회가 제시하는 관점으로만 생각하는 것 외에도, 또 한 가지 중요한 방식은 성경적 관점 자체가 뒤집히는 것이다.

예를 들어, 속죄와 하나님 앞에서 우리의 약함이라는 성경적 관점을 잃어버리면, 율법과 복음의 순서가 뒤집히는 전형적인 결과가 생긴다. 이때 그리스도인의 자유는 예수님의 모범을 따르려는 우리의 몸부림이 된다. 예수님의 죽음과 부활을 생략한 결과, 우리에게는 예수님을 따를 힘이 남아 있지 않다. 우리에게 남은 것은 우리 자신의 분발인데, 원래 이것은 믿음의 약함 안에서 끝장이 나야만 하는 것이다. 나는 복음을 율법으로 바꾸어 버리는 설교를 너무도 많이 들었다.

한번은 어떤 설교자가 나의 설교를 인용했는데, 내가 말했던 요점을 완전히 놓치고 있었다. 그는 성탄절 이야기를 통해 우리가 따라야 할 영성훈련의 예를 제시하려고 했다. 그중 한 가지는, 내가 설교 중에 언급했던 마리아가 말씀을 깊이 생각하던 태도였다. 그러나 내 강조점은 마리아가 아니라, 그녀의 관점이 어떻게 변화되었는지에 관한 것이었다. 가브리엘은 마리아에게 자신을 바라보지 말고, 자신을 덮으실 성령님의 능력을 힘입어 하나님이 행하실 일을 바라보라고 강권했다. 결과적으로 그녀의 태도는

"나는 남자를 알지 못하니 어찌 이 일이 있으리이까"에서 "주의 여종이오니 말씀대로 내게 이루어지이다"로 변화되었다. 내 설교에서 복음의 자유였던 것(하나님의 영이 우리의 약함 속에서 기적을 행하심)이, 우리가 수행해야만 하는 영적인 훈련이라는 부담스런 율법으로 둔갑했다. 나는 그런 훈련의 가치를 깎아내리려는 것이 아니다. 단지, 우리의 훈련을 가득 채우며 그 훈련에 박차를 가하는 복음의 기쁨을 잃고 싶지 않을 뿐이다.

율법적인 설교란 믿음을 쌓기 위해 우리가 해야 할 일을 열거하는 것이다. 반면에 복음의 선포는 죽음과 부활, 계속되는 창조, 그리고 성령을 보내심을 통해 하나님이 우리를 위해 무엇을 행하셨는지를 말하는 것이다. 그러므로 복음은 자신의 약함을 아는 우리에게는 달콤한 소식이다.

마지막으로, 우리의 성경 해석 방법이 어떻게 가르침의 내용을 무너뜨리고, 성경적으로 형성된 믿음의 삶을 가로막는지를 보여주는 한 가지 예를 들고 싶다. 나병환자들의 치유 이야기를 떠올려 보라. 당신은 그 이야기를 누구의 관점에서 보고 있는가? 만일 우리가 먼저 자신을 절박하게 치유가 필요한 나병환자들과 같은 처지에 놓지 않고 스스로를 치유자이신 예수님과 동일시하고 있다면, 우리는 자신을 너무 강한 존재로 보고 있는 것이다.

2. 교제

초대 교회(Church)의 일곱 가지 실천들을 살펴보면서, 우리는 이것들이 서로 매우 긴밀하게 얽혀 있음을 발견하게 될 것이다. 사도행전 2장은 가르침 다음에 교제를 언급한다. 그러나 이것은 우리가 예배 후 '교제 시간'을 가지는 것과 같은 일상적인 상호 교류를 의미하지 않는다. 우리가 위에서 루크 티모시 존슨의 말을 통해 보았듯이, 가르침의 이슈들을 미디어를 통해 다루는 것은 또한 교제의 이슈가 된다(존슨이 불평한 것처럼, 교회 안에서 가르침에 미디어를 의존할 경우 복음의 본질에 알맞은 형태로 의사소통이 일어나지 않으므로 그렇다—옮긴이). 미디어의 영향으로 학습·토론 공동체로의 교회(the Church)는 침해를 받으며, 또한 미디어와 함께 작용하는 정치적 모략 때문에 공동체는 더 심하게 분열된다.

초대 교회에서 교제는 친구를 위해 목숨을 버린다고 말씀하신 분을 따르는 진지한 헌신이었다. 그러므로 진정한 공동체는 회중들이 지속적으로, 열심히 서로에게 헌신하는 공동체다. '교제'에 해당하는 헬라어 단어의 어원은 '공유함'을 의미한다. 그러므로 교제는 서로 필요를 깊이 나누고, 서로 상대방의 짐을 지는 것을 의미한다.

예를 들어, 진정한 약함은 (권세들 중 하나로서 교회가 자신의 참된 소명을 성취한 모습인) 우리의 형제자매들의 필요에 대한 민감함이나(롬 12), 상대방의 꾸짖음에 대한 열린 마음(살전 5:12, 14), 그리고 가난한 사람들과(마 25) 다른 성도들에 대한(요이, 요삼) 진정한 환대 속에서 드러난다. 이 교제는 권세들이 적절한 소명의 한계를 넘어설 때 침해를 받는다. 교제를 침해하는 권세들의 예로는 기업 경영 원리(business policies),[27] 맘몬, 기술 같은 것들이 있고, 심지어는 민주주의 원칙 같은 것도 교제를 파괴할 수 있다.

셰프 강연 기간 중 나의 행동은 교제를 파괴하는 좋은 예(몹시 나쁜 모범!)다. 우리 시대의 경영학 원리는 우리에게 효율성을 가르친다.[28] 내가 강의를 마친 후 가난한 사람들 가운데서 일하는 권세에 대해 질문하는 사람이 있었는데, 나는 다음날의 강의를 준비할 시간을 최대한 확보하려 했으므로 저녁시간을 그 사람과 대화하는 데 사용하고 싶지 않았다. 내가 다음날 사과하려고 그를 만났을 때, 손해를 본 쪽은 전적으로 내 쪽이었던 것을 알게 되었다. 그가 가진 심오한 체험들이 나에게 많은 통찰을 주었을 것이기 때문이었다.

마찬가지로, 기술도 진정한 교제를 망쳐 놓을 수 있다. 내가 아는 어떤 교회의 직원들은 서로 얼굴을 보며 대화하지 않고 사무실 전체가 서로 이메일만 주고받는다. 이메일이 주는 선물과 유익은 굉장하다. 하지만 바로 그 이유 때문에 이 기술을 사용하는 것에 대해 사람들은 거의 문제를 제기하지 않는다. 호주의 비평가 휴 매케이는 이렇게 말한다.

> 인쇄된 사내 회보로부터 이메일에 이르기까지 모든 것이 조직의 전체 정보 체계 안에서 나름대로 적당한 위치가 있다. 그러나 우리가 정보를 나누어 주는 것이 의사소통이라고 생각하는 함정에 빠질 때마다 우리에게 심각한 문제가 발생한다. 얼굴과 얼굴을 마주한 접촉 없이는, 의사소통은 거의 일어나지 않는다.[29]

나는 모든 목회자들에게 스스로 이런 질문을 던져 볼 것을 강력히 권한다. "이메일이 실제로 나의 사역을 도와주는가, 아니면 더 산만하게 만드는가?" 이 질문에 대한 우리의 대답은 각자의 주된 업무의 종류에 따라 달라질 것이다. 이메일은 많은 사람들에게 큰 혜택을 준다. 그러나 많은 기업체의 지도자들이 이 질문에 대해서, 이메일의 효율성 때문에 절약되는 시간보다는 쓸데없는 메일을 읽느라 낭비하는 시간이 더 많다고 대답했다.

한 목회자가 나에게 전화해서 자신은 이제 이메일을 영원히 사용하지 않겠다고 말했다. 내가 그 이유를 물었을 때 그는 이메일이 자신의 관계를 좀 더 피상적으로 만들고, 창의성을 자극하거나 책임감을 느끼게 하지도 않고, 자기가 "대화하고" 있는 사람의 감정을 파악할 수 없게 하며, 이메일을 사용할 때는 자신이 정말로 좀 더 빨리 거칠게 응답하는 것을 발견했다고 말했다. 또한 잘못 보낸 편지는 되돌려 받아서 찢어 버릴 수 있지만, 한번 보낸 이메일은 다시는 회수할 수 없다.

그가 이메일을 완전히 포기하기로 한 것은 특별한 경우일 것이다. 그러나 그가 말하는 이유들은 한번 깊이 생각해 볼 만하다. 닐 포스트맨(Neil

Postman)은 1997년 펜실베이니아 주립대학교에서 열린 기술과 교육에 관한 컨퍼런스에서, 모든 새로운 시스템이나 신기술에 대해 우리는 "이 기술로써 내가 가진 어떤 문제를 해결할 수 있는가?"라는 질문을 던져야 한다고 주장했다. 여기에 나는 "불리함이 유리함을 삼킬 정도로 너무 복잡하게 만들지 않으면서"라는 조건을 덧붙이고 싶다. 우리는 우리의 주된 목표가 단순히 기술의 사용이나 효율성을 높이는 것이 아니라, 교회 안에서 진정한 교제와 의사소통을 심화하는 것임을 기억해야만 한다.

회중·공동체 수준의 문제로서는 교회들이 효율성을 높이고자 종종 각 개인의 생각을 간과하는 문제가 있다. '다수결'은 민주주의가 주는 가장 좋은 선물이다. 그러나 그 절차 때문에 우리가 어떤 이슈에 대해 '승자'와 '패자'로 갈라진다면, 신앙 공동체의 진정한 교제가 파괴되는 것이다. 반면에 초대 교회는 모든 사람들이 "성령과 우리는…… 옳은 줄 알았노니"(행 15:28)라고 말할 수 있을 때까지 문제를 계속 토론했다. 나는 지금까지 메노나이트 회중 안에서 이 멋진 만장일치와 공동 분별의 선물을 경험해 왔다. 나는 교회들이 결코 다수결에 근거한 결정을 내리지 않기를 바란다. 내가 보기에는, 만장일치에 이르려면 좀 더 시간이 걸리기는 하지만(모든 사람의 생각을 듣는 것은 분명히 효율적인 일은 아니다), 장기적으로 볼 때 이 방법이 교인들이 하나님 영의 인도하심을 좀 더 깊이 알고 한마음이 될 수 있는 길이다.

또 한편으로, 한 지역 교회가 세상의 모든 고통을 다 짊어지려고 할 때 진정한 교제는 손상된다. 이것은 우리 공동체의 관심을 우리의 소명의 한계를 넘어서는 범위까지 확장시키는 것이다. 자크 엘룰이 말하듯이,

> 자기 이웃의 [고통의] 짐을 지는 것으로 충분하다. 다시 한번 우리는 자신을 예수 그리스도의 자리에 놓는 매우 주제넘은 태도와 만나게 된다…….

이것은 우리가 인류의 고통에 무관심해야 한다는 의미가 아니다! 오히려 내가 실제로 관심을 두어야 할 문제는 정말로 무엇인가를 행할 수 있을 만큼 충분히 가깝고 또 감당할 수 있는 부피의 일이라는 뜻이다. 계시는 아주 엄격한 현실성을 지니고 있으므로, 보편적인 아이디어나 정보를 가지고 우리 자신을 고문하거나, 사방에서 들려오는 뉴스 때문에 잠을 설치라고 요구하지 않는다. 그러므로 바울은 아주 적절한 조언을 한다. "할 마음만 있으면 있는 대로 받으실 터이요 없는 것은 받지 아니하시리라"(고후 8:12).[30]

우리가 돌볼 수 있는 역량이 어느 정도인지에 대해서는 교회 전체가 공동체적 분별을 통해 성령의 음성을 듣는 것이 필요하다.

맘몬은 교제를 확실하게 분열시키는 또 하나의 권세다. 현재 내가 아는 교회들 중에도 어떻게 헌금을 모으고 사용해야 할지, 가난한 지역에 남아 있을지, 사람들이 좀 더 "매력을 느낄 만한" 환경으로 이사해야 할지, 새로운 사역자를 뽑고 거기에 필요한 재정을 마련해야 할지, 아니면 그 돈을 건축이나 다른 프로그램 운영비로 사용해야 할지와 같은 문제에 대해 뜻이 갈라진 교회들이 있다. 이 장의 뒷부분과 다음 장에서 우리는 교회에서 일어나는 돈 문제의 다른 측면들을 좀 더 자세히 살펴볼 것이다. 이와 비슷하게 구성원의 동질성이나 예배 형식과 관련된 문제도 진정한 교제에 파괴적인 영향을 끼칠 수 있는데, 이에 대해서는 다른 부분에서 언급할 것이다.

3. 떡을 뗌

신약성경에서 "떡을 뗀다"는 표현은 성찬식 또는 주님의 만찬을 의미하는 관용적인 표현이다. 초기 기독교 공동체의 이 전통도 다른 대부분의 실천과 마찬가지로 교회의 교제와 밀접한 관련이 있으며, 또한 우리 시대에 종종 침해를 당한다. 사도 바울은 고린도전서 11장에서 떡을 떼려고 함께 모이는 것이 "그리스도의 몸을 분별하는 것"과 관련이 있다고 말한다. 그리스도의 몸을 분별한다는 것은, 특히 부유한 지체들이 가난한 지체들을 부당하게 대우하던 고린도 교회의 상황에서는, 신자들이 공동체 각각의 지체들 안에, 그리고 전체 공동체 위에 임재하신 그리스도를 인식하는 것을 의미한다. 그러므로 우리는 "떡을 뗄" 때마다 가난한 자들을 돌아보고 우리 주위의 세상 사람들 사이에 존재하는 계층 간의 차별을 제거하라고 요청받는다. 우리는 예수님의 고난을 기억하고, 그러므로 우리 이웃의 고난을 돌아본다.

그러나 떡을 떼는 것은 우리로 하여금 환대의 수준을 넘어서 성찬식을 성례전으로, 그리고 세상 속에서 우리의 역할을 성례전적인 것으로 이해하도록 인도한다. 1600년대 말부터 1700년대 초반에 살았던 예수회 사제 장 피에르 드 코사드(Jean Pierre de Caussade)는, 성례전적이 된다는 것은 우리가 자신을 전적으로 하나님께 의탁함으로써 하나님의 은혜가 나타나고 하나님이 우리를 통해 사시는 것이라고 가르친다.[31] 교회들이 이렇게 약함 안에서 살지 않으면, 그들은 성상(聖像, icon, 거룩한 실체를 지시하는 상징물—옮긴이)이나 창문(세상이 그들을 통하여 하나님을 보는) 역할을 하는 것이 아니라, 그들 자신이 그림(graphic)이 되어 버린다.

공동체적으로 "떡을 떼는" 삶(사람들 사이에 경제 수준, 인종, 또는 선호하는 찬양 형식에 근거한 어떤 차별도 없어진)을 사는 것은 커다란 약함이 필요한 일이다. 많은 교회 마케팅 전문가들이 교회가 동질성을 가져야 한다고 주장한다. 우리 교회가 성장하려면 우리와 같은 사람들을 쉽게 끌어들일 수 있도록 동질성이 있어야 한다는 것이다. 그러나 이런 생각은 그리스도 임재의 성례전인 성찬식을 손상하며, 우리가 세상을 향해 증거해야 하는 메시지, 곧 하나님의 백성 안에는 아무런 분리나 차별이 없다는 메시지를 파괴한다.

반면에 초대 교회의 공동 식사로서의 성찬식은,

그리스도의 최고 주권(이에 대한 충성은 로마 제국의 통치를 뒤집어엎는다) 아래서 공동체가 하나임을 상징적으로 표현했고, 그들이 그 하나됨을 나눔의(경제적 차원을 포함하는) 공동생활을 통하여 가시화하도록 만들었다(행 2:44-45, 4:32-35; 고전 11:20-34). 성찬식은 아주 단순한 방식으로 새로운 피조물과 새로운 사회라는 실재를 선포하고 계시했다.[32]

그 자리에는 새로운 피조물이 있어야 하므로, 옛 자아는 반드시 자신의 약함을 알아야 하며, 자신의 편견, 취향, 계급 구조, 개인적 욕망에 대해 죽어야만 한다. 만일 우리가 모든 사람들이 평등하게 음식을 먹고 우주적인 찬양에 함께 참여하게 될 하나님의 미래를 나타내려 하지 않는다면, 어떻게 이 종말론적인 잔치에 함께 참여할 수 있을까? 내가 보기에 만일 우리가 가난한 사람들을 돌아보지 않고 아주 호화로운 예배당 안에서 그리스도의 몸과 피를 먹고 마신다면, 그 성례전은 결코 다가올 천국 잔치를 미리 맛보는 것이 될 수 없으며 모든 사람들이 초대받지 않는, 그저 별 볼일 없는 종교의 식이 될 뿐이다.

우리가 왜 주의 만찬을 행하고 있는지 항상 기억하고 있음을 전제로, 각 교회가 주의 만찬의 시행과 관련하여 회중 안에서 철저하게 논의해야 할 다양한 실제적인 질문들이 있다. (빵을 포도주에 적실 것인지 아니면 컵을 사용하여 포도주를 마실 것인지, 어떤 종류의 빵을 사용할 것인지 등등.) 특히 여러 가지 문제들 중에서도 가장 논쟁이 많았던 것은 성찬식의 빈도 문제다. 나는 이 책의 주제에 비추어 볼 때, 교회가 성찬식을 자주 시행하는 것이 좋다고 생각한다. 그 이유는 성찬식을 통해 교회가 권세로서의 자신의 진정한 소명을 다음과 같이 삼중적으로 성취해 왔기 때문이다.

- 우리의 약함과 우리에게 구원자가 필요함을 인식하는 것. 예수님의 명령대로 그리스도가 과거에 우리를 위해 받으신 고난을 간절한 마음으로 회상하는 것.
- 우리 안에 내주(來住)하시는 그리스도의 능력으로 살도록 격려하는 것. 지금도 세상을 위해 고난을 받으시는 그리스도의 임재의 상징(icon)이 됨으로써 우리가 그리스도의 능력으로 강해지게 하는 것.
- 예수님의 약속처럼 우리가 그의 영광스런 임재 안에서 천국 잔치에 참여할 미래를 간절히 기다리는 것. 그의 우주적 화해 사역의 완성을 영원히 축하할 미래를 소망하는 것.

마지막 항목은 특별히, 우리가 우리의 능력으로 하나님 나라를 가져올 수 있다고 생각하는 되풀이 되는 유혹에 빠지지 않도록 도와주는 중요한 역할을 한다. 그리스도의 고난과 영화(glorification)의 신비는, 우리가 그 안에 참여할 수는 있지만 그것을 만들어 낼 수는 없다는 것이다. 우리가 소망하는 것은 현재적 실재(a present reality)다. 그러나 우리의 약함 때문에 우리는 그것을 "실현할"(realizing) 수 없다. 만일 우리의 교회가 교회의 참된 소명의 한계를 벗어나게 되면, 그들은 세상에서 성례전, 곧 보이지 않는 하나님 나라를 육화하는(incarnate) 가시적인 실재로서의 역할을 담당할 수 없다. 자크 엘룰이 주장하듯이 교회는 두 도시에 속한 시민이다. 우리는 정말로 두 곳에 모두 속해 있다. 하지만 우리는 인간 질서의 점진적 진보를 통해 하나님 나라를 성취할 수 있다거나 우리가 하나님 나라를 만들어 낼 수 있다고 믿는 실수를 범해서는 안된다.[33] 오히려,

그것은 세상에 섞여 있지만 정체성을 잃어버리는 것을 철저히 거부하고, 예수 그리스도 안에서 계시된 진리와 우리가 그로부터 받은 새로운 생명

의 고유한 특성을 유지하는 것이다. 그것은 그리스도 안에 있는 구원과 진리와 자유와 사랑의 향기를 공급하되, 힘과 휘황찬란함과 효율성을 자랑하는 이 파멸할 세상에 의해 삼켜지지 않는 것이다.[34]

성찬식은 이런 향기를 공급하고, 하나님의 진리를 선언하며, 또한 우리에게 세상이 주는 힘이 아니라 약함을 통해 섬김의 사역을 행해야 함을 상기시킨다. 교회 밖의 사람들은 이 식사의 의미를 도무지 이해할 수 없지만, 이 식사는 우리로 하여금 하나님이 가져오실 미래를 세상에 보여줄 수 있게 하며 또 기다릴 수 있게 한다. 우리 시대의 어떤 '교회 성장' 기술은 외부인들의 주의를 끌지 못하는 주님의 만찬을 제거하라고 제안한다. 이런 제안은 종말론적 변증법의 양 측면(교회의 삶이 지닌 "이미 그러나 아직"의 성격)을 모두 파괴한다. 존 지지울라스(John Zizioulas)는 우리가 쉽게 잊어버리는 사실을 일깨워 준다. 즉 그는 교회가 성찬식을 제정하는 것이 아니라 성찬식이 교회를 만든다고 선언한다.[35] 예수의 부재가 성찬식 안에서 그분의 임재가 되기 때문이다.[36]

4. 기도

우리가 살펴볼 초대 교회의 실천 항목 중 네 번째는 기도다. 이 항목에는 하나님의 임재 앞에 머물며 우리의 삶과 섬김을 향한 삼위일체 하나님의 마음을 깨닫는 것과, 서로를 위해 그리고 그들이 속한 사회와 세상의 필요를 위해 열심히 기도하는 일이 포함된다. 우리는 바울의 편지들을 통해 초대 교회 성도들의 삶에 기도가 가득했음을 엿볼 수 있다. 그의 글들은 쉬지 말고 기도하라는 권면, "나를 위해 기도해 달라"는 부탁, "너희를 기억할 때마다" 하나님께 감사한다는 인사, 교회의 지도자들과 국가의 통치자들을 위해 기도하라는 권고 등 기도에 대한 수많은 언급을 담고 있다.

물론 기도도 다른 항목들과 마찬가지로 이곳에서 철저하게 다루기에는 너무도 큰 주제다. 그러므로 나는 기도와 관련해 교회가 타락한 권세로 행동하는 방식 두 가지를 간략히 그려 보고자 한다. 첫 번째는 우리 교회들이 기도의 부족 때문에 종종 주위에서 일어나는 사회 문제에 잘못된 방식으로 접근한다는 것이다. 기도하지 않을 때 우리는 하나님의 임재와 진리를 대면함으로써 생각이 변화되도록 하기보다는 자크 엘룰이 미디어가 만들어 낸 "정치적 환상"[37]이라고 부르는 함정에 빠진다. 이 환상은 다음과 같은 결과를 낳는다.

> 정치적·경제적 상황을 전체적으로 파악하지 못함, 정치적 사고 능력이 빈약함, 정치적 행동이 일어나는 다양한 수준들에 대해 무지함, 가장 최근에 일어난 가장 눈길을 끄는 일이 항상 가장 덜 중요하며 가장 불확실하다는 사실을 보지 못함.[38]

여기서도 우리는 엘룰의 과장법, 곧 "가장 최근에 일어난 가장 눈길을 끄는 일이 항상 가장 덜 중요하며 가장 불확실하다"라는 말을 문자적으로 받아들여서는 안된다. 그러나 또한 우리는, 교회들이 왜 그렇게 쉽게 시류에 휩쓸리며, 최신 유행에 열광하고, 이슈들에 대해 가장 "흥분되는" 해결책을 찾으며, 적절한 기도나 그리스도의 마음을 찾으려는 태도 없이 급진적인 변화를 선택하는지 질문해야만 한다.[39]

엘룰은 무엇보다도 교회가 기도로 적절하게 준비하지 않고 우리의 고유한 기독교적 관점이 아닌 주변 문화의 관점으로 사회 문제에 뛰어드는 것에 반대한다. 그렇게 하는 대신에 우리는 조지 린드벡의 말처럼, "세상이 성경 말씀을 흡수하는 것이 아니라, 성경 말씀이 세상을 흡수하게"[40] 해야 한다. 앞에서 인용한 자크 엘룰의 불평을 기억하라. 그리스도인들은 성령님의 인도를 받아 "더 먼저, 더 깊이, 더 멀리 볼" 수 있어야 한다.

엘룰이 그리스도인들이 "더 깊이" 볼 수 있기를 간절히 바란다고 말한 대상 중에는 정사와 권세의 실재와 그것들이 세상과 우리 교회들에 끼치는 영향들도 포함된다. 그는 성령님을 언급함으로써 우리로 하여금 악한 영들의 본성과 작용을 포함하여 이런 영적인 일들이 오직 영적인 방법, 곧 기도를 통해서만 분별될 수 있다는 것을 기억하도록 한다. 오늘날 교회가 기도와 분별이라는 과업을 회복하는 것이 얼마나 필요한가!

기도가 없으면 교회는 기독교적 관점이 빠진 정치에 (내부적으로나 외부적으로) 의존하게 된다. 엘룰은 정치에 대한 무관심이나 편협한 시각을 옹호하는 것이 아니라, 그리스도인들이 정치적인 문제에 어떻게 개입해야 할지를 좀 더 명확히 알라고 촉구하는 것이다. 그는 성경이 이중적인 판단을 내리며 이중적인 의미(건전한 기능을 하는 피조물로서와 타락한 세력으로서 권세의 성격에 대해―옮긴이)를 계시한다고 주장한다. 그러므로,

> 기도를 그리스도인이 택할 수 있는 가장 중요한 정치적 행동으로 만드는 것은 바로 권세가 지닌 악마적 성격이다. 기도는 예수 그리스도의 싸움에 동참하는 일이며, 기도를 통해 그 권세가 굴복될 수 있고, 기도를 통해 그 권세를 축출할 수 있으며, 기도를 통해 그 능력을 정의와 선을 향하도록 돌려놓을 수 있다. 모든 성명 발표나 시위나 선거보다도 기도가 훨씬 더 중요하다…….

만일 그리스도인이 권세에 대해 존중과 복종 이상의 더 많은 것을 행하려 한다면, 그는 자신이 지금 가장 위험한 지역 곧 마귀의 영역으로 들어서고 있음을 반드시 인식해야만 한다. 권세는 예수 그리스도에 의해 정복되었지만, 역사가 지속하는 동안에는 그 악마적 능력과 주님에 대한 반역과 하나님이 배정하신 질서에 불복종하고 계속 악으로 치우치는 성향이

제거되지는 않을 것이기 때문이다(112-113).

그러므로 교회(the Church)는, 과거에 교회가 정치에 개입하면서 종종 "복음의 진리를 배반하거나 포기하는" 결과가 일어났음을 반드시 기억해야 한다(118). 엘룰은 다음과 같이 주장한다.

이렇게 모든 말을 해놓고 보니, 마치 교회(the Church)를 괴롭힌 최악의 문제가 정치인 것처럼 보인다. 정치는 항상 교회를 유혹했고, 최대의 재앙을 불러온 원인이었고, 언제나 이 세상의 임금이 교회를 잡으려고 치는 덫이 되었다.

자신의 믿음을 정치적 질서에 맞추어 표현할 기회가 생길 때마다 교회는 효과적으로 행동하라는 제안, 특히 정치의 길을 따라 이 세상의 진로대로 행하라는 제안을 받는다. 세상은 교회를 향해 영원히 사람들의 실제 삶에 대해 무관심한 채로 남아 있을 수 없다고 계속 자극한다. 그리고 교회는 매번 정확하게, 자신의 독특한 특성과 고유한 소명을 포기하는 맹목의 길을 따라 걷는다. 그때마다 교회는 세상에 종속된 권세들 중 하나로 바뀌어 간다.

하지만 우리는 정반대의 태도도 진리에 더 가깝지 않음을 항상 기억해야 한다. 교회가 정치에 개입하면서 계속 복음을 배반해 왔다는 역사적 반성을 한다고 해서, 그것이 교회가 영적이어야만 하고, 믿음은 개인 내면의 문제이며, 계시는 순전히 추상적인 것이고, 진리를 위한 싸움에는 정치적인 차원이 배제되어야 하며 사랑의 계명에는 전혀 사회적 측면이 없다는 의미는 아니다. 이렇게 사고하는 모든 영성은 우리가 위에서 비난한 정치의 길을 따르는 것과 마찬가지로 거짓되고 반역적이고 위선적이다. 그것은 성육신을 부정하며 예수 그리스도의 주권을 망각한다. 그것은 정치적·경제적·사회적 요인에 영향을 받고 살아가는 우리의 이웃을 모욕하며 이 세상 임금이 자유롭게 일하도록 묵인한다. 그것은 예수님이 천국에 대해 말씀하신 모든 것을 거부하는 영성이고, 사탄이 교회가 가는 길에 깔아놓은 또 다른 덫이다(126).

1963년에 엘룰이 불어판 「하나님 나라의 거짓 임재」를 출간했을 때에는 두 번째 덫에 대해 자세히 언급하지 않았다. 이것은 당시에 그가 첫 번째 문제인 미숙한 정치적 개입이 교회의 사명(mission)에 대한 주된 위협이라고 생각했기 때문이었다(127). 하지만 우리 시대에는 교회의 소명에 반하는 정치 개입이나 세상의 이슈를 도외시하는 추상적인 영성, 이 두 가지 모두가 심각한 위협이 되는 것 같다! 우리 교회들은 오직 부지런한 기도를 통해서만 자신의 본래 사명을 배반하게 하는 두 가지 덫을 모두 피할 수 있다.

기도와 관련해 교회가 타락성을 드러내는 두 번째 중요한 방식은, 교회 내부의 정치나 공중기도를 드리는 동기와 관련이 있다. 때로 리더들이 공중기도를 사람들을 조종하는 수단으로 사용하는 경우가 있다. 나는 분열 직전에 있는 어느 교회의 목사가 회중 앞에서 하나됨을 위해 기도하는 것을 본 적이 있다. 그러나 그가 사용한 말이나 기도의 내용은 하나됨이 그의 방식을 따라야만 이루어질 수 있다고 암시하고 있었다. 사람들은 그의 기도를 통해 하나님의 임재로 이끌림 받은 것이 아니라 호된 꾸지람을 듣는다는 느낌을 받았다. 우리가 어떤 속셈을 가지고 기도할 때마다 우리는 권세를 잘못 사용하는 것이며, 기도하는 교회로서의 우리의 소명을 손상하는 것이다.

5. 표적과 기사

상상할 수도 없었던 신기술의 도구들, 믿기 어려운 시각적인 특수효과와

가상현실, 입이 딱 벌어지게 하는 수많은 장치에 둘러싸인 이 시대에, 우리는 성경에 나오는 표적과 기사(the signs and wonders)를 얼마나 자주 생각하는가? 우리 교회들은 표적과 기사에 대해 말하기를 포기해 버린 것은 아닌가?

초대 교회에서는 사도들이 표적과 기사를 행했기 때문에 모든 사람들 위에 두려움이 임했다. 그러나 지금 우리 시대의 영적 지도자들은 이 같은 기적적인 치유 사역을 행하려고 하는가? 또는 우리가 기술의 권세를 우상으로 삼고 너무도 신뢰한 나머지 수많은 의학적 기적들을 보면서도 그 안에서 하나님의 능력을 보지 못하는 것은 아닐까? 우리의 교회들은 하나님이 신비하게 개입하시는 표적을 알아채는가? 우리를 통해 나타나는 하나님의 능력을 보며 찬양하고 있는가?

치유(cure)를 위해 돌봄(care)을 포기한 사회에서는 의학적인 기적에 대해 말하는 것이 매우 어려운 일이다. 우리의 현명한 기술은 의사들로 하여금 환자의 생명을 연장할 어떤 방법이 있어 보이는 동안에는 환자의 상태에 깊이 개입하게 한다. 그러나 더는 방법이 없는 것처럼 보이게 되는 순간, 그 돌봄은 증발해 버리는 것 같다.[41] 그러나 나와 마찬가지로, 당신은 이미 기적적인 회복을 경험했거나 마지막 순간에 완전히 새로운 평화를 맛보게 되었던 사람들을 알고 있을 것이다. 바로 지난주에 내 이웃에 사는 한 노인이 죽음의 경계까지 갔다가(그녀는 이미 그것을 맞이할 준비가 되어 있었지만) 돌아와서 모든 사람을 놀라게 했다. 그녀 자신도 삶을 연장해 주신 하나님의 신비한 계획에 대해 경이로움을 느끼고 있었다.

교회들이 초대 교회의 치유 표적으로부터 멀어지는 방식에는 두 종류가 있다. 한편으로, 대부분의 교회들이(주로 전통적인[mainline] 교회들) 자신의 사역에는 치유가 포함되지 않는다고 믿는 것 같다(세속적인 연구까지도 기도가 지닌 치유의 힘을 발견하고 있음에도 불구하고). 오래전에 나는 로이

로렌스(Roy Lawrence)의 「기독교 치유의 재발견」(*Christian Healing Rediscovered*)이라는 책을 통해 치유 사역에 대한 회의를 벗어 버리게 되었다. 로렌스는 이 책에서 예수님이 제자들에게 주신 명령인 "어느 동네에 들어가든지…… 거기 있는 병자들을 고치고, 또 말하기를 하나님의 나라가 너희에게 가까이 왔다 하라"(눅 10:8-9)는 말씀에 대해 탐구한다.[42] 우리는 왜 예수님이 제자들을 불러 모아 "모든 귀신을 제어하며 병을 고치는 능력과 권위를 주시고, 하나님의 나라를 전파하며 앓는 자를 고치게 하려고 내보내신"(눅 9:1-2) 사실을 잊었는가?

나는 스스로 변명을 하고 있었지만(나는 내게 치유의 은사가 없다고 생각했다), 사실 나는 하나님이 하실 수 있는 일에 대해서 의심하고 있었다. 그 다음 주에 나는 친구 집을 방문했다. 친구의 남편은 이유를 모르는 증세로 몇 주 동안 아팠는데, 의사들도 해결 방법을 모른다고 불평했다. 로이 로렌스의 부드러운 꾸짖음이 생각나서, 나는 친구에게 내가 치유를 위해 기도해야 할 것 같은 부담을 느낀다고 말했다. 그리고 나의 손을 그의 머리에 얹고 더듬거리며 기도를 드렸다. 다음날 그의 상태가 상당히 좋아졌다는 소식을 듣고 나는 깜짝 놀랐다. 나는 왜 그렇게 놀랐던 것일까?

그런 일은 다시는 일어나지 않았다. 그러므로 나는 이 사례를 가지고 내가 특별한 은사를 받았다고 주장하려는 것이 아니다. 나는 단순히 질문을 제기하고 싶다. 왜 우리의 교회들은 치유 사역에 참여하지 않는가? (감사하게도, 지금도 많은 수의 교회가 치유를 위해 기도하는 예배를 드리고 있고, 많은 목회자 컨퍼런스에도 이런 예배가 프로그램에 포함되어 있다.)

아마도 기독교 역사 속에서 치유 사역이 너무도 자주 오용되어 왔기 때문에, 교회들이 그것을 강조하지 않는 것 같다. 많은 치유 사역이 강압적이고 탐욕적이며, 그 가운데 속임수와 조작이 섞여 있다. 어떤 교회들은(주로 복음주의 계열) 반대 극단에 빠져서, 이 사역을 그들의 사명 중에 가장 중요한 일로 부각시키며, 육체적 치유를 경험하지 못한 사람들은 죄책감을 느끼게 만든다.

우리는 치유를 너무 두드러지게 강조한다. 그것은 성경이 말하는 표적으로서의 치유의 의미를 오해하는 것이다. 나는 셰프 강연에서 이런 예를 들었다. 내가 피츠버그 신학교를 가리키는 표지판을 보았다고 해서 그 표지판이 있는 곳에 차를 주차하고 그 주변을 서성거리지는 않을 것이다. 그러나 그 표지판은 실제 표지판이고 거짓 물건이 아니며, 더 큰 실재 곧 진짜 신학교와 그곳의 사람들과 학문적 명성을 가리키는 훌륭한 역할을 한다. 복음서를 쓴 요한은 표적(signs)이라는 단어를 사용하여(공관 복음서가 사용하는 기적[miracles]이라는 단어 대신에) 그것이 그리스도의 실재를 가리킴을 강조한다. 그가 그 표적을 기록한 이유는, 우리가 예수님이 누구이신지를 믿게 하려는 것이었다(요 20:30-31). 우리의 교회들은 더 큰 실재이신 그리스도를 가리키는 표적의 역할을 하고 있는가? 아니면 어떤 종류의 육체적 치유나 어떤 교회를 우상화하여 사람들이 '차를 그곳에 주차하게' 만들려고 하는가? 내 옆집에 사는 할머니는 생명 연장이라는 놀라운 표적에 대해 매우 탁월한 반응을 보여주었다. 그녀는 그 표적이 하나님을 가리킴을 알았고, 이 선물을 통해 하나님으로부터(하나님에 대해) 배우게 될 것을 받아들일 준비를 했다.

우리가 표적을 오해하면 특정한 종류의 치유를 달라고 하나님께 요구하게 된다. 우리는 사람들이 기도하면서 자신이 지정하는 대로 육체적인 기적을 달라고 '주장하는' 것을 듣는다. 이것은 분명히 기도자로서 우리 소명의 적절한 한계를 넘어서는 것이다. 우리는 어떻게 우리의 진정한 약함을 표현하고, 그저 삼위일체 하나님의 은혜를 바라는 겸손한 청원의 자리에 머무를 수 있을까? 우리가 어떻게 하나님이 끊임없이 베풀어 주시는 모든 감정적·지적·사회적·육체적·영적 치유를 보되, 그것을 가로막지 않을 수 있을까? 그리고 우리가 교회로서 어떻게 모든 지체와 몸 전체가 다른 사람들에게 치유를 전할 소명이 있음을 확신할 수 있을까?

이제 완전히 다른 종류의 '기사'(奇事, wonder)로 시선을 돌려, 이 세상에 개입하시는 하나님에 대해 생각해 보자. 이 부분에서도 우리 교회들은 잘못을 범하고 있다. 우리는 하나님이 세상에 개입하시는 것을 보려고 하지 않고, 그 일에 대해 하나님을 찬양하지도 않으며, 그 증거를 세상을 향해 보여주려고 하지도 않는다. 오히려 상황을 호전시키기 위해서 사회의 권세를 의지하려 한다. 자크 엘룰이 정치적 선택에 대해 말한 내용은 우리 삶의 모든 차원에도(의료적·사회적·재정적 차원을 포함하여) 적용된다.

> 이제 교회는, 다른 길이 있고, 사람들이 보지 못하지만 무한히 실재인 선택이 있으며, 모든 일에 사람들이 알지 못하는 차원이 존재하며, 정치적 대안 위에 그것을 초월하여 존재하며 영향을 끼치는 진리가 있다고 확언하는 바로 그 자리에 서야 한다.[43]

아마도 가장 뚜렷한 예로서, 우리를 깜짝 놀라게 한 1989년 베를린 장벽의 붕괴와 그에 잇따른 소비에트 연방의 해체를 생각할 수 있을 것이다. 온 세계가 이러한 사태의 극적인 전환을 보며 경악했다. (넬슨 만델라가 남아프리카공화국의 대통령이 된 것과 필리핀에서 마르코스 정권이 무너진 것도 마찬가지다.) 우리 그리스도인들은 하나님의 개입으로 그러한 일이 성취되었음을 믿는가? 외르크 스보보다(Jörg Swoboda)는 「촛불의 혁명: 동독 혁명 속의 그리스도인들」(*The Revolution of the Candles: Christians in the Revolution of the German Democratic Republic*)에서 이렇게 말한다. "하나님은 다른 계획을 세우고 계셨다! 언젠가 칼 바르트는 친구 에두아르트 투르나이젠에게 '하나님이 통치하신다'라고 말했다. 하나님이 개입하시므로 독재자들이 물러나고, 장벽이 허물어지고, 사람들이 깨어나고, 나라들은 속박에서 해방되었다. 그런데 우리의 믿음은 어디에 있었는가?"[44]

우리는 그런 놀라운 일들을 거의 기대하지도 않고, 그런 일이 일어날 때 알아채지도 못한다. 이것은 우리가 일을 성취하는 우리의 능력, 새로운 것을 창조하는 우리의 창의성, 문제를 해결하는 우리의 지혜, 사물을 지배하는 우리의 기술을 신뢰하기 때문이다. 우리는 사람의 숙련된 솜씨와 창의성과 통찰을 볼 때, 또는 하나님이 지으신 인간의 몸과 상상력과 기억을 생각할 때 얼마나 자주 하나님을 인식하는가? 우리는 역사의 소름끼치는 뒤틀림을 바로잡아 놓은 하나님의 놀라운 은혜를 보면서 하나님을 인식할 수 있는가?

교회가 표적과 기사를 잃어버림으로써 생겨난 또 다른 결과도 언급해야만 한다. 그것은 말씀 선포에서 확신을 잃어버린 것이다(말씀 선포는 예수님이 제자들을 파송하면서 치유와 함께 주신 두 번째 소명이다). 우리가 사는 세상은 자신이 만들어 내는 화려한 구경거리에 더 흥미를 느낀다. 그러므로 오늘날 어떤 곳에서는 "진리의 말씀을 옳게 분별하는"(딤후 2:15) 일을 초점으로 삼는 교회와 목사를 찾기 어렵다.

점점 더 많은 설교자들이, 바울이 고린도서를 쓸 당시 고린도에서 인기를 끌었던 대중연설과 비슷한 것으로 방향을 돌리는 것 같다. 티모시 새비지(Timothy B. Savage)가 관찰한 것처럼, "사람들이 재미를 원하기 때문에 설교자들은 충격 효과, 자극적인 주제, 강력한 전달 방식의 전문가들이 되고 있다."[45] 바울의 시대에도 오늘날과 마찬가지로 사람들은 "관심 끌기를 지나치게 강조한 나머지 가르침의 내용에 대해서는 깊이 생각하지 않았다." 사람들은 또한 관용에 매우 높은 가치를 두었는데(31), 지금과 마찬가지로 그때에도 다원주의가 만연했기 때문이다. 그러므로 "다른 종교를 배제하면서 하나의 종교만 옹호하는 것은 조롱과 모욕을 자청하는 일이었다"(32).

우리가 이루어 낸 놀라운 기술 발전 때문에, 우리는 하나님의 능력을 드러내는 약함의 삶을 사는 데 실패하는 것이 아닐까? 우리는 '흥미진진한' 비디오 자료와 파워포인트 프레젠테이션을 의지하는가, 아니면 하나님 말씀의 진실한 능력을 의지하는가? 나는 비디오와 컴퓨터 기술의 유용성을 부인하지 않는다. 그러나 우리가 복음의 진리를 사람들에게 확신시키려 하면서, 진리이신 하나님보다 기술(Technique)에 의존하고 있지는 않은지 스스로 물어야만 한다. 우리는 어떻게 사람들의 삶에 꼭 알맞은 영적인 판단으로 그들을 도울 수 있을까? 어떻게 우리 교회들이 예언자적인 모습으로 하나님의 말씀을 가장 잘 선포할 수 있을까?

아주 많은 사람들이 자신의 교회가 얼마나 대단한지에 대해서는 쉽게 말할 수 있지만, 자신의 주님의 위대하심에 대해서 이야기하는 것은 그보다 훨씬 더 어렵다고 느끼는 이유는 무엇일까? 카리스마적인 목사나 파워풀한 찬양 인도자, 기가 막히는 연주나 뜨거운 예배가 종종 하나님 대신에 경배의 대상이 된다. 그리고 우리 영적인 지도자들은 너무 쉽게 칭찬과 아첨에 중독된다(그렇게 되면 정기적으로 칭찬의 약을 주사하지 않으면 견딜 수 없다). 그리스 로마 세계에서는 '친구'의 반대말이 '칭찬하는 자'(flatterer)였다.[46] 이런 우상화된 권세에 저항하는 것, 사람들에게 아첨을 요구하지 않고, 우리를 꾸짖을 수 있을 만큼 사랑하는 친구들에 대해 고마워할 수 있는 것, 그리고 말씀에 대해, 약함과 십자가의 신학에 대해 신실한 것, 이런 것들을 행하려면 큰 용기가 필요하다.

캐나다의 한 작은 교회에서 온 젊은 목사가 목회자 세미나 휴식시간에 내게 다가왔다. 그가 섬기는 교회는 최근에 부흥과 제자도의 갱신을 경험하고 있다고 했다. 그가 말했다. "저는 이 일이 어떻게 시작되었는지, 왜 시작되었는지는 잘 모르겠습니다. 그러나 우리는 그저 신실함을 지키려고 노력합니다." 이것이 기사(wonder)가 아닌가?

우리 교회들이 부흥을 경험하지 못하는 이유가, 하나님의 표적과 기사를 볼 수 있을 만큼 우리가 충분히 열려 있지 않으며, 하나님이 우리 안에 능력으로 임하실 수 있을 만큼 우리가 충분히 약하지 않기 때문은 아닐까?

6. 소유의 재분배

초기 그리스도인들의 삶에서 우리를 매우 흥분시키는 모습 가운데 하나는, 그들이 궁핍한 사람들에게 더 많이 나누어 주기 위해 재산을 공동으로 소유한 것이다. 이와 비슷하게 우리도 좀 더 검소하고 좀 더 후하게 나누어 주는 삶을 살 수는 없을까?

성경에는, 삶이 슬픔으로 가득한 사람들, 특히 가난한 사람, 노숙자, 과부, 고아, 나그네를 돌보라는 권고들이 가득하다. 특히, 첫 언약에 나오는 희년 법은 토지의 귀속과, 가난한 사람에게 삶의 근거를 마련해 줄 것과, 빚진 자를 일꾼으로 고용할 것 등을 요구한다(레 25장). 예수님은 스스로 머리 둘 곳조차 없다고 말씀하시면서 제자들에게 자신을 따르라고 하셨고(마 8:20), 모든 소유를 팔아 가난한 사람들에게 주라고 하셨다(마 19:21; 눅 18:22). 그렇게 많은 분량의 성경 말씀이 부의 문제와 맘몬의 위험성을 다루고 있고, 또한 나누어 주는 삶을 살라고 강력하게 권고하고 있는데, 우리의 교회들은 왜 이렇게 부유한가? 우리는 왜 이렇게 부자인가? 왜 우리는 맘몬을 우리의 개인적·공동체적 삶에서 그렇게 대단한 신으로 만들어 놓았는가?

도로시 데이는 로버트 콜스에게 이렇게 말했다. "나는 언제나 어떤 종류의 성공은 멸망의 전조가 될 수 있다고 생각해 왔어요. 우리는 가난한 사람들과 함께하라는 부름을 받았습니다……. 강한 사람들이 즐기는 오락거리는 우리가 경계해야 할 대상입니다. 우리가 그 번쩍이는 빛에 눈이 멀어지지 않아야 하니까요."[47]

우리 공동체의 부의 문제는 새로운 것이 아니다. 첫 언약 성경에 나오는 하나님의 백성도 탐욕 때문에 그들 주위의 다른 사람들을 착취하면서 부를 축적했다. 마크 밴더 베넨(Mark Vander Vennen)이 기술하듯이,

이스라엘에 말씀이 임했다고 이사야가 말한다(사 9:8). 흑암에 빛이 비취었고, 압제자의 막대기가 꺾어졌으며, 평화의 왕이 오시고, 정의와 공의가 세워지며, 가난한 사람을 돌보기 위한 희년의 경제 리듬이 다시 선포되었다(사 9:17).

[그러나 이스라엘은 다른 길을 선택했다.]…… 빛을 보았던 이스라엘은 다른 나라들이 걸어간 길을 선택했고, 자기 강화와 야망의 성취에 대해 두 배로 욕심을 냈다……. 이스라엘은 [자신을 위해] 돌로 집을 지을 수 있었는데, 그것은 가난한 자를 짓밟고 부당한 세금으로 곡식을 빼앗았기 때문에 가능했던 일이다(암 5:11).[48]

경제적 차원은 아마도 권세가 서구 기독교를 가장 자주 전복(顛覆, subversion)시켰던 차원일 것이다. 자크 엘룰은 맘몬이 우리 시대의 교회들에게 막대한 위협이 됨을 인식했던 예언자였다. 그는 기독교가 뒤엎어지는 주요 형태들을 설명한 장에서, 가장 먼저 기독교 제국이 권세와 동맹을 맺은 것을 언급한다. 그런 동맹은 권세가 이미 정복되었기 때문에 복음의 종으로 이용될 수 있다는 확신에서 나온 것이었다. 그러나 실제로 벌어진 일은 그것과 정반대였다. 권세가 교회를 관통했고, 그 결과 교회는 부패하고 진리로부터도 떠나게 되었다.[49] 그뿐만 아니라, 신학자들과 교회 지도자들은 권세 중에서도 특히 부와 예수 그리스도 사이에 모순이 없다는 것을 증명함으로써 그 권세를 정당화하고 합법화하려 했다.[50]

아마도 우리는 그 모순의 엄청난 실체를 직면할 필요가 있을 것이다.

우리 세계의 상황을 생각해 보자. 1999년에 마이크로소프트의 빌 게이츠, 폴 알렌, 스티브 발머는 거의 140조 원에 이르는 자산을 가지고 있었다. 이것은 43개의 최빈국 국민 600만 명의 국민총생산(GNP)보다 많은 돈이다. 또한, 사소해 보이지만 결코 하찮게 여길 수 없는 질문이 있다. 미국 시민이 90개 나라(총 130개 나라 중)의 국민총생산보다 더 많은 돈을 사용하여 구입하는 물건은 무엇일까? 쓰레기봉투다!

크레이그 블롬버그(Craig Blomberg)는 미국인들 중에서도 특히 그리스도인들이 생필품도 아닌 청량음료와 합법화된 도박에 소비하는 돈과, 그들이 자선단체에 기부하는 돈을 비교하는 우울한 통계를 보여준다.[51] 블롬버그는 "돈은 아무리 나빠도 중립적인 것으로 여겨지고, 구조적인 악의 문제는 거의 논의되지 않는다"고 탄식한다. 각주에서 블롬버그는 "악마적인 유혹이 될 수 있는 잠재력을 지닌 물질적 소유에 관한 중요한 연구"로서 엘룰[52]과 포스터[53]의 책을 언급한다. 그는 "이 책들이 그 가치에 어울릴 만큼 추종자들을 모으지 못했음"을 안타까워한다.[54]

내 목소리도 그저 쇠 귀에 경 읽기로 끝나게 될까? 수많은 교회들이 그처럼 심각하게 돈에 의존한다는 사실은, 우리 그리스도인들이 하나님의 내주하시는 능력을 보고자 약함을 택할 수 있는 능력이 없음을 보여준다. 2/3 세계의 그리스도인들은 하나님이 채우시는 기적("표적과 기사!")을 본다. 이는 북미 사람들이 영리한 청지기들로 교묘한 수법과 기부금 세금 감면만 생각하고 살아가는 동안에는 결코 보지 못할 기적이다.

도시 외곽의 부자 교회들이 도심지의 가난한 교회들과 재정을 비롯해 다른 모든 자원들을 공유하며 협력할 수 있을까? 그렇게 할 수만 있다면, 부자 교회들은 자신들의 약함을 알게 되고, 가난한 형제자매들로부터 엄청난 선물을 받을 수 있을 것이다. 제1세계의 교회들이 그들의 지체들에게 생활 속에서 돈을 신성화하려는 데서 벗어나 세계 경제의 재분배를 위해 일하라고 촉구할 수 있을까? 우리는 다국적 기업에서 일하는 우리 지체들에게 가난한 나라 사람들을 착취하는 관행들을 멈추라고 예언자적으로 도전할 수 있을까? 우리의 공동체적인 삶과 지체들 개인의 삶에서 맘몬의 실체를 폭로하고 그 권세를 무장해제하고 정복할 수 있으려면, 어떻게 우리의 교회 예산을 근본적으로 새롭게 재편성할 수 있을까?

「하나님이냐 돈이냐」(Money and Power)에서 자크 엘룰은 자신의 탁월한 통찰력으로, 우리가 너무 부하거나 (그래서 우리가 부를 축적하거나), 또는 너무 가난하거나(그래서 결과적으로 탐욕을 품거나), 심지어 우리가 적당한 만큼만 소유할 때에도(그래서 희생적인, 관대한 삶을 살지 않으면서도 훌륭한 청지기라고 스스로 생각하거나) 그 모두 맘몬이 신이 될 수 있다고 말한다. 모든 권세들이 미묘한 모습으로 우리를 속여서 우리가 그 유혹을 벗어나 안전한 곳에 있다고 자부하게 하거나, 우리가 소명의 적절한 범위를 벗어나지 않았다고 믿게 만들 수 있다. 이것이 우리가 이번 장에서 계속해서 질문을 던지는 이유다. 우리가 자신의 힘으로 교회(Church)가 될 수 있다거나, (숫자나 돈과 같은) 어떤 성공의 지표가 우리의 신실함에 대한 신뢰할 만한 기준이 될 수 있다고 속삭이는 권세들에 굴복하지 않으려는 것이다.

나는 최근 경제적 문제에서(우리가 신실한 기도와 깊은 묵상과 진지한 문화 분석에 기초하여 사고하지 않을 때) 우리가 얼마나 쉽게 잘못된 방향으로 나갈 수 있는지를 새롭게 깨달았다. 「애틀랜틱 먼슬리」(Atlantic Monthly)는 지구 온난화를 막기 위해 가난한 나라들에게 오염이나 온실가스 배출에 좀 더 엄격한 기준을 요구하는 부자 나라들의 교만을 폭로하는 몇 개의 기사를 실었다. 다니엘 사레위츠(Daniel Sarewitz, 컬럼비아 대학의 과학, 정책, 성과 연구소 연구 교수)와 로저 필키(Roger Pielke Jr., 미국 대기연구소 환경과 사회 영향 분과 소속 과학자)는 '지구 온난화 논의의 정체 상태를 벗어나자'라는 글에서 "[우리에게 주어진] 절대적인 도덕적 요구는 인류의 환경 파괴를 막는 것이 아니라, 사람들을 환경 파괴적인 방식으로 행동하도록 이끄는 사회적·정치적 조건들을 개선하는 것"이라고 주장한다. 그들은 1997년 교토 당사국 총회(이 회의에서 온실가스 배출에 일차적으로 책임이 있는 38개 선진국이 온실가스 감축에 관한 구체적인 계획과 실천 방안에 관해 협약을 체결했다. 이때 발표된 교토의정서를 2006년 8월말 현재 164개국이 비준했다. 개발도상국은 2008년 이후 점진적으로 온실가스 감축에 책임을 지게 된다—옮긴이) 기간에 발간된 「차이나 데일리」(*China Daily*) 기사를 인용했다.

> 미국과…… 다른 나라들은 개발도상국들도 온실가스 배출량을 줄이기로 약속해야만 한다는…… 무책임한 요구를 했다. 개발도상국으로서 중국은 가난에 찌든 6천만 명의 인구가 있고, 중국의 1인당 가스 배출량은 선진국 평균 수준의 1/7밖에 되지 않는다. 가난을 몰아내고 경제를 발전시키는 것은 아직도 중국 정부의 첫 번째 과제다.[55]

마찬가지로, 윌리엄 롱가비셔(William Langewiesche)는 환경운동가들, 특히 그린피스(Greenpeace)가 '선박해체 노동자들'(shipbreakers)을 비난하는 것에 대해 그들의 도덕적 교만을 비판한다. '선박해체 노동자들'은 특히 인도, 파키스탄, 방글라데시 지역에서 매년 약 700대의 거대한 상선들을 해체하는 일을 하는 사람들이다. 롱가비셔는 이렇게 말한다.

> 나가르세트(선박해체 산업의 지도자들 중 한 명)는 내가 그 나라를 이해할 때, 컴퓨터 산업, 유명 소설가, 심지어는 군사적 역량을 떠올리며 어떤 냉담한 태도로 이해할까봐 염려하는 것 같았다. 그는 내가 인도를 알랑(선박해체 산업의 중심 도시)과 직접 연결된 곳, 곧 가난의 홍수에 빠져 죽어가는 나라로 보기를 바랐다. 그래서 그는 선박해체에 관해 더 말하지 않고, 나에게

봄베이를 둘러보게 하려고 했다. 그는 나를 세계 최대라고 일컬어지는 봄베이의 빈민촌으로 인도했다. 그리고 그는 나를 다시 그 도시의 중심으로 데리고 갔다. 도심지로 가는 수 킬로미터에 이르는 도로는 지옥을 통과하는 것 같았다. 농부들은 길가에 다닥다닥 늘어선 종이박스나 판잣집 속에 살고 있었고, 벌거벗은 아이들이 자동차의 시퍼런 배기가스를 마시며 마치 죽음을 기다리는 것처럼 맥 빠진 얼굴로 앉아 있었다. 나가르세트가 말했다. "이것이 보입니까? 이것이 보입니까? 알랑에 가게 되면 이 장면을 꼭 기억해야 합니다."[56]

나중에 선박해체 공장 관리인의 조카 한 명이 그에게 "험악한 목소리로 말했다. '환경운동가들에게 가서 굶어 죽는 게 좋을지 환경오염으로 죽는 게 좋을지 물어보시죠!'" 롱가비셔가 "그들은 당신이 그 둘 중 하나만을 선택해야 할 필요가 없다고 합니다"라고 말하자, 그 조카는 간단히 대답했다. "멍청한 놈들." 롱기비셔는 결론을 내린다. "일링과 같은 곳에서는 이 사람의 말이 맞을지도 모른다"(46). 그는 논문 도입부에서 자신의 집중적인 연구의 결론을 다음과 같이 요약한다.

인도의 알랑에는 기름으로 오염되고 연기가 자욱이 오르는 약 10킬로미터 길이의 해변이 있다. 그 해변에서 4만 명의 남자가 온 세계의 버려진 배의 절반을 찢어내는 일을 한다. 배들은 하나하나가 독성물질을 가득 담은 깡통이다. 서구의 환경운동가들은 분노한다. 선박해체 노동자들은 물론 그들이 간섭하지 말기를 바란다. 아마도 이들이 옳은 것 같다(31).

굶어 죽는 것과 오염으로 죽는 것 사이에서 선택해야만 하는 상황이 벌어지지 않도록 하나님의 선물을 다른 방식으로 공급하는 것이 예수님을 따르는 자들, 곧 교회인 우리의 책임이 아닐까?

진 베트케 엘슈테인(Jean Bethke Elshtain)은 이렇게 단언한다. "기독교 신학자들이 가장 먼저 던져야 할 질문은 이것이다. 우리가 우리를 향한 하나님의 경륜을 믿으며, 또 물질적인 재화(財貨)를 벌어들이고 사용하는 것이 불가피한 일이라면, 물질적 재화에 대한 우리의 태도는 어떻게 그 하나님의 경륜을 반영할 수 있는가?"[57] 예를 들어, 만일 우리가 하나님의 경륜과 가난한 자들에 대한 하나님의 관심을 우리 교회에서 치러지는 결혼식에 적용한다면 어떤 결과가 일어날 것인가?

나는 감히 교회에서 치러지는 결혼식의 평균 비용이 얼마일지 추측하려고 하지 않겠지만(웨딩드레스에만 수백만 원을 쓰는 것이 특별한 일도 아니다), 그러나 세상 한편에서 사람들이 굶주림을 경험하고 있을 때 이렇게 지출되는 돈이 진정한 교제나 하나님의 명령과 조화를 이룰 수 있을까? 가까운 곳에 있는 내가 아는 한 교회의 목사는 결혼하려는 커플들에게 결혼식 비용의 10분의 1을 선교를 위해 헌금하라고 제안했다. 훌륭한 제안이라고 생각한다.

우리는 약혼한 커플들에게 결혼식이 무엇을 의미하며, 어떻게 결혼식이 진행되어야 하며, 정말로 중요한 것이 무엇인지 심각하게 생각해 보라고 좀 더 강력하게 권고할 수 있을까? 어떻게 해야 결혼식을 하나님을 중심에 모신 진정한 예배가 되게 할 수 있을까?

내 남편과 나는 '대안적인' 결혼식을 고안했다. 우리 결혼식에서 가장 좋았던 기억은 친구와 가족들이 결혼식 준비에 참여해 준 것이었다. 그들은 천을 골라 주었고, 드레스를 만들 재봉사를 찾아 주었고, 나의 석고붕대를 감은 한쪽 발을 위해 털실로 슬리퍼를 떠 주었고, 나의 목다리를 장미와 리본으로 장식해 주었고, 성경을 봉독해 주었고, 포트럭(potluck: 모이는 사람들이 조금씩 음식을 준비해 오는 모임-옮긴이) 리셉션을 위해 음식을 가져오고 나누어 주는 봉사를 해주었고, 예식 순서지를 만들어 복사해 주었고, 예배를 위해 음악을 맡아 주었다. 그것은 우리에게는 더 없는 행복이었다. 혼란은 전혀 없었고, 음악이 흐르는 가운데 많은 교제가 있었고, 함께 음식을 나누었고, 예배의 큰 기쁨을 맛보았다! 우리는 하객들에게 축의금과 선물 대신 가난한 사람들을 위한 헌금을 준비해 달라고 요청했는데(우리 두 사람은 모두 중년이었으므로 살림살이는 다 갖추고 있었다), 상당한 금액을 지역의 노숙자 쉼터에 전달할 수 있었다.

우리 문화 전체는 성공을 중심으로 구성되어 있고, 그 성공은 대부분 돈으로 정의된다. 리더들은 자기 자아를 끌어올려 줄 결과만을 찾으며, 사람들은 마케팅적 사고로 결과에 대한 수치만 놓고 모든 일을 평가한다. 이런 특징들이 거의 보편화된 분위기에서 목사들은 어떻게 이런 문화의 맹공격과 폭력으로부터 살아남을 수 있는가? 우리는 어떻게 교회들이 그런 평가 기준들에 대해 면역이 생기게 할 수 있는가? 우리는 어떻게 이런 권세들의 유혹을 피할 수 있는 성품을 계발할 수 있는가? 사역은, 그리고 교회(Church)가 되는 것은, 우리 성품의 모든 부분을 시험대에 올려놓는다. 경제적 재분배는 이런 힘에 반작용할 수 있는 한 방법이다.

7. 예배

초기 그리스도인들은 각 가정에서 기쁨으로 음식을 나누었을 뿐 아니라, 정기적으로 성전에 모여 예배하는 것을 즐거워했다. 그런데 오늘날 교회는 어떻게 해서 예배를 '양떼 훔치기'나 다른 교회들과의 숫자 경쟁의 수단으로 변질시켜 버렸을까? 만일 우리가 진정한 예배를 통해 유일하고 참되신 하나님을 인식함으로써 다른 정사와 권세를 물리칠 수 있게 되었다면, 예배에 관한 우리의 대화나 실천은 왜 그렇게 많은 우상으로 채워져 있는 것일까?

우리는 예수님이 성전 예배가 아니라 성전 예배의 변질에 대해 반대하셨음을 기억해야만 한다. 그는 예루살렘을 향한 사랑으로 눈물을 흘리셨고, 예루살렘이 하나님을 찬양하고 인간의 삶을 위해 봉사하기를 간절히 바라셨다. 예수님이 오늘날의 종교적 태도들에 대해 얼마나 크게 슬퍼하시겠는가? 이것은 티모시 새비지가 바울 서신이 기록된 때의 고린도 교인들의 태도에 대해 말한 것과 아주 유사하다.

> 고린도 교회 사람들은…… 사회적 신분으로 자기를 과시하는 것과 개인적인 능력을 자랑하는 것에 더 높은 가치를 부여했다. 마찬가지로 그들은 성공한 사람을 존경하고 탁월한 자들을 우러러보는 쪽으로, 그리고 가난하고 보잘것없는 사람들을 조롱하는 쪽으로 좀 더 기울어져 있었다. 고린도 교회 사람들은 서로를 평가하면서 자신이 소유한 것과 동일한 가치의 상징들(재산, 설득력 있는 웅변술, 남을 무시하는 행동, 꼿꼿이 치켜든 머리, 그 외에도 무엇이든 자신을 이웃보다 더 높여 주는 것)을 상대편 속에서 찾으려고 했다. 이와 같은 가치들이 그들의 종교 이해에도 영향을 끼쳤다. 그들은 자기가 섬기는 신들이 어떤 존재이며, 종교의식이 무엇을 가르치는지 중요하게 생각하지 않았다. 중요한 것은 오로지 그들의 필요가 채워지고 있는지의 여부였다.[58]

나는 이미 예배에 관한 나의 두 책에서 예배와 관련하여 교회들이 다른 권세들(맘몬, 기술, 정치, 종교성)에 의해 쓰러지고, 다른 신들(형식, 성공, 특권, '성장')에게 굴복하는 여러 가지 방식들을 광범위하게 논의했으므로,[59] 여기서 많은 내용을 첨가할 필요는 없다. 물론, 성공이나 성장은 그 자체로 잘못된 것은 아니다. 그러나 이 목표들이 적절한 한계를 벗어나서 신들이(타락한 권세들이) 되고, 그것들이 우리로 하여금 우리의 약함(이를 통해 하나님의 능력이 내주하는)을 아는 대신 우리 자신과 우리의 전략을 신뢰하게 만들 때 문제가 생긴다.

더 나아가, 이 장의 내용을 통해 기독교 공동체의 삶의 모든 측면이 예배와 나선적인 원인 결과의 변증법으로 긴밀하게 얽혀 있음이 분명해졌을 것이다. 예를 들어, 맘몬은 하나의 신이 되어 예배를 방해한다(이를테면, 사람들이 하나님보다 자기가 입은 옷이나 다른 사람에게 주는 인상에 더 신경을 쏠 때). 그 결과 예배가 경제적 재분배를 통해 살아가는 공동체를 형성하는 힘을 발휘하지 못하며, 맘몬의 영향을 받은 각 지체와 공동체는 점점 더 부패하게 된다.

그럼에도 나는 내가 다른 곳에서 제시한 요점을 강화하기 위해, 한 호주인의 관점을 인용하며 약간 덧붙이고자 한다. '타락한 권세들'이 예배와 관련된 결정에 영향을 주는 사례 중에 어휘의 왜곡 때문에 우리가 비성경적인 선택을 하게 되는 문제가 있다. 다음의 발췌문에서 사회비평가 휴 매케이는 교회들이 고려해야만 할 현명한 지적을 한다.

> 이렇게 생각한다면, 우리가 항상 기계와 사람의 차이를 잊지 말아야 함이 (또 우리 자녀들에게도 반드시 가르쳐야만 하는 것이) 분명해진다. 그 첫걸음으로서 우리는 '사용자에게 친절한'(user-friendly)이라는 말을 우리의 사전에서 완전히 삭제해야 한다! 기계는 사용하기가 쉬울 수도 있고 어려울 수도 있다. 하지만 친절하거나 불친절할 수는 없다. 기계는 빠르고 정확하고 편리하다. 그러나 그것은 용기나 성숙함이나 신뢰성이나 도덕적 민감성과 같은 성질을 갖지는 않는다. 기계는 인내하거나 관대하거나 포용적이지 않다. 사람만이 그런 특성을 소유하며, 바로 그런 특성이 인간 의사소통의 전 과정의 근본이다.[60]

교회는 종종 찬송가책, 예전(liturgies), 상징, 예배의 관습들을 '사용자에게 친절하지' 않다는 이유로 폐기처분한다. 하지만 문제는 생명 없는 물건이 아니라 사람이다!

진정한 환대를 베풀지 않는 것이 문제이며, 이웃을 향해 증인이 되지 못하고 사랑을 베풀지 못하는 것이 문제이다. 「고귀한 시간 낭비」(*A Royal Waste of Time*)에서 나는 몇 개의 장을 할애하여 이 문제를 다루었다. 간단히 요약하자면, 우리가 진정한 문제가 무엇인지 분별하지 않고, 우리의 교회를 인기 있고 '매력적인'(이것 또한 거짓 신이다) 교회로 만들려고 임시변통 기술(Technique)만 적용하고 있는 것은, 타락한 권세들이 작용한 결과이다. 공중 예배의 의미는 공동체가 함께 하나님을 찬양하는 것이지, 개인적인 안락함이나 욕구를 충족시키는 것이 아니다. 우리의 교회가 그러한 자기 중심성을 위해 봉사할 때, 우리는 진정한 소명을 따라 행할 수 없다. 그리고 보통 우리가 그렇게 하는 이유는 성공하고자 하는 욕구 때문이며, 더 많은 사람들을 모으려는 것이다(이것도 역시 신실한 자로서가 아니라 타락한 권세로서 행동하는 것이다). 그러나 약함은 더 힘든 길을 선택한다. 그 길은 곧 예배를 통해 신자들이 하나님께 초점을 맞출 수 있도록 돕고, 신자들의 선한 성품을 계발하며, 우리 자신이 아니라 (약함 안에서) 하나님의 내주를 드러내는 공동체를 길러 내는 길이다.

이 모든 것은 나의 주의를 사로잡은 휴 매케이의 또 다른 비평과 관련이 있다. 그는 '로이스와 클라크'라는 텔레비전 시리즈가 죽어 버린 예를 언급한다.

시장조사가 승리했다. 시청자들에게 그들이 원한다고 말하는 것을 주라. (그것은 거의 언제나 그들이 실제로 원하는 것과는 아주 다른 것이다.) 그래서 로이스와 슈퍼맨 클라크가 결혼을 하도록 결정이 내려졌다. 그 결과, (정말로 말할 필요가 있을까?) 그 프로그램의 인기는 폭락했고, 잠시 후 그 시리즈물은 미국 ABC 네트워크에서 사라졌다(133).

왜 교회는 사람들이 정말로 필요한 것이 아니라 사람들이 원한다고 말하는 것을 주려 하는가? 마찬가지로,

> 최근의 정치에서는 아주 추악한 발전이 이루어졌다. 리더십을 대치하는 것으로서 여론조사가 등장한 것이다. 여론조사여, 사람들이 듣고 싶은 것이 무엇인지 내게 말하라. 내가 그것을 말하리라. 여론조사여, 내가 어디까지 갈 수 있는지 말하라. 나는 거기까지만 가겠노라. 여론조사여, 어떻게 인기를 끌 수 있는지 말하라. 나는 그 모든 것이 되겠노라(134).

똑같은 추한 발전이 예배에 대한 논의도 지배하고 있다(여론조사가 특히 선거가 있는 해에 더욱 정치를 지배하는 것처럼). 여론조사는 진정한 신학적·음악적 리더십을 대치해 버렸다. 언제쯤 되어야 우리는 가장 새롭고 가장 인기 있는 것이(오래된 것도 마찬가지다) 항상 영원한 것이나 선한 성품을 형성하는 것이 아님을, 그리고 모든 사람들의 진정한 찬양과 우리의 최선의 예물과 희생적인 봉헌을 담을 수 있는 가장 좋은 그릇이 아님을 깨닫게 될 것인가?

개인적 의견들이 곧 하나님은 아니다. 교회를 '성장'시키는 것이 곧 하나님은 아니다. 카리스마적인 목회자와 매력적인 찬양 인도자가 하나님은 아니다. 교회 건물이 하나님은 아니다. 예배 형식과 음악 스타일이 하나님은 아니다. 숫자가 하나님은 아니다. 교육 프로그램이 하나님은 아니다. 봉사 프로젝트나 여선교회나 중고등부나 당회나 헌금 작정이 하나님은 아니다. 이 모든 것의 소명은 삼위일체 하나님의 절대적 주권과 긍휼과 자비와

능력을 찬양하는 것이다. 위의 모든 것이 각각의 소명으로부터 멀어지면, 우상이 되고 타락한 권세로서 작용한다.

사람들은 "그러나 우리가 새로운 음악을 사용하지 않으면(또는 다른 무엇이 우상이 되지 않으면) 교인 수가 줄어들 겁니다"라고 말할 수 있다. 그래서 어떻다는 말인가? 문제의 본질은 숫자의 유지가 아니다. 문제는 무슨 이유로 숫자가 감소하는가이다. 환대의 부족, 초점의 상실, 교회의 진정한 소명의 거부, 그리스도의 임재를 드러내지 못하는 것이 이유는 아닌가? 물론 우리는 새로운 음악을 사용해야 한다. 그러나 그것은 (종종 그러하듯이!) 하나님을 더 제대로 찬양하기 위해서라야 한다.

도전

휴 매케이의 또 한 가지 관찰은 나를 크게 근심하게 하면서도 또한 열정을 품게 한다. '영성인가…… 스포츠인가'라는 장에서 그는 이렇게 말한다. "호주인들의 의심과 불확실성의 넓이와 깊이를 보건대, 지금은 신앙과 종교적 실천의 부흥을 위해 때가 무르익은 것처럼 보일 수도 있다. 그러나 여러 표지들은 그 방향을 가리키는 것 같지 않다"(219). 세상의 대부분 부자 나라들은 부흥이 매우 필요하지만, 너무 많은 다른 권세들이 이를 가로막고 있다. 주위에 만연한 주관주의가 우리에게 든든한 교리적 토대가 필요함을 인식하지 못하게 만들고, 넘쳐나는 성적인 쾌락과 인터넷상의 다양한 관계들이 우리에게 진정한 교제가 필요함을 망각하게 만든다. 검소한 빵과 포도주의 잔치를 즐기기에는 너무도 많은 호화로움이 있고, 기도에 몰입하기에는 너무도 많은 정치적 술수가 유행한다. 눈이 부시게 하는 수많은 다양한 기술, 가지고 또 가져도 끝이 없는 맘몬의 유혹, 그 외에도 너무 많은 다른 신들이 있어서 우리로 하여금 십자가에 못 박힌 그리스도를 경배하는 데 시간을 낭비하지 못하게 만든다. 한마디로, 사람들로 하여금, 자신이 무엇보다도 갈망하는 것이 하나님을 경배하는 것이며, 약함을 선택함으로써 하나님의 내주를 경험하는 것임을 깨닫지 못하게 하려는 권세들이 우리 주위에 너무도 많다.

우리는 무엇을 해야만 하는가? 나는 이 장을 통해 이 질문에 대한 대답이 힘의(권세의) 기술에 의존하는 것이 아님을 당신이 확신할 수 있기를 기도한다. 우리가 1장에서 언급한 적이 있는 요한 크리스토프 블룸하르트(1805-1880년)는 다른 가능성을 제시한다.

독일 뫼틀링겐에서(그 전에 이곳의 회중은 심각한 영적인 무기력증에 빠져 있었다) 영적인 각성의 분위기가 온 마을 주민들에게 충분히 영향을 끼치고 잦아들기 시작할 때, 블룸하르트는 자신이 관찰한 바를 이렇게 기록했다.

> 인간 본성의 수많은 약함(사람들은 약함을 별로 중요하게 생각하지 않지만, 우리 기독교가 그저 파편들의 모음이 아니라면 이 약함은 아주 깊은 의미가 있다)이 나에게 분명하게 드러났다. 나는 그런 약함들을 먼저 내 안에서 발견했고, 내면의 이끌림을 따라 그것들을 나의 한 동료에게 고백했다. 나는 나의 모자람, 실수, 어리석음, 나쁜 습관들이 나를 겸손하게 만드는 것을 느꼈다. 그리고 그 이후로 나는 우리 교인들과 나란히 같은 벤치에 앉게 되었다. 나는 나의 실패들을 그들 앞에 고백했는데, 그 결과로 새로운 회개와 겸손의 운동이 일어났다. 다시 한번 우리 교인들은 스스로 자신의 영혼을 살폈고, 대부분은 다시 나를 찾아왔다.

권터 크뤼거의 소개말은 계속해서 다음과 같이 말한다.

특히 오늘날처럼 죽어 가는 교회들을 어떻게 다시 살릴 것인지에 관한 이론들이 넘쳐나는 시대에 우리는, 블룸하르트가 그런 전략들을 알지 못했다는 점을 인식해야만 한다. 그는 교회의 재건을 위해 온 힘을 다해 일했지만, 언제나 그가 종사하는 건축의 총감독이 하나님이시라고 말했다. 그는 또한 오늘날 영적인 갱신에 관한 논의에서 거의 언급되지 않는 무엇인가를 관찰했다. 그것은 존경스럽고 진지한 헌신의 삶을 살면서도 어둠의 힘들에 의해 영향을 받거나 심지어 매여 있는 신자가 있다는 사실이다. 과거를 회고하면서 그는, 이런 힘들이 그의 교회가 갱신되는 것을 막는 최대의 장애물이었다고 지적했다. 사탄의 권세의 실체가 인식되고 폭로되고 구석구석마다 제거되지 않는 한, 교회를 덮은 숨 막히는 영적인 안개는 걷히지 않는다.

현대 지성인들은 사탄의 힘을 부인하거나 무시하는 경향이 있다. 사탄이 특정한 개인들을 사로잡는 능력에 대해서는 말할 것도 없다. 블룸하르트는 이런 회의주의가 악의 실재를 사소한 것으로 여기게 만든다고 느꼈다. 그는 모든 사람에게 각자가 싸워야 할 마귀들이 있으며, 모든 사람이 어떤 식으로든 악의 권세에 영향을 받고 있다고 주장했다…….

블룸하르트는 하나님 나라를 하나님을 대적하는 모든 힘들이 추방된 나라로 보았고, 이 악한 힘들의 추방은 '이 세상 임금'에 대한 공격적인 전투를 통해 성취된다고 생각했다. 블룸하르트는 교회가 이 공격의 한 부분을 맡아야 하며, 이 싸움을 성공적으로 싸우기 위해서는 거룩한 권위를 의지해야만 한다고 말했다.

만일 블룸하르트가 옳다면, 당연히 그리스도인의 삶은 전쟁의 성격을 띠어야만 한다. 오늘날 교회는 그저 귀신들린 한 여인(블룸하르트가 돌보던 신자 고트리벤)을 대면하고 있는 것이 아니고, 아주 다양한 영역(정치, 기술, 경제, 학문, 종교, 예술 등)에서 마귀들에 의해 오염되고 짓밟힌 세상을 앞에 두고 있다. 우리가 이런 마귀들을 인식하고 정체를 규명하지 않는다면, 그들의 영향력 아래 있는 영역들은 하나님의 뜻을 위해 봉사할 수 없다.

그렇다면 예수를 따르는 사람들에게 주어진 도전은 모든 영적인 평화주의, 곧 개인주의적이고 자기 중심적인 사적인 경건을 떠나는 것이다. 그것은 군사로 나서서 이 전투의 최전선에 서는 것을 의미한다.[61]

이것은 우리 시대에 매우 적실한 증언이다. 블룸하르트가 악의 권세들을 다루면서 호기심을 자제한 것, 목회적 돌봄으로 채워 주어야 할 수천 가지의 필요들을 인식한 것, '비참한 상태'에 있는 그리스도인의 삶을 변화시키고자 열망한 것, 성령을 새롭게 부어주시기를 간구하며 뜨겁게 기도한 것, 이 모든 것들이 오늘날 우리에게도 필요하다.

교회가 된다는 것은 우리의 문화적 환경에 속한 가치들과 권세들에 휩쓸리지 않고자 저항하는 것이다. 또 한편으로 기독교 공동체의 역할은 이 문화 속에 없는 것, 곧 그리스도의 내주를 공급하는 것이다. 복음 선포의 오직 한 가지 의미는, 다른 사람들로 하여금 그들을 위해 예수 그리스도 안에 예비된 은혜를 알게 하는 것이다. 그러나 이 일은 하나님의 백성이 먼저 그들 자신의 힘으로 일하기를 포기하고, 우리의 약함 속에 임하는 하나님의 내주를 받아들일 때에만 일어날 수 있다.

이 장 대부분의 내용을 요약하자면, 교회가 자신이 지닌 십자가 신학을 망각하고 세상의 방법론을 받아들이지 말고, 권세와의 관계에서 자신의 고유한 역할을 기억하라는 경고라고 말할 수 있다. 우리는 헬라어 단어 '메토디아'(*methodia*)가 신약성경에 단 두 번만 사용되며(엡 4:14; 6:11 개역개정판은 4:14에서는 이 단어를 번역하지 않았고, 6:11에서는 '간계'로 번역했다ㅡ옮긴이), 두 번 모두 부정적인 의미로 사용되었음을 항상 기억해야 한다. 그 사실을 발견한 뒤로 나는 나의 '방법론'(methods)이 하나님의 것인지 아니면 타락한 권세의 것인지 항상 조심스럽게 질문하게 되었다. G. B. 캐어드가 강조한 것처럼, 교회가 권세들과 관련하여 자신의 과업을 성취해 나갈 때, 본래는 거룩하게 지음받은 권위들이 악의 도구로 전락했다는 사실을 반드시 기억해야만 한다. 악이 "국가의 활동이나 양심의 훈련이나 자연적인 과정 같은 것에 의해" 제거될 수 있다고 생각하는 것은 "사탄에게 사탄을 쫓아내라고 부탁하는 것이다." 권세가 그 자신의 폭압적인 영향력을 박탈당하고 하나님께 복종하는 적절한 위치로 돌아오는 것은 "오직 십자가 안에서만" 가능한 일이다.[62]

나는 이 장을 마치며, 지난번처럼 좀 더 깊이 묵상할 수 있는 경건한 발췌문을 실었다. 이 장의 모든 주제들(권세의 유혹, 우리의 약함과 하나님 내주의 가능성, 그리스도의 약함, 그리스도의 영을 의지한 기독교 공동체의 삶)이 다음에 소개하는 브라이언 렌(Brian Wren)이 지은 찬송 가사와, 정교회 작가인 러시아인 세르게이 푸델(Sergei Fudel, 1901-1977년)의 글에 모두 담겨 있다.

"위대하신 하나님, 당신의 사랑이 우리를 여기 부르셨나이다"

위대하신 하나님, 당신의 사랑이 우리를 여기 부르셨나이다.
　우리를 사랑으로 지으셨고, 사랑을 위해 지으셨나이다.
　　비록 더럽히고 소홀히 여기고 불순종하였지만
　　당신의 살아 있는 형상을 우리가 아직 가졌습니다.
　　　우리는 마음과 생각을 다하여 나아옵니다.
위대하신 당신 부름을 듣고자, 당신의 사랑을 찾고자 나아옵니다.

우리는 스스로 고통을 더하였나이다. 신뢰를 깨뜨리고 악을 택했고
　자유로우나 내면의 사슬로 속박되었고 사회의 힘에 휩쓸렸으며

권세와 체제 안에 갇혀 있지만 이제 인류를 위한 소망을 찾으옵니다.

위대하신 하나님, 그리스도 안에서 당신은 우리 이름을 부르시고
우리를 당신의 자녀로 영접하십니다.
어떤 자격이나 의로움이나 권리 때문이 아니라
오로지 당신의 은혜로운 사랑 때문입니다.
우리는 당신의 은혜 보좌를 두려움으로 바라보다가
당신이 우리 발 앞에 무릎 꿇으심을 봅니다.

그리고 수건을 드시고 빵을 떼어 주시며
우리를 겸손케 하시고 친구라 부르십니다.
고난 당하시고 모두를 배부르게 먹이시고
사랑의 위대한 계획을 보여주십니다.
모든 피조물이 노래할 때까지, 사랑이 온 세상을 채울 때까지,
당신은 모든 것들을 영화롭게 하시옵니다.

위대하신 하나님, 그리스도 안에서 우리를 자유롭게 하셔서
당신 생명으로 살게 하셨고 당신 기쁨을 누리게 하셨나이다.
당신의 영의 자유를 우리에게 주셔서
죄책감과 캄캄한 절망에서 돌아서게 하시며
만물을 새롭게 하시는 당신 사랑을 힘입어
믿음이 행할 수 있는 모든 것을 드리게 하시옵소서.[63]

재의 수요일 다음 날을 위한 독서

그리스도의 교회는 불멸하는 생명을 지녔지만, 교회(Church)의 울타리 안에도 악은 언제나 존재해 왔다. 우리는 "나와 함께 그릇에 손을 넣는 그가 나를 팔리라" 하신 말씀을 언제나 기억하면서, 눈을 크게 뜨고 이 사실을 직면해야 한다. 성 크리소스톰은 그가 섬기던 교회의 영적인 질병을 인식하는 것과, 그것을 지적하여 말하는 것을 두려워하지 않았다. 크론슈타트의 요한(John of Kronstadt)은 이렇게 말했다. "당신이 죽이는 영을 인식할 줄 모른다면, 생명을 주시는 성령님을 알 수 없을 것이다. 오직 선과 악, 생명과 죽음의 대조를 통해서만 우리는 그 둘을 모두 이해할 수 있다." 그리고 바로 지금, 우리 교회(Church)가 살아가는 이 시대는 그리스도인들이 생명과 죽음 두 가지 모두를 명확하게 이해하는 것이 특별히 중요한 시대다.

발렌타인 스벤티티스키(Valentine Sventitsky) 신부는 여러 면에서 전형적인 러시아인이었고 결혼한 사제였다. 그러나 그는 또한 쉬지 않는 기도를 가르친 참된 선생이었다. 일찍이 1925년부터 모스크바 한가운데서 그는 지속적인 영성훈련을 촉구하는 설교를 했다. 그는 신앙을 변호하는 일도 했지만, 그의 가장 위대한 메시지는 이런 쉬지 않는 기도와, 불타오르는 영혼의 삶을 촉구한 것이다. 그는 늘 이런 말을 하곤 했다. "기도는 세상 속에 있는 우리의 수도원을 보호하는 성벽이다."

그는 교회 안에 있는 죄의 문제를 언급한 후에 이렇게 말했다. "교회(the Church) 내부의 죄는 교회의 죄가 아니라 교회를 공격하는 죄다." 우리가 교회 안에서 도덕적 태만을 보았기 때문에 교회로부터 떨어져 나가는 것은 신앙적으로 어리석은 일이며, 우리가 깊이 생각하는 능력이 부족함을 보여주는 것이다. 우리가 교회의 대문 안에서 보는 잘못되고 왜곡되고 불순한 것은 교회가 아니다. 우리는 그런 것에 물들지 않으려고 교회의 울타리를 떠날 필요가 없다. 그저 악한 일에 참여하기를 거절하면 된다. 그러면 "깨끗한 자에게는 모든 것이 깨끗하다"(딛 1:15)라는 말씀이 이루어질 것이다.[64]

4장_ 그러면 교회는 어떤 모습이 되어야 하는가?

우리는 주어진 한계를 벗어나서 타락한 권세들이 곳곳에 얼마나 널리 퍼져 있는지 살펴보았다(1장). 또 우리는 성경 전체를 관통하는 뚜렷하고 일관된 그림을 살펴봄으로써, 교회(the Church)가 자신의 능력으로 행하지 않고 약함 안에서 하나님의 내주를 힘입어 살아야 함을 발견했다(2장). 그리고 우리는 교회들이 성경적인 방향을 벗어나 다른 비전을 따라 다른 방법을 사용하며 다른 권세를 의지하여 움직이는 다양한 모습을 보았다(3장). 이 모든 내용에 비추어 볼 때, 다음과 같은 여러 가지 질문들이 생겨난다(비록 이 장에서 이 질문들을 모두 철저하게 다룰 수는 없지만).

- 삼위일체 하나님이 우리의 약함 속에 내주하신다면, 기독교 공동체가 공동체적으로 드러내야 할 약함은 어떤 모습인가?
- 지역 교회는 자신의 소명에 충실한 하나의 권세로서 약함으로의 부르심을 어떻게 성취할 수 있는가?
- 개인적인 약함은 어떻게 공동체적인 약함에 영향을 끼치는가? 또 역으로 공동체적 약함이 어떻게 개인적인 약함에 영향을 끼치는가?

- 한 교단이 약함 안에서 행하는 것이 가능한가? 한 지역 교회가 그렇게 행하는 것이 정말로 가능한 일인가?
- 우리는 어떻게 해야 약함의 신학을 실천하면서도 수동성, 체념, 냉담함을 피할 수 있는가?
- 타락한 권세들이 그렇게 널리 퍼져 있고, 교회조차 항상 어느 정도는 타락성을 가지고 움직이고 있다면, 과연 우리에게 소망이 있는가? 우리가 권세에 저항하고 그 정체를 폭로하고 맞서 싸우는 것은 무슨 의미가 있는가?

논의를 시작하면서, 우리에게 한 가지 확실한 것은, 미로슬라브 볼프(Miroslav Volf)가 「크리스천 센추리」(*Christian Century*)에 발표한 글에서 말한 것처럼, 우리가 그저 표류하고 있을 수 없다는 점이다. 그는 종교적·정치적으로 보수적인 한 가족이, 사회에 대해서 그리고 또한 많은 그리스도인의 삶에 대해서 "대안 문화를 형성한" 이야기를 소개한다. 요즈음과 같은 시대에는 지난 세대의 정치적 좌파들이 아니라, 이런 사람들이 진정한 '급진주의자'다. 그들을 제외한 우리 나머지 사람들에 대해 볼프는 불평을 토로한다.

우리는 명확한 위치를 향하여 목적을 가지고 걸어가지 못하고, 정함 없이 시류에 따라 이리저리 표류하고 있다. 물론 우리는 우리의 이슈들과 씨름하고 있고, 매우 힘든 난투극을 벌이고 있다. 그러나 그것 때문에 우리는 더욱 문화의 당기는 힘에 저항할 수 없게 된다. 이런 저항은 적실성 있는 대안적인 삶의 방식을 구상하고 구체화하는 과정에서 이루어지는 것이다.[1]

자크 엘룰은 1948년 그의 첫 번째 중요한 신학 저서인 불어판 「세상 속의 그리스도인」(*The Presence of the Kingdom*)에서 볼프와 마찬가지로 의도적으로 대안을 추구할 것을 촉구했다. 이 책은 아직도 탁월하게 시의적절한 (그리고 시간을 초월하는) 가르침을 준다. 즉 그는 우리가 하나님의 내주를 우리 안에서, 우리를 통하여 드러내기 위해 약함 안에 머무르는 교회가 되어야 한다고 말한다. 그 책의 두 번째 문단에서 엘룰은 우리에게 그리스도인이 세상 안에 있지만 세상에 속하지 않은 존재가 되어야 함을 상기시킨다(우리는 이것을 항상 다시 기억할 필요가 있다). 엘룰은 이렇게 말한다.

이것은 그의 생각, 그의 삶, 그의 마음이 세상의 통제를 받지 않고, 세상에 의존하지 않는 것을 의미한다. 그는 다른 주인을 섬기고 있기 때문이다. 그리스도인이 다른 주인을 섬기고 있고, 또 그 주인이 그를 이 세상으로 파송한 것이므로, 그가 들어와 살아야만 하는 이 세상의 악한 방해에도 불구하고 그와 주인과의 사귐이 유지되는 것이다.

그러나 그리스도인과 예수 그리스도와의 사귐은 몇 가지 심각한 의미를 내포하고 있다. 무엇보다도 그는 바로 이 사귐 때문에 그가 대면해야 할 것이 세상의 가시적인 힘들이 아니라 영적인 실체들임을 깨닫는다. 그가 예수 그리스도와의 사귐 안에 있기에 그는 혈과 육이 아닌 "통치자들과 권세들과 이 어둠의 세상 주관자들"에 대항하여 싸워야만 한다. 동시에 그는 이 사귐 때문에 자신이 세상에 속하지 않았고, 죽음을 향해 치닫는 세상의 숙명으로부터 자유로우며, 이 은혜에 의한 해방의 결과로 그가 세상의 영적인 실체들과 싸울 수 있음을 확신할 수 있다. 알기 쉽게 말하면, 그는 세상을 뒤덮고 있는 그 숙명을 깨뜨리라는 부르심을 받았으며, 그는 그것을 할 수 있다.[2]

엘룰은 그리스도인들의 기능을 다음과 같은 세 가지 성경 말씀으로 요약한다.

1. 너는 이 땅의 소금이다.
2. 너는 세상의 빛이다.
3. 내가 너희를 양을 이리 가운데 보냄과 같이 보내노라(9).

그는 레위기 2:13을 인용하며, 소금이 하나님과 이스라엘 사이의 언약의 '표지'(sign)임을 강조한다. 이와 유사하게 그리스도인들은 하나님이 예수 그리스도를 통해 세상과 맺으신 언약의 가시적인 표지가 되어야 한다(9). 빛의 일은 어둠을 제거하는 것이며 선의 기준을 제시하는 것이다. 빛은 또한 "세계사에 대해 의미와 방향을 부여하며, 따라서 세계사를 설명한다"(10). 세 번째 기술인 이리 가운데 있는 양도 또한 그리스도인이 하나님 행위를 상징적으로 드러내는 '표지'임을 의미한다. 모든 그리스도인은,

> 그의 주인과 같은 대접을 받으며, 예수 그리스도로부터 그리스도의 사역의 한 몫을 나누어 받는다. 그는 양이다. 이것은 그의 행위나 그의 희생이 세상을 깨끗하게 하는 효과가 있기 때문이 아니라, 그가 하나님의 어린양의 희생을 가리키는 '표지'이기 때문이다. 그는 세상 한가운데서 계속 새롭게 변화되는 살아 있는 진짜 표지이다. 세상에서는 모든 사람이 '이리'가 되기를 원하며, 아무도 '양'의 역할을 하라고 요구받지 않는다. 그러나 세상은 이 살아 있는 희생의 증인 없이는 살아 있을 수 없다. 그것이 바로 그리스도인들이 영적인 의미의 '이리들'(즉 다른 사람을 지배하려는 사람들)이 되지 않도록 매우 조심해야만 하는 본질적인 이유이다. 그리스도인들은 다른 사람들의 지배를 받아들이고, 날마다 자신의 생명을 희생 제물로 바쳐

야 한다. 이러한 제사는 예수 그리스도의 희생 제사와 연결되어 있다(11).³

엘룰의 이 말은 3장에서 우리가 약함 안에서 성례전, 곧 표지가 되는 것에 관해 발견한 내용을 다시 반복하고 있다. 즉 우리는 교회가 인간의 의견들이 아니라 하나님의 진리를 육화(incarnate)하는, 힘이 아니라 취약함과 용서의 교제 안에서 살아가는, 공동체 안에서 사람들 사이의 모든 권세의 장벽을 무너뜨리는, 함께하는 삶 속에서 우리를 위한 그리스도의 고난을 맛보기 때문에 기쁨으로 고난의 떡을 떼는, 그리스도가 정사와 권세를 정복하신 표지로서 성찬식의 잔치를 거행하는, 정치적 모략 대신에 기도 가운데 인내하며 기도로써 우리가 직면하는 정치적 상황 속에서 하나님의 행동수단들을 분별하는, 우리의 약함 외에 아무것도 자랑하지 않음으로써 하나님의 표적과 기사를 가리키는, 자신의 궁핍함을 알고 자유롭게 되어 맘몬을 탈신성화하고 세계의 경제적 재분배라는 관점을 가지고 자선을 베푸는, 하나님 한 분만 예배함으로 다른 모든 우상과 권세를 폐위시키는 표지가 되어야 함을 배웠다.

우리가 1장에서 지적한 것처럼 그리스도는 십자가 상에서 권세들에 대해 결정적인 승리를 거두셨다. 그러나 권세와의 전투는 당분간 계속되어야만 한다. 그 권세들이 속박에서 풀려나려고 광분하고 있기 때문이다. 이 장에서는 교회가 약함 안에서 에베소서 6장에 기술된 하나님의 전신갑주를 취함으로써 그 싸움에 어떻게 개입할 것인지를 생각해 보자.

우리는 큰 용기를 가지고 기쁜 마음으로 이 전신갑주를 취한다. 그것은 하나님의 전신갑주이기 때문이다. 1944-1945년 패배한 나치가 잠시 네덜란드 사람들을 억압했던 '굶주린 겨울'에 관한 헨드릭 벌코프의 예화가 밝혀 주는 것처럼,⁴ 권세의 객관적인 실재에 변화가 일어났다. 권세들의 통치가 깨어졌고, 그 활동에 한계가 정해졌다. 그러므로 하나님의 무기로 무장한 교회(the Church)는 권세들이 궁극적으로 완전히 정복될 것에 대한 표지와 약속이 된다.

그것은 하나님의 전신갑주이므로 교회(the Church)의 자세는 주변 세상의 자세와 아주 다르다. 자크 엘룰은 이런 자세의 여러 가지 특징을 광범위하게 열거하면서 다음 요소들을 언급했다.

- "교회의 자세는 지금 이미 시작되어 진행되고 있는 미래에 의해서만 결정될 수 있다."[5]
- "교회는 세상의 사건들이나 세상이 주는 자극이 아니라 계시에 근거하여 말하도록 부름받았다"(178).
- 교회는 세상에 대해 영속되는 긴장을 경험할 것이다(178-182).
- "교회와 그리스도인들은 계시, 곧 복음을 자신의 출발점으로 삼아야 한다……. 교회는 자신을 교회 되게 하는 기초 위에 스스로를 세워야 한다. 즉 하나님의 선택과 교회에 맡겨진 계시를 자신의 소중한 보고로 삼아야 한다"(182-183).
- 교회는 당면한 표면적 현상보다 더 큰 문제에 관여해야 하며, 돈이나 기술 등 다양한 권세에 대해 능동적으로 대항하는 존재가 되어야 한다(184-186).
- 그러한 역할 속에서 교회는 진정한 예언자적 사역과(187-190) 화해와(190-198) 도움을 베푸는(198-202) 사역을 실행할 수 있다.
- 목사는 화해시키시는 분(the Reconciler)의 이미지를 지닌다(192).
- "그러나 교회와 그리스도인들은 자신을 계시하신 한 분이신 참 하나님의 증인인 만큼, 사회 속에서 탈신성화와 비신화화를 실행해야 할 엄중한 의무를 지니고 있다"(202-203).
- 모든 신성화를 무자비하게 깨뜨려 버려야 한다. "우리는 일이나 기술이

나 과학이나 생산을 신성하게 여기는 것을 거부해야만 한다. 무엇보다도 이것은 영적인 전쟁의 문제다." 성경은 신화(myths)의 진정한 파괴자이다(204-208).

- 교회의 과업은 닫힌 빗장을 열고 세상이 하나님을 받아들이게 만드는 것이다. 그 이유는 세상이 하나님을 배제하려고 애쓰기 때문이다(280-210).

우리가 취할 자세가 이러하다는 것을 염두에 두고, 이제 에베소서 6장에 진열된 하나님의 무기로 시선을 돌려 보자. 교회의 공동체적인 삶과 그리스도인의 개인적인 삶은 항상 서로 얽혀있고 서로 영향을 끼치고 있으므로, 나는 특정한 사례를 제시할 때 공동체적인 사례와 개인적인 사례를 구별하지 않을 것이다. 때로는 한 지도자의 본보기만으로도 전체 공동체가 영향을 받는다(좋은 본이든 나쁜 본이든, 또는 타락성의 본이든 신실함의 본이든). 하지만, 나는 이 책에서 나의 주된 목표가 교회들이 약함 안에서 하나님의 능력을 나타내는 생명력 있는 공동체가 되도록 돕는 것임을 강조해 둔다.

하나님은 거룩한 전사이시다

논리적인 순서를 따르자면 아마도 3장에서 권세들에 대항하는 것을 논의하면서 에베소서의 전신갑주와 무기들에 관해 이야기하고, 이 장에서 신실한 교회에 대해 논하면서 사도행전 2장의 비전을 들어 설명하는 것이 적절해 보일 수도 있다. 그러나 나는 세 가지 중요한 이유 때문에 그 명백해 보이는 순서를 뒤집었다.

첫째로, 약함을 통해 능력을 얻는 은혜의 역설 안에서 살아가는 것은 아주 실천하기 어려운 변증법이다. 그것은 우리의 사고를 반복해서 재구성

할 것을 요구한다. 그래서 나는 우리가 하나님의 관점을 생각하는 훈련을 할 수 있도록 일반적인 범주들을 자연스럽지 않은 패턴 속에 던져 넣으려고 했다.

둘째로, 성경의 다른 곳에서 약함과 전쟁은 서로 결합되어 있으며 그 둘의 대조는 요점을 선명하게 부각시킨다. 고린도후서에서 바울은 그를 직접 대할 때 그의 행동이 그의 편지들이 보여주는 어조와는 상당히 다르다는 비판에 대해 답하고 있다. 티모시 새비지는 바울의 전략을 이렇게 기술한다.

> 그는 자신의 힘을 과시하는 것으로는 고린도 교인들의 복종을 이끌어 낼 수 없으며, 오히려 그들로 하여금 인간적인 자랑거리를 내세우도록 자극하여 궁극적으로는 그들을 파멸로 이끌게 될 것임을 알았다. 그러므로 그는 사려 깊게도 온유와 부드러움의 영으로 그들에게 다가간다. 그것은 그가 고린도 교인들에게 나아갈 때 담대함이 필요 없었다는 것이 아니다. 그와 반대로 바울은 바로 그런 '약함'을 통하여, 하나님을 아는 지식과 충돌하는 '자기를 높이는 태도'의 견고한 요새를 무너뜨리고 그 권세를 사로잡는 전쟁을 치르겠다는 담대한 의도를 품었던 것이다(10:3-6).[6]

셋째로, 아래에서 자세히 언급하겠지만, 톰 요더 뉴펠드는 하나님의 전신갑주가 우리가 보통 듣는 것처럼 그저 방어 무기가 아니라 공격 무기임을 보여주었는데, 그 덕분에 내 생각의 방향이 완전히 바뀌었다.[7] 이것은 그리스도인들이 좀 더 능동적이고 창조적인 하나님 나라의 행동대원이 되어야 한다는 나의 주장과 완전히 일치한다. 그들은 뒤늦게 반응하는 사람이 아니라 성벽 위의 경계병이다. 상황에 떠밀려 움직이는 자들이 아니라 주도적인 행동대원들이다. 우리 자신의 능력을 잘못 휘두르는 성급한 자들이나 복음의 소명을 망각한 무기력한 자들이 아니라, 하나님의 능력의 역동적인 수용자이며 전달자들이다. 하나님의 무기는 숨기 좋은 안전한 피신처—하비 콕스(Harvey Cox)의 이미지에서, 근본주의자들이 두려움 때문에 마차들을 둥글게 늘어놓고 그 안쪽에 숨는 것과 같은— 가 아니다. 그러나, 다른 한편으로 그 무기는 다양한 전통으로부터 이것저것 모아 붙이는 영성의 '콜라주'를 허용하지도 않는다.[8] 세상으로부터 나와서 문을 걸어잠그거나, 세상이 제공하는 모든 종류의 영성을 조금씩 맛보는 것과 같은 극단적인 태도들 속에서는 하나님의 임재를 찾을 수 없다.

우리가 정사에 대항하고 그것을 무찌를 수 있게 하는 하나님의 임재와 능력을 알려면, 우리는 하나님이 주시는 특정한 장비들을 취하고 활용해야 한다. 우리의 약함 때문에 우리는 권세와 전투를 벌일 수 없고 접전에 참여할 수조차 없다. 우리는 반드시 하나님의 전신갑주, 곧 하나님 자신으로 무장해야 한다. 이 무기에 대한 나의 논점을 지지해 주는 것이 톰 요더 뉴펠드의 성경에 나타난 거룩한 전사 상(像, imagery)에 대한 연구다. 그는 전쟁이 주님께 속한 것임을 더할 나위 없이 분명하게 보여준다.[9]

우리는 교회가 약함을 통해 활동하는 모습을 적극적으로 전신갑주의 이미지를 활용하여 설명하고자 한다. 이러한 설명이 더 큰 유익을 가져다 주려면, 우리는 먼저 (에베소서의 다른 부분들을 살펴봄으로써 알 수 있듯이) 에베소서가 신약성경 중에서도 은혜를 아주 풍부하게 강조하는 책이라는 것을 기억해야 한다. 요더 뉴펠드는 자신의 에베소서 주석에서 이 요점을 간결하게 잘 표현하였다.

교회는 **시간을 구속**(buying out)하면서 종말론적인 순간을 살아간다 (5:16). 그리고 그런 삶은 결국 우주를 치유하기 위한 싸움을 끝까지 밀고 나가는 것을 의미한다……. 과연 교회는 하나님을 배척하지 않는다. 무엇보다도 교회가 하나님의 메시아의 몸이 되는 것(1:23), 하나님의 충만을 소유하는 것(1:23, 3:19), 신자들이 일으킴을 받고 메시아와 함께 하늘에 앉게 되는 것(2:5, 6), 이런 것들이 모두 하나님의 은혜의 결과다(2:8-10). 인간의 자만과 성취는 전적으로 배제된다(2:9).[10]

주님의 능력 안에서 강함

에베소서 6장은 정사와 권세에 대한 싸움을 기술하는 첫 부분에서 은혜에 대한, 하나님의 능력에 대한, 그리고 삼위일체 하나님의 무기 안에 임하는 주님의 내주에 대한 완전한 의존에 대해 말한다. 10절 말씀은 세 개의 다른 헬라어 단어들(*endunamoō, kratos, ischus*: 힘과 관련된 단어들이 세 번 중복된다—옮긴이)을 사용하여 "주 안에서 그의 힘의 능력으로 강건하라"고 요구한다.

그 싸움은 전적으로 하나님께 달렸을 뿐 아니라 또한 악한 권세들의 저항은 우주적이고도 지역적이다. 우리는 이 저항을 일상생활 속에서, 그리고 특히 우리 교회의 공동체적인 삶 속에서 직면하게 된다. 또 하나님의 전신갑주를 입는 것은 그리스도인 개개인의 일이라기보다는 몸으로서의 교회(the Church)의 일이다. 여기서 사용된 '엔뒤나모오'(*endunamoō*) 동사는 2인칭 복수 명령형이므로, 이 명령은 문자적으로는 "여러분 모두 강건하십시오"라는 의미다.

나는 톰 요더 뉴펠드의 주석을 읽기 전까지는 하나님의 무기들로부터 출발하여 (자신의 약함을 기억하는 창조된 권세로서의) 교회의 적극적인 역할을 생각하는 것을 주저했다. 그 주된 이유는, 나는 언제나 전신갑주의 무기들이 검을 제외하고는 모두 방어 무기라고 배웠고 또 그렇게 생각해 왔기 때문이다. 결과적으로 나는 이 은유가 교회 사이에 만연한, 주변 문화에 기인하는 수동성(닐 포스트맨이 한탄하는 낮은 '정보 행동 비율')을 강화하리라고 생각했다. 나는 또한 폭력을 암시할 수도 있는 이런 심상(心象)을 사용하는 것이 폭력의 권세에 맞서야 하는 약함의 자세와 충돌하지는 않을지 염려했다.

그러나 요더 뉴펠드는 나에게 몇 가지 중요한 요점을 깨우쳐 주었다. 즉 (1)공격 무기로서 전신갑주를 생각할 때 그가 박사학위 논문을 통해 제시한 거룩한 전사의 상과 자세히 비교하면서 생각해야 한다는 점, 그리고 (2)성경 본문의 강조점이 은유 속에 나오는 각각의 무기가 아니라 덕목들과 행위들에 있다는 것, 또한 (3)군대의 심상은 우리가 그것이 중요한 의미를 담고 있는 아이러니임을 안다면 결코 전쟁을 부추기는 것이 아니라는 점이다.

요더 뉴펠드는 "권세는 말씀과 기도를 통해서 정복되는 것과 마찬가지로, 진리와 정의와 평화와 해방의 실천을 통해서도 정복된다"라고 말한다.[11] 이것은 모두 실천이며 덕목이며 행동이다. 이것이 우리의 관심의 초점이 되는 이유는, 이것이 바로 거룩한 전사이신 하나님의 무기이기 때문이다. 은유의 초점은 하나님의 방법이지 전신갑주에 나오는 무기 자체가 아니다.

만일 우리가 무기 자체를 강조한다면, 우리는 이 은유가 지닌 아이러니를 잃어버리고 우리 문화의 군사주의와 손잡게 될 위험에 빠진다. 이 군사주의는 그리스도가 정복하신 일반적인 적대감 중 하나이며 (엡 2:16을 보라), 우리가 폭로하고 무장해제하고 극복해야 할 권세들 중 하나이다. 요더 뉴펠드가 역설하듯이, "본질적으로 중요한 과제는 이 전쟁 이미지 안에 있는 아이러니를 유지하고, 이 전투가 항상 혈과 육을 위한 것이지 결코 혈과 육을 대적하는 것이 아님을 언제나 깊이 인식하는 것이다."

그러므로 이 장 전체를 통해 염두에 두어야 할 두 가지 본질적인 역설이 있다. 첫 번째는 정사와 권세에 맞서려면 싸움을 해야만 한다는 것이다. 그러나 이 싸움은 본질적으로 그리고 전적으로 비폭력적인 싸움인데, 이는 싸움이 권세와의 싸움이지 권세 편에 선 사람들과의 싸움이 결코 아니기 때문이다. 두 번째는 우리가 그 전투에 능동적으로 참전해야만 한다는 점이다. 그러나 또한 이것은 언제나 우리의 약함을 통해 하나님이 하시는 일이다.

이런 약함의 자세를 보여주는 좋은 예를 카터 센터에서 열린 공동작업 컨퍼런스(working conference)에서 윤리운동가(ethicists)와 평화운동가 스물세 명이 발표한 내용 속에서 발견할 수 있다. 그들 중 한 명인 테드 쿤츠(Ted Koontz)는, 자신이 '이 세상은 엉망진창이며 내가 그것을 고쳐야 한다'는 생각으로부터 '하나님이 역사 속에서 무엇인가를 행하고 계시며 나는 그 일에 동참할 수 있다'는 생각으로 옮겨 왔다고 고백한다. 그들의 공동작업의 결과가 「의로운 평화 만들기」(*Just Peacemaking*)라는 책이며, 이 책은 컨퍼런스 참가자들이 본 "하나님이 우리의 역사 속에서 행하고 계시므로 사람들이 동참할 수 있는 일"을 기술한다. 그 책의 서문에서 그들 중 세 명이 다음과 같이 말하고 있다.

어떤 그리스도인들은 숙명론적 태도를 보이며 저항한다. 그들은 요한계시록을 들어 우리가 평화 만들기(peacemaking)를 확산시킬 수 없다는 그들의 믿음을 확증하려 한다. 그들은 우리가 전쟁을 감소시키거나 제거할 수 있기를 바라서는 안된다고 말한다. 왜냐하면, 성경이 전쟁과 전쟁의 소문이 있을 것이라고 말하기 때문이다. 우리는 이것이 요한계시록의 메시지를 잘못 이해한 것이라고 믿는다. 계시록의 드라마 전체에서 우리는, 권세들과 주관자들이 세상을 통제하는 것 같지만, 사실은 하나님이 모든 것을 주관하시며 우리는 하나님의 가르침에 신실해야만 한다는 것을 배운

다. 또한 요한계시록의 메시지는 하나님이 진정한 통치자이시며, 하나님이 지금 통치자의 자리에 앉아 전쟁을 일으키는 권세들을 심판하신다는 것이다. 하나님은 어린양을 따르는 자들을 구속하실 것이다. 그러므로 소망을 잃지 말라. 어린양의 가르침을 따르라. 어린양을 따르는 자들은 예수님이 가르치는 것을 행한다. 같은 요점이 다양한 표현 방식으로 반복되고 또 반복된다. 너무도 자주 반복되어 사람들이 어떻게 그것을 놓칠 수 있는지 놀라울 따름이다. 어린양을 따르는 자들은 예수님이 가르치는 대로 행하며, 하나님의 뜻을 행하며, 하나님의 말씀을 지키고, 하나님의 계명들을 지키고, 예수의 증거를 신실하게 붙들며, 예수님의 가르침을 행하며, 예수 그리스도를 통해 주어진 하나님의 가르침들을 따르며, 하나님의 명령에 순종한다(계 2:2; 2:23; 2:19; 2:26; 3:8, 10; 9:20-21; 12:17; 14:4; 14:12; 16:11; 19:10; 20:12-13; 22:11).[12]

이 말은 비록 평화 만들기에 관한 것이지만, 어린양을 따르는 우리 삶의 모든 차원에도 적용된다. 그리스도인 삶의 가장 중요한 역설은 바로 우리의 능동적인 약함 속에서 하나님의 능력이 우리를 통해 나타난다는 것이다. 우리에게 요구되는 것은 성공이 아니라 신실함이다.

효과는 부차적인 문제다

약함이 수동성을 의미하는지 물어봄으로써 우리는, 약함이 수동성이 아니라 치열한 전투이며 그 전투에 우리가 참가하지만 우리가 얻는 승리는 주님의 승리임을 발견했다. 이제 우리는 약함이 우리가 진정한 교회(the Church)가 되는데 효과적인 방법인지 아닌지 물어야만 한다. 그 질문에 대한 대답은 몇 가지 모양이 될 수 있다.

첫째로, 나는 효과적이라는 단어가 많은 교회를 혼란에 빠트렸다고 생각한다. 우리의 목표는 하나님의 능력이 우리의 약함을 통해 나타나 하나님의 목적을 성취하게 하는 것이므로, 우리는 결과에 초점을 맞추지 않고 하나님 내주가 가져오는 선물인 수단(means)에 초점을 맞출 수 있다. 요더 뉴펠드가 지적하듯이, 에베소서는 그렇게 행하는 모습의 특징을,

> 지혜에 대해(1:8, 17-23; 3:10, 14-19; 5:15-17), 세상에 동화되지 않음에 대해(4:17; 5:17), 그리고 예배에 대해(1:3-14; 3:14-21; 5:18-21) 매우 특별한 관심을 두는 것으로 묘사한다. 그리고 그러한 삶은 진리, 정의, 평화, 하나님 말씀, 그리고 마지막으로 기도를 실제적이고 공동체적으로 실천하는 것을 강조함으로써 신자들의 복음 선포를(에베소서에서 복음의 가장 중심적인 의미는 인간 공동체 내부의 적대감 극복이다) 가능하게 한다(6:14-20). 에베소서가 제시하는 악마적 세력이 존재한다는 가장 큰 증거는, 인류를 위한 하나님의 뜻에 대한 불순종과(2:1-10), 인간 공동체 내에 존재하는 적대적이고 상호배타적인 분열들(2:11-22; 3:1-13), 그리고 방탕함과 탐욕과 거짓의 심각성을 깨닫지 못하는 우리의 어두운 문화다(4:17 5:21). 에베소서의 저자와 마찬가지로, 우리도 그러한 적대감을 조장하는 주된 범인들이 이 문화를 통해 경험되는 더 커다란 힘들이라는 것을 알고 있다. 또한 이것이 바로 진리, 정의, 평화 같은 대안 문화적 힘들이 그렇게도 중요한 이유다. 이런 힘들이 '그리스도 안에' 있는 '새사람'을 입은 공동체에 의해 '발휘'될 때, 공동체의 삶 자체가 '마귀 축출적'인 삶이 된다(466-467).

교회의 소명은 효과(effectiveness)라기 보다는 마귀 축출(exorcism)이다.

아마도 가장 쫓아내기 어려운 영들이 교회로 하여금 효과적이 되라고 부추기는 영들일 것이다.[13]

그러나 나는 긴급히 두 번째 요점을 덧붙여야만 하겠다. 그것은 교회의 신실함이 종종 진정한 효과를 발휘한다는 것이다. 리 얼(Lee Earl) 목사는 예배당 길 건너편에서 한 어머니가 총에 맞아 숨지는 사건이 일어났을 때 교인들이 반응한 내용과 그 이후에 벌어진 일을 다음과 같이 기술한다.

> 앨리스의 죽음 이후 12번가 침례교회가 지역 사회를 향해 나아갔을 때, 우리의 목적은 범죄를 줄이려는 것이 아니었다. 그것은 우리의 본래 과업이 아니었다. 우리는 그저 지역 공동체 한가운데 하나님의 임재를 세우고 지속하고 드러내기를 바랐고, 주님이 우리에게 주신 소명을 실행하고자 했다. 그 과정에서 우리가 발견한 것은, 예수님이 명령하신 방법대로 사역을 하는 동안, 우리가 우리 지역의 범죄 문제에도 영향을 끼쳤다는 사실이었다. 예수 그리스도의 가르침을 삶으로 살아 내는 교회는 지역 사회의 삶의 질을 향상시키는 부분에서도 구체적이고 수량화할 수 있고 측정 가능한 영향을 끼칠 수 있다.[14]

핵심은 명백하다. 얼마나 효과적인지를 묻는 것이 아니라 하나님의 무기를 어떻게 사용해야 할지를 묻는 것이다. 그러면 효과는 공동체에 주어지는 놀랍고 위대한 선물이 될 것이며, 우리가 약함을 통해 전쟁이 주님께 속한 것임을 경험하게 됨을 보여주는 놀라운 표지가 된다.

셋째로, 이와 같은 신실함은 우리를 효과에 대한 질문에서 자유롭게 해 줄 뿐만 아니라, 또한 우리가 권세와의 싸움에 어떻게 뛰어들어야 할지에 대한 염려에서도 우리를 구해 준다. 마더 테레사는 우리에게 약함 안에서 복종하는 것과 제자로서의 사역 사이의 관계를 다른 사람들보다 좀 더 분명하게 보여준다. "하나님이 어떻게 그녀를 가난한 사람들 사이에서 일하도록 부르셨는지 질문을 받았을 때, 그녀는 하나님이 자신을 가난한 사람들 사이에서 일하라고 부르지 않았다고 대답했다. 하나님은 그녀에게 당신을 따르라고 하셨고, 그 후에 그녀를 그곳으로 인도하셨다."[15]

마지막으로, 신실함이냐 효과냐의 질문은 빌 와일리 켈러만의 "성찬식 이미지의 핏빛 결말"에 대한 언급 속에 잘 정리되었다. 이 이미지에 비추어 그는 묻는다. "우리의 첫 번째 관심이 즉각적이고 가시적인 결과를 낳는 행위가 되어야만 하는가, 아니면 양심과 복음에 대한 변함없는 정절이 되어야 하는가?" 예전적인 행동에 대한 그의 강조는 이 딜레마에 대해 어떤 해결책을 제시한다.

교회의 첫 번째 소명은 참 하나님을 예배함으로써 모든 다른 권세들을 탈신성화 하는 것이다. 와일리 켈러만은 미사일 기지 앞이나 경제적 억압의 현장이나 또는 다른 곳에서 특정한 예전 행위를 시도했던 그리스도인 그룹들의 사례를 몇 가지 제시하고, 다음과 같은 결론을 내린다.

> 상징적인 싸움은 실제 싸움이다. 예전은 정치적 상황을 뒤집어엎고, 그 상황에 저항하고, 심지어 그것을 변혁시키는 효력을 발휘한다. 예전은 세상을 빚어 내는 힘이 있으며, 이 힘은 사회를 건설하는 진짜 힘 중 하나다. 다른 한편으로, 예전 행위는 간디가 말한 "결과에 대한 초연함"을 드러낸다. 이 행위의 의도는 일차적으로 도구적인 것이 아니라, 언제나 하나님을 향한 예물과 제사로 자신을 드리는 것이므로 엄청난 자유를 가져다준다. 성찬식에 대해서 그것이 성공적이었는지 또는 효과적이었는지 묻는 사람은 없다. 그것은 단순히 그 자체로 존재한다.[16]

그의 말을 좀 더 확장하여 교회의 모든 예배하는 삶(가르침, 교제, 떡을 뗌 등)

에 적용한다면, 우리는 예배에 대한 비전을 품을 수 있다. 하나님의 전신갑주를 입고서 더 이상 우리의 행동이나 삶의 방식이 효과적인지 묻지 말자. 그저 단순히 그 자체로 존재하자. 우리는 정말로 (우리의 약함을 통해) 하나님 내주의 자리가 되고 있는가?

이제 우리의 시선을 우리가 싸움을 하는 도구인 전신갑주의 각 요소로 돌려 보자. 그 싸움은 혈과 육을 상대하는 싸움이 아니라 정사와 통치자들을 상대하는 것이며, "이 어둠의 세상 주관자들과 하늘에 있는 악의 영들"을 상대하는 것이다(엡 6:12). 우리가 이 전신갑주를 취하는 것은 "악한 날에 능히 대적하고 모든 일을 행한 후에 서기 위함"이다(13절). 3장에서와 마찬가지로, 우리는 이 모든 무기들이 다 함께 작용하며, 각각의 기능과 효과가 서로 긴밀하게 연결되어, 계속 소용돌이치며 서로 영향을 주고받는 것을 발견하게 될 것이다.

진리의 허리띠

이 '거짓말의 시대'에 어떻게 교회(the Church)가 모든 약함 안에 머물며 진리 또는 신뢰성(trustwothiness)의 무기를 휘두를 수 있을까? 어떻게 우리는, 모든 상황마다 우리가 알지 못하는, 인간의 눈에는 보이지 않으나 무한히 실재적인 다른 차원들이 있음을, 그리고 눈에 보이는 대안들 너머에 그것을 초월하는 진리가 존재함을 보여줄 수 있을까?

첫째로, 우리가 우리의 가르치는 내용에서 십자가의 신학을 단순히 원리만이 아닌, 교회(Church)인 우리의 삶의 중심으로 굳게 붙든다면, 우리는 진리의 무기를 활용할 수 있게 될 것이다. 우리는 십자가에 못 박히고 다시 일으켜지신 그리스도 외에는 아무것도 전파하지 않는다. 우리가 그리스도의 십자가에 내포된 약함의 온전한 의미를 우리의 교회에서 철저하게 가르치고 보여준다면, 우리는 약함으로 살아가는 삶의 방식을 지체들 안에서 더 잘 형성할 수 있을 것이며, 고난받는 종의 모습에 좀 더 가까운 삶을 살게 될 것이다.

이런 가르침은 교회 게시판에 "한 주간 동안 수고 많으셨으니, 행복한 주일이 되실 것입니다"라고 써 붙인 그런 교회에서 가르쳐지는 내용은 아니다. 이 표어는 교회에 대해, 그리고 교회의 핵심적인 신학에 대해 무엇을 말하고 있는가? 그런 선전 문구는 '나 자신'의 신학을 표현하고 있다. 나는 나의 수고로 믿음의 선물을 획득했고, 예배는 위안과 즐거움을 얻고자 하는 나의 욕구를 충족시키는 것이다. 그렇게 '획득한' 주일을 맛보려고 교회에 나오는 사람이 교회의 과업(mission)을 위해 준비하는 것이나 십자가를 기억하는 것이나 우리의 우상들을 인식하는 것에 관심이 있을 리가 없다. 이런 교회는, 마치 내 남편이 지나는 길에 간판을 보고 들러서 식료품 몇 가지를 사오는 슈퍼마켓처럼, 종교적 소비재를 파는 상점에 불과하다.

하나님의 진리의 허리띠를 두르는 것은, 삼위일체적인 약함의 방식이 사도행전 2장에 나오는 일곱 가지 실천들(앞 장에서 본 것처럼 서로 철저하게 하나로 엮여 있는) 전체를 통해 드러나게 하는 것이다. 우리 가르침의 핵심인 십자가 신학은 우리의 교제와, 떡을 떼는 일과, 기도와, 표적과 기사와, 경제적 재분배와, 예배 속에 그리스도의 약함에 대한 인식을 불어넣을 것이며, 또한 그로 말미암아 우리 자신의 약함의 의미를 좀 더 풍부하게 깨닫도록 만들 것이다.

십자가의 진리, 약함의 진리는 우리 가르침의 방법론에도 영향을 끼친다. 우리는 근대주의자들처럼 '역사적 증거'의 능력(power)이나 포스트모더니즘의 허무주의적인 본문 해체라는 방법론에 의존하지 않을 것이다. 대신에 우리는 약함의 태도로 본문에 굴복하며 하나님께서 우리의 변화를 위해 그 본문을 어떻게 사용하실지를 물을 것이며, 성령의 능력과 우리 선조(先祖)의 신실함을 신뢰하는 공동체가 됨으로써 영광스럽게 변화될 것이다. 우리는 해석학적 의심에 의존하는 대신에 당신의 말씀 속에 내주하신 그리스도의 임재를 찾을 것이다.

교회(the Church)가 가르침을 통해 진리를 말하고 내부적으로 진리를 실천하는 것을 넘어서서, 세상과의 관계에서는 어떻게 진리의 무기를 사용할 수 있을까? 우리가 우리의 약함의 위치를 신실하게 지킨다면, 우리는 곧 거만한 선언문이나 정치적 술수가 아니라 단순한 말과 진실한 삶이 진리를 가장 잘 드러낸다는 것을 알게 될 것이다.

자크 엘룰은 1981년에 쓴 「말씀의 굴욕」(*The Humiliation of the Word*)에서 우리 문화의 힘(권세)들이 언어에 대한 혐오와 언어라는 단어 자체에 대한 증오와 사실상의 깎아내림(할 말이 없는데도 계속 말을 지껄이는 지적인 '다변증'과, 사회의 기술화 결과로 드러난 과도한 정보 등)을 통해 진실을 파괴하는 다양한 방법을 열거한다.[17] 그리고 엘룰은, 책 끝 부분에서 덧붙인 그리스도인들을 위한 윤리적인 첨언(coda)에서 우리가 사는 이 기술 사회의 언어 파괴에 대응하는 방법을 제시한다.

그는 첫 번째 요점인 성상 파괴(즉 거짓된 종교적 이미지들에 대항하고 그것을 파괴하는 것)에 대한 권고와 관련하여, 텔레비전 숭배, 사고를 시청각 자료로 축소하는 것, 컴퓨터 단말기의 최면 효과 등과 싸워야 한다는 실천적인 제안을 한다(256). 그는 분명히 합법적이고 유용하며 때로는 삶을 위해 꼭 필요한 기술적인 발전들이나 이미지들에 반대하는 것은 아니다. 그러나 그는 그리스도인들이 "그것들의 제국주의와 교만, 그것들이 부추기는 탐욕과 정복의 정신, 그것들이 무한한 역량을 가진 듯이 가장하는 태도에 대항해야"만 한다고 특별히 강조한다(259).

엘룰의 두 번째 범주에 속하는 제안들은 적절한 제한 범위 안으로 그것들을 복귀시키는 것과 관련이 있다. 그는 "적절한 수준과 기능과 역할로 축소된" 이미지들을 공격하지 않도록 주의하라고 경고하며, 미학적인 표현의 가치를 높게 평가한다. 그러나 이미지들이 모든 진리를 담고 있다고 주장할 때는 문제가 발생한다(259). 그럴 때 그것들은 본래의 자리로 복귀되어야만 한다(260).

다음으로, 엘룰은 이해할 수 있는 언어의 필요성을 말하고, 그리스도인들이 엄격하고 정확한 언어를 사용할 것을 강력히 권고한다. 더 나아가 언어는 반드시 "건설하고 권면하고 위로하는" 데 사용되어야만 하고, 언어가 그런 기능을 성공적으로 수행하기 위해서는 명료하게 이해될 수 있어야만 한다(260-261). 예수님은 "절대적인 말씀(Word)을 운반하는 수단으로서 이성적인 언어"를 사용하신 모델이 된다. 그리스도인의 과업의 또 다른 부분은 "모든 이해할 수 없고 신비주의적이고 망상적이고 격렬한 언어의 덫과 유혹에 강력하게 도전하는 것이다"(263). (우리가 이 말을, 특히 미국 대통령 선거 기간이나 교회에서 논쟁이 진행될 때 자주 기억한다면 아주 유익할 것이다.)

마지막으로 엘룰은 열린(반복이나 과잉 표현으로 닫혀 있지 않은) 언어의 중요성을 강조하며, 정치적·과학적·이데올로기적·교리문답적인 담론들은 대부분 닫힌 형태라고 주장한다. 이런 담론들은 인간의 대화를 방해할 뿐 아니라 하나님 말씀의 개입을 배제한다(264). 구체적으로 그는 '행정적인 비밀'과 구조주의 이데올로기에 반대한다(266-267).

이 첨언에서 엘룰이 제시하는 구체적인 윤리적 제안들은 매우 도발적으로 느껴진다. 아마도 그 이유는 그의 제안들이, 닫혀 있고 이해할 수 없는 언어나 정부 행정 기관의 이중적인 언어 또는 그가 말하는 다른 언어 파괴들에 대한 우리의 경험과 너무도 잘 맞아떨어지기 때문일 것이다. 이러한 권고는, 거짓 이미지들을 보이지 않는 권세에 대한 보이는 표지라고 생각하는 엘룰의 인식을 배경으로 이해되어야만 한다.[18] "모든 거룩하고 악마적인 권세의 본질이 이러한 보이는 표지 안에 놓이므로, 그 권세가 관련되어 있다는 점에서"(95) 우리 사회에서의 성상파괴는 과거보다 훨씬 더 중요하다. 우리는 또한 선전(propaganda)의 문제와 관련된 엘룰의 다양한 윤리적 권고에 주목해야 하며,[19] 또한 그에 따르는 요구로서, 그리스도인들이 자신의 언어로, 권세들에 대한 종속이 아닌 그리스도 안에 있는 자유를 표현할 방법이 무엇인지 분명하게 생각해 보아야 한다. 예를 들어, 우리가 지역 교회 안에서 진리의 무기를 사용하는 방법으로서, 우리의 노회나 지역의 사업 회의에서 선전이나 이데올로기적 언어를 사용하지 않는 것, 설교를 통해 감추어진 속셈 없이 열린 진리를 선포하는 것, 공동체의 삶에서 이중 언어를 사용하지 않고 친절하고 정확하고 정직하게 대화하는 것 등을 생각해 보라.

내가 말하려는 요점은, 기독교 공동체는 함께 '진리 행함'(truthing)을 연습하는 장소라는 것이다. 이런 연습을 통해 우리의 삶 전반에서 언어와 사역과 정치와 관계가 진실한 모습으로 흘러나가게 하고, 그렇게 함으로써 속임수나 조작이나 비난이나 다른 세상적인 비진리를 생산하는 권세들의 작용을 추방할 수 있다. 예를 들어, 3장에서 인용한 두 개의 「아틀랜틱 먼슬리」 기사를 통해 우리는 온실 가스와 독성물질 오염에 대한 이데올로기적인 확신들이, 어떻게 사람들로 하여금(특히 미국에 있는) 다른 나라에 사는 우리 자매와 형제들의 약함 속으로 들어가는 것을 가로막아 그들의 진정한 필요를 보지 못하게 하는지를 보았다. 교회 안에서 진리를 말하고 진리를 삶으로 살아 내는 습관을 배양함으로써, 몸의 지체들이 저널리즘 등의 일상적인 직장 생활 속에서 권세들을 향해 진리를 말할 수 있도록 준비되며, 윌리엄 롱가비셔나 다니엘 사레위츠나 로저 필키처럼 잘못된 전제들을 깨뜨리고 올바른 인식을 자극하도록 할 수는 없을까? 공격 무기로서 진리의 허리띠를 띰으로써 우리 모두는 개인적으로나 공동체적으로, 로버트 볼트(Robert Bolt)의 연극 '사계절의 사나이'(A Man for All Seasons)에서

토마스 모어가 말하듯이, "우리의 마음이 서로 얽힌 가운데, 분별력을 가지고 하나님을 섬기게" 한다.[20]

우리가 이러한 '서로 얽힘'(tangle)을 인식하는 것은 아주 중요하다. 우리 삶의 모든 '진리 행함'은 서로 붙어 있고 서로 영향을 끼치므로, 작은 비(非)진리도 큰 문제를 낳을 수 있기 때문이다. 에베소서 6장은 진리를 가장 먼저 언급한다. 진리가 없으면 모든 것이 흔들리기 때문이다. 하지만, 진리의 허리띠가 제대로 사용된다면 그 모든 것이 제자리를 지킬 수 있다.

진 베트케 엘슈테인은 사물을 올바르게 명명하는 것의 중요성을 말하면서 제임스 윌슨(James Q. Wilson)을 인용한다. 그는 우리가 작은 일들이 중요하지 않다고 생각하고 내버려 둔다면, 강력범죄와 싸워 이길 수 없으며 도시의 황폐화를 막을 수 없다는 것을 인식했다. 특히 우리는 작은 범법 행위나 사소한 죄에 대해 진리로 맞서야 한다.

> 왜냐하면 작은 일을 그대로 내버려두며 황폐화와 노후화의 첫 단계를 무시하는 것은 우리가 이 장소에 대해 더 이상 신경을 쓰지 않는다는 표시다. 그렇게 되면 사람들이 이곳을 쓰레기장으로 만들기 시작해도 우리는 전혀 거슬리지 않을 것이다. 이런 태도는 우리의 마음과 생각을 서서히 사로잡는다. 우리는 바닥까지 끌어 내려지고, 어떤 사람은 능동적으로 파괴에 참여하는 데까지 끌려 들어간다.[21]

그리고 엘슈테인은 "황폐나 조작이나 언어의 왜곡은 모두 유사한 방식으로 작용한다"고 덧붙인다.[22] 교회(the Church)의 삶과 그리스도인 생활의 모든 차원에서 진리에 관심을 갖는 것은, 정의 확립, 평화 만들기, 환대, 복음 선포의 필수적인 기초다. 하나님의 전신갑주를 활용하는 것이 무엇을 의미하는지 계속 탐구해 가면서 이 요소들을 하나씩 살펴보기로 하자.

의(정의)의 흉배

니콜라스 월터스토프(Nicholas Wolterstorff)는 하나님의 거룩하심을 받아들이고 의롭게 되려는 우리 자신의 노력을 포기하는 약함이 특징인 의의 흉배가, 어떻게 교회(the Church)인 우리가 (특히 경제적인) 권세를 향해 그것의 진정한 소명을 제시하며 도전하는 공격 무기가 될 수 있는지를 보여준다. 그는 이스라엘의 소명을 다음과 같이 기술하는데, 그 소명은 또한 이스라엘에 접붙임을 받은 그리스도의 몸(the Christian Body)에 주어진 소명이기도 하다.

> 거룩함은 구별됨일 뿐 아니라, 또한 단일함, 순결, 완성, 완전이기도 하다. 그리고 모세의 율법 배후에 있는 사상은, 하나님에 대한 이스라엘의 거룩함이 신분(status)이기도 하지만 또한 과제(task)이기도 하다는 것이다. 이스라엘은 거룩하게 되어야 했고, 자신의 삶 속에 하나님의 거룩함에 대한 기억들을 기념비처럼 세워야(institute) 했다. 이스라엘은 통일된, 순결한, 완성된, 완전한 존재로 하나님의 성품을 닮아 가야 했다. 그리고 자신의 삶 속에 있던 하나님의 거룩함에 대한 준(準)예전적인 기념행사들을 하나로 통합해야만 했다. 이스라엘은 자신의 삶 안에서 하나님의 거룩함을 흉내 내고 경축해야 했다. 그리고 그 일을 위해 정의를 실천해야 했다. 불의는 신성모독의 한 형태이며, 정의는 거룩한 것이다. 그러므로 정의로의 부름은 하나님이 거룩하신 것처럼 너희도 거룩하라는 부름에 기초하고 있다.[23]

교회 됨의 차원들, 곧 예배에 참여하는 것과 우리가 예배하는 하나님의 성품 속에 계시된 삶의 방식을 성취하는 것이 끊임없이 상호작용하고 있음을 다시 한번 확인하라. 하나님의 전신갑주를 받은 우리는, 불의의 성벽들, 억압의 무기들, 가난의 장애물들, 사람들을 좌절시키고 깨어지게 하는 장벽들을 공격할 때 생명 유지 기관들을 보호하는 공격 무기로서 의의 흉배를 가슴에 붙인다.

교회가 정의를 세우는 방법은 수도 없이 많겠지만, 이 장에서 나는 두 가지, 곧 환대의 제사와 희생자들을 위한 정의 실현에 초점을 맞추고자 한다. 최근에 출간된 책 중에서 크리스틴 폴(Christine Pohl)의 「손대접」(Making Room)은 환대의 모습으로 드러나는 정의 실천의 삶을 약함의 관점에서 보여주는 매우 훌륭한 책이다. 그녀는 다음과 같은 말을 통해 하나님의 환대가 지닌 충격적인 성격과 하나님의 능력 안에 있는 우리의 약함을 분명하게 보여준다.

> 하나님의 손님 목록에는 우리를 당황하게 할 정도로 많은 수의 가난한 사람과 마음 상한 사람들이 포함된다. 그들은 어떤 모임에 나타나더라도 그들이 가진 필요 외에는 아무것도 내 놓지 못하는 사람들이다. 기독교적인 환대의 독특한 점은 '작은 자들'[24]을 향해 아주 관대한 환영의 팔을 벌린다는 점이다. 그들이 자신을 초대한 주인에게 가져올 이익이나 혜택은 전혀 고려하지 않는다. 그런 환대는 자격 없는 자들을 환영하시고 외로운 자들에게 가정을 주시고 주린 자들을 위해 잔칫상을 차리시는 하나님의 위대한 환대를 반영하는 것이다.[25]

폴은 환대를 베푸는 사람들 또한 "자신의 필요와 연약함과 다른 사람에 대한 의존을 깊이 인식하지 않으면"(이 책에서 우리는 이것을 '약함'이라고 불렀다) 진정한 환대를 베풀 수 없다는 것을 분명하게 보여준다. 환대를 베푸는 사람들을 광범위하게 인터뷰하면서 폴은, 이들 중 많은 사람이 환대를 베풀게 된 계기로서 어떤 종류의 회심 경험을 언급함을 발견했다. 그들은 "여기서 내가 그들을 돕는 것이 아니라, 우리가 서로 도움을 주고받는 것"임을 인식하면서 완전히 변화되었다. '환대의 고된 노동'에 적극적으로 참여하고 있는 한 사람은 "나도 가난하며 궁핍한 한 사람일 뿐입니다. 나도 여기 이 사람들과 같은 순례의 길을 걷고 있습니다. 단지 겉모양이 조금 다를 뿐입니다"라고 고백했다(72).

폴은 손님의 약함과 주인의 약함이 서로 다르다는 것을 인식한다. "약점을 지녔으므로 환영을 받아야 할 필요가 있는 이방인들은 보통 사회에서 주변으로 밀려난 사람들이다. 그들은 의미 있는 인간관계와 사회 제도로부터 고립되어 있다. 중심에 있는 사람들은 종종 그들을 간과하고 그들의 가치를 깎아내린다." 대조적으로, 환대를 베푸는 주인은 종종 의도적으로 그들의 주변성(marginality)을 선택할 수 있고, 그 주변성은 손님의 것과는 좀 다른 종류다. "대부분 그것은 중요한 사회의 제도로부터 고립되는 것이 아니라 어떤 거리를 두는 것이다. 그것은 또한 권력, 신분, 소유에 대한 일반의 이해를 의도적으로 멀리하는 것이 될 수도 있다." 그런 권세들로부터 자신을 분리시킨 사람들은 "종종 사회로부터 구별되는 실천과 헌신과 독특한 삶의 방식을 보여준다"(105).

2장에서 우리는 같은 내용을 조금 다른 용어를 통해 생각해 보았지만, "성경은 주변화의 경험이 하나님의 백성에게는 하나의 규범이라고 말한다." 폴은 이러한 성경적인 기반을 다음과 같이 자세히 설명한다.

이스라엘과 초기 그리스도인들은 자신을 외국인과 나그네로 이해함으로써 그들이 언제나 하나님을 의존하고 있음을 상기했다. 그것은 감사와 순종의 근거가 되었다. 특히 이스라엘 백성의 경우에는, 그런 인식 때문에 그들 가운데 머무는 진짜 외국인들의 감정과 연약함을 더 잘 이해할 수 있었다. 초기 그리스도인들에게는 그들이 지닌 외국인이라는 의식이, 그들로

하여금 구별된 삶의 방식으로 다른 질서에 충성하면서 살아가게 하고, 다른 한편으로는 전통적인 사회적 범주와 관계에 도전하게 하는 근거가 되었다. 초기 그리스도인들은 하나님의 공급과 환영이 은혜로 주어짐을 강조하며 그들의 생활과 소유를 함께 나누었고, 그들 사이의 중요한 사회적 인종적 차이들을 넘어섰다. 외국인이라는 의식은 그들로 하여금 지상에서 가정을 만들고 환대를 실천하는 일을 중시하게 했다. 그러나 그것은 또한 '가정'의 경험을 상대화하고 변혁하기도 했다. 가정이 중요하기는 하지만, 그것 역시도 잠정적인 것이기 때문이다.

  예수님은 그리스도인들이 행할 환대를 좀 더 복잡하게 만드신 분이다. 우리는 예수님이 우리에게 더 큰 환대를 베푸는 주인(host)이시지만, 또한 우리의 손님이 되실 수 있다는 것을 기억하며 이웃에게 환대를 베푼다. 예수님의 환영을 받으며 우리가 경험하는 은혜는, 우리의 환대에 힘을 불어넣고 우리의 자만심과 자기 의는 무너지게 한다. 우리가 그리스도를 우리의 손님으로 모실 수도 있기에, 우리는 용기를 내어 낯선 사람에게 친절을 베풀 수 있게 된다…….

  과거의 역사를 보나 우리 시대를 보나 가장 변혁적인 환대의 모습은, 문턱이나 가장자리에 있는, 사회 질서로 볼 때 가장 낮은 곳에 있는 사람들이 베푸는 환대이다. 이런 사람들은 본질적으로 우리 사회의 문턱이나 다리가 되는 사람들이다. 그들은 어떤 측면에서는 일반적인 사회에 연결되어 있지만, 실제 그들의 사회적 상황이나 그들이 스스로 부여한 거리로 볼 때 사회와는 구별되는 존재들이다(105-106).

우리는 폴의 표현 중에서 "가장 변혁적인 환대의 모습"이라는 말을 반드시 기억해야 한다. 자기 힘으로 작동하는 다른 종류의 환대들이, 더 훌륭한 시설에 더 많은 사람을 섬기는 등 더 눈에 띄는 결과를 낳을 수도 있다. 그러나 그보다 더 변혁적인 환대는 진실한 **공유됨**이 있는 환대일 것이다(이런 것은 반드시 상호적이어야 하고 약함을 통해 이루어져야만 한다).

3장에서 우리는 다른 권세의 유혹에 넘어진 교회들이 스스로 타락한 권세로 행동하며 주어진 소명의 한계를 벗어나는 것을 보았다. 그러나 다른 한편으로, 이 장 전체 내용을 통해서 볼 때, 우리는 또한 교회(the Church)가 권세로서의 자신의 소명을 성취하면서 살 때(이 경우에는, 의의 흉배를 사용할 때) 다른 권세의 정체를 드러내고 그것들과의 싸움에서 이길 수 있다는 것을 발견한다.

환대는 탁월한 사례가 된다. 프랑스계 캐나다인으로서 라르슈(L'Arche) 공동체(지금은 '장애인'이라고 불리는 사람들과 어깨를 나란히 하며 함께 일하고 함께 살려고 전 세계로부터 자원봉사자들이 이곳을 찾아온다)의 설립자인 장 바니에(Jean Vanier)는 차이가 완전히 제거된 공동체 생활 속에서 경험하는 우정과 새로운 '가족' 생활의 기쁨을 말해 준다. 그러한 삶의 결과는 "약자들을 주변으로 밀어내는 경쟁적이고 계급적인 사회의 가치에 절대적으로 반대되는 삶의 양식"이다.[26]

이와 마찬가지로, 폴의 다음과 같은 기술에서 얼마나 많은 우리 사회의 신들이 축출을 당하는지 살펴보라.

이런 환대의 공동체는 확연하게 다른 가치들을 삶으로 보여준다. 그들의 소유에 대한 관점이나 지위와 일에 대한 태도는 주변 문화의 것들과 다르다. 그들은 우리 시대가 강조하는 효율성, 측정 가능한 결과, 관료주의적인 조직 등으로부터 공공연하게 거리를 둔다. 그들은 함께 살면서 의도적으로 우리 사회의 대부분 삶의 방식에 비해 덜 개인주의적이고, 덜 물질주의적이고, 덜 과업 중심적인 삶을 추구한다. 그들은 또한 도움이 필요한 낯선 사람들의 친구가 되어 주면서, '문제 해결'이나 '성공'을 지향하는 태도의 한계를 직접 경험해 보았다. 심각한 장애나 말기(末期) 질환 또는 도와줄 수 있는 범위를 훨씬 넘어서는 필요를 만날 때, 우리는 문제를 반드시 '해결'해야 한다고 생각할 필요가 없다. 환대를 실천하는 사람들은 핵심적으로 중요한 사역은 함께함임을 알고 있다. 함께함은 문제를 해결하지는 않지만 함께하는 관계 안에서 그들은 새로운 종류의 치유와 소망에 대해 눈을 뜨게 된다(112).

폴은 우리 사회의 기술화가 추켜올린 신들에 반대하며 이런 관계를 옹호한다. 이런 관계는 우리가 이 책에서 '내주'(tabernacling)라고 불렀던 사건이 일어나는 장소가 된다. 그러나 폴의 책이 철저하게 보여주듯이, 이런 환대는 이제 잃어버린 기술이 되었다. 그리고 환대가 그 정도로 심각하게 잊혀진 이유는, 종종 정의(곧 환대—옮긴이)가 약함으로부터가 아닌 자만과 권력의 자리에서 베풀어졌기 때문이다. 또다시 인간의 힘은 하나님의 힘을 가로막는다. 그리고 이것은 우리가 2장에서 고린도후서 12:9 해석에서 생각해 본 것처럼, '능력이 끝나는 것'이 얼마나 중요한지를 보여준다.

폴은 "사람들을 언제나 도움이 필요한 낯선 자들로 남겨 둔 채, 자신은 그들과 관계를 맺고 있고 연결되어 있다는 환상만을 키우는" 그런 종류의 환대에 대해서도 말한다. "그런 환대는 손님들로부터 힘을 빼앗고, 손님을 길들이려 하며, 대접하는 사람의 권력과 통제의 느낌과 관대함을 베풀고 있다는 느낌을 강화한다." 그런 가짜 환대는(진리의 허리띠와 정의가 서로 연결된 것임을 기억하라) "심층적 수준에서 환대를 받는 사람들을 파괴한다." 대접하는 사람들이 "자신들의 궁핍함과 자격 없음을 인식할 때에만" 그들의 약함이 그들이 섬기는 사람의 약함과 비슷한 수준이 되며, "주인과 손님 사이의 권력의 차이가" 감소할 수 있다. 폴은 "환대에서는 겸손이 핵심적인 덕목이다. 특히 주인의 권력을 제어하는 데 이 덕목이 꼭 필요하다"라고 결론을 내린다(120).

환대를 베풀 때 교회들이 경험하게 되는 약함은 또한 "우리가 환대의 선함과 아름다움을 그 수고로부터 분리할 수 없기" 때문에 생겨난다. "역설적이지만, 환대는 세속적이고 단단하면서도 동시에 신비하고 깨지기 쉽다." 세속적인 허드렛일에는 수프와 빵을 대접하거나 담요와 잠자리를 제공하는 것과 같은 실제적인 일이 포함한다. 그러나 환대는 "언제나 그런 실제적인 일 이상의 의미가 있으며, 그 속에는 환대를 깨지기 쉬운 것으로 만드는(즉 왜곡되고 오용되기 쉽게 만드는) 어떤 내적인 긴장이 있다"(127).

환대에는 또한 범위의 제한이 따른다. 그것은 어쩔 수 없는 "인간적인 한계를 받아들이는 것이다." 그러나 이런 범위의 제한은 "관련된 비용과, 손실에 대한 안타까움 없이는 절대로 설정되지 않는다"(129). 오래전에 내가 시간제 신학 연구원으로서 일하던 '사역을 위해 준비된 그리스도인들' (Christians Equipped for Ministry)이라는 단체는 에베소(EPHESUS) 공동체를 후원하고 있었다. 이 공동체는 나와 다른 몇 명의 여성들이 함께 살면서, 약물 및 알코올 문제에서 벗어나기 시작했거나 그 문제와 관련해서 학대받는 여성들에게 일시적인 쉼터와 돌봄을 제공하는 공동체였다. 한번은 우리가 깊은 아픔을 느끼며 한 여성을 길거리로 돌려보내야만 했던 적이 있었다. 그녀가 가진 정신적인 질환이 공동체 전체의 삶을 위협하고 있었기 때문이다. 우리의 약함 안에서는 다른 대안이 없었다. 가슴 아프게도 (그리고 두렵게도) 우리가 그녀의 상황에 대처할 능력이 없는 것이 너무도 분명했다. 결국 가톨릭 일꾼에서 운영하는 '빵과 장미' 쉼터('Bread and Roses' Catholic Worker house of hospitality)에서 그녀를 돌보는 일을 전적으로 맡아 주었다. 하지만 그렇게 되기까지 나는 나의 건강과 일이 허락하는 한계보다 더 많은 환대를 베풀고자 하는 절실한 갈망 때문에 심한 괴로움을 느꼈다.

그러나 이 마지막 문장에는 아주 심각한 갈등이 담겨 있다. 나의 일이 환대나 나의 이웃을 전심으로 돌보는 것보다 더 중요한가?

단지 자선 단체에 돈을 기부하는 것만으로는 환대를 베풀 수 없다. 그것은 나 자신, 곧 나의 시간, 에너지, 가정, 우정, 신앙, 자원, 그리고 전 자아를 내어 주는 것이다. 나는 불의 때문에 고난 당하던 그들에게 진정한 환대를 베풀 시간을 내기 위해 강연이나 글 쓰는 일을 좀 더 줄였어야만 했던 것일까?

우리 교회들도 역시 계속 씨름해야만 한다. 어떻게 하면 우리 공동체가 좀 더 철저하게 우리의 이웃을 향해 환대를 베풀 수 있을까? 어떻게 하면 우리가 교회 지체들이 싸우는 영적인 싸움에 더 잘 협력할 수 있을까? 예수님은 우리가 그들을 대접하며 돌볼 때 우리는 사실 예수님 자신을 대접하며 돌보는 것이라고 말씀하시며, 우리의 분주한 개인적·공동체적 삶에 다른 사람을 위한 공간과 시간을 좀 더 만들라고 도전하신다.

폴은 우리가 우리의 개인적·공동체적 삶을 반성하며 씨름할 수 있도록 돕는다. 그녀는 책의 시작 부분에서 그녀가 탐구할 문제들을 제기하는 강력한 질문을 던진다. 그녀의 질문 중에는 능력과 약함의 이슈들을 제시하는 다음과 같은 질문이 있다.

환대는 성경 이야기에서 그리고 하나님의 자녀로서의 우리의 정체성에서 어느 부분에 자리하는가? 왜 예수님은 도움이 필요한 손님이면서 동시에 은혜를 베푸는 주인이 되시면서까지 환대를 그토록 중요한 일로 만드시는가? 옛적 교회는 기독교적인 환대의 특징적인 모습에 대해 무엇을 가르쳤는가?

만일 옛적 교회에서 환대가 그렇게도 중요한 것이었다면, 그 이후의 역사 속에서 왜 그리고 어떻게 환대가 상실되었는가? 과거에 환대가 활발하게 이루어졌던 때는 언제이며, 어디에서 그런 일들이 일어났는가? 어떤 배경에서, 무슨 사회적 변화 때문에 환대가 한 개인과 한 교회의 활동으로 전락하게 되었는가? 환대에 대한 관심이 교회와 분리된 전문적인 기관으로 옮겨지면서 무슨 일이 벌어졌는가?

무엇이 환대를 전복적이고 대항 문화적인 잠재력을 가지게 하는가?…… 어떤 형태의 환대는 도움이 필요한 사람을 모욕할 수도 있는가?

친절하고 너그러운 환대를 베푸는데 있어 이방인이 되어 본 경험이 왜 중요한가? 우리 자신을 외국인이요 나그네로 보는 것과 환대 사이에는 어떤 관계가 있는가? 또 재산과 소유에 대한 우리의 태도와 환대 사이의 관계는 무엇인가? 환대와 힘은 서로 어떻게 연관되어 있는가?

환대가 그토록 쉽게 왜곡되는 이유는 무엇인가? 무엇이 환대를 깨어지기 쉽게 만드는가? 환대를 수단으로, 또는 이익을 위해 사용하는 것은 왜 환대를 손상하는가?(14-15)

아마도 우리 교회들은 회중 모임에서 이런 질문들을 함께 토론함으로써, 우리 공동체의 특정한 상황에서 환대가 무엇을 의미하는지 발견할 수 있을 것이다. 당신 교회의 교우들은 환대가 잃어버려진 기술(art)이라는 말에 동의하는가? 당신의 교회가 가진 구체적인 약함이 어떻게 이 환대의 선물을 회복시키는 데 이바지할 수 있겠는가?[27]

의·정의의 실천과 관련하여 내가 제시할 다음 사례는 희생자들을 위한 정의의 문제다. 이것 또한 우리 교회들이 약함의 자리에서 권력의 자리로 옮겨오는 과정에서 잃어버린 차원이다. 하워드 제어(Howard Zehr)는, 신학이 희생자들의 '샬롬'(shalom)에 대한 관심에서 멀어지고 범죄를 상위 권위에 대한 위반으로 보기 시작한 움직임을 역사적으로 탐구한(정치적 권세들도 역사 속에서 똑같은 과정을 겪었음을 보여주면서) 줄리안 플레즌츠

(Julian Pleasants)의 글을 인용한다.[28] 제어는 다음과 같이 결론을 내린다.

간단히 말해서 전통적인 기독교는 희생자가 여전히 아픔을 겪도록 내버려 둔 채로 죄지은 자를 죄책감으로부터 해방해 주려고 노력해 왔다. 플레즌츠는, 이와 대조적으로 하나님의 계획은 인간 희생자들과 자신을 동일시 하심으로써 그들의 중요성을 강화하시려는 것이었다고 지적한다. 그것이 십자가의 핵심 의미다. 플레즌츠는 박승호(Andrew Sung Park)의 책 「아시아인의 한(恨) 개념과 기독교의 죄 개념」(*The Asian Concept of Han and the Christian Concept of Sin*)을 언급하면서, 하나님의 마음은 죄인이 율법을 범하는 것보다는 희생자의 아픔으로 말미암아 상처를 받는다고 주장한다. 이것과는 대조적으로 서구의 정의 개념은 율법을 범하는 것을 정의와 구원 문제의 중심으로 간주한다.[29]

그리고 나서 제어는 가해자와 피해자 모두의 '샬롬'을 충만하게 하는 것을 추구하는 성경적인 정의 개념을 회복하라고 요청한다.

범죄의 희생자들과 함께하고 그들의 회복을 위해 일하고자 하는 기독교 공동체들의 노력은 아주 다양하다. 범죄자 보호감호 프로그램 속에 원상회복(restitution: 자신의 범죄에 대해 책임을 지는 의미로 사회 봉사, 금전적 배상, 피해자에게 직접 봉사 등을 실행하여 구금형이나 집행유예를 대신하게 하는 제도-옮긴이) 프로그램을 만들려는 메노나이트 교회의 노력, 범죄자 가족들을 돌보는 긍휼 사역, 기독교적 멘토링을 통해 전과자들이 사회로 복귀하는 것을 돕는 중간거주시설(halfway houses), 불의한 환경 때문에 범죄에 빠지기 쉬운 어린이들에게 개인 교수, 놀이 지도, 또는 다른 관계들을 제공함으로써 범죄를 예방하려는 노력 등, 나는 교회들이 이런 모든 일을 행하는 것을 보아 왔다. 폴이 분명하게 보여주었듯이, 가장 효과적인 환대는 자만심이 가득한 우리 자신의 능력에서 나온 환대가 아니라(이것은 필립 할리 [Philip Hallie]의 표현을 빌리면, "그들의 손은 채워주지만, 그들의 마음은 무너뜨리는"[30] 것이다), 동반자의 마음으로 약함을 통해 베풀어지는 환대다.

평화의 복음을 선포할 준비의 신

이 은유에서 신발이라는 무기가 평화를 직접적으로 가리키지 않고 평화를 선포할 준비를 표현한다는 점이 의미심장하다. 이 은유는 교회의 소명 중에서 복음 선포에서 드러나는 약함의 차원을 강조한다. 우리는 모든 겸손으로 아직도 드러나지 않은 것을 선포하며 세상 권세들이 상상할 수도 없는 미래에 대한 확신으로 일하기 때문이다. 특히 우리는 그 일을 힘이나 강압으로 하지 않고 우리의 모델이신 예수님의 방법으로 행한다.

에베소서 6장에 나오는 평화의 복음을 선포할 준비의 신을 신는다는 은유는 의외의 표현이다. 물론 성경 시대에는 보통은 군인들만 신을 신었다. 신은 전쟁터에서 군인의 발을 보호하는 무기였다. 그런데 다른 한편으로 '유앙겔리온'(euangelion, 복음) 곧 승전의 기쁜 소식을 들고 달렸던 전령은 그 소식을 빨리 선포하려고 무거운 신발 따위는 벗어던지고 달렸을 것이다. 그러므로 평화의 복음을 선포할 준비와 신을 신는 것을 나란히 놓은 것은, 우리가 이 좋은 소식(유일하신 참 하나님이 주시는 진정한 평화의 소식)을 선포하려면 곧 다른 권세들과의 싸움에 들어가게 될 것임을 분명히 인식시키려는 의도라고 말할 수 있다.

그런 싸움을 보여주는 예로서 2000년 1월에 열린 기독교윤리학회(Society of Christian Ethics)의 한 분과 세미나에서 진행된 글렌 스타센이 편집한 「정의로운 평화 만들기」에 관한 토론을 들 수 있다.[31] 집필진의 논점에 대한 주된 반론 중 하나는 응답자였던 리사 소울 카힐(Lisa Sowle Cahill)이 처음 제기한 것으로서, '정의로운 평화 만들기'에 따르는 자제와 희생의 삶을 실천하라고 사람들(그 행동을 통해 아무런 이익도 얻지 못하는)을 설득하기가 어렵다는 것이었다. 예를 들어, 우리가 어떻게 미국의 부유한 시민들을 설득하여 그들의 자원 소비를 제한하도록 하며, 그리하여 부유한 나라 사람들 사이에 견고하게 자리 잡은 불의의 결과로(그리고 다른 타락한 권세들의 작용으로) 폭력을 경험하고 있는 2/3세계의 나라들의 경제적 조건이 개선되게 할 수 있겠는가?

카힐의 지적은 매우 신랄하다. 그녀는 부자들은 너무도 깊이 맘몬의 지배를 받고 있기에, 비록 그들의 우상이 가난한 나라에서 폭력이라는 악한 열매를 맺는다고 해도 그 우상의 결과물들과 싸우려 하지 않을 것이라고 한다. 교회의 과제는 그런 우상을 폭로하고 공동체를 통해 소유의 유혹에 저항하고 자제와 희생을 실천하는 지체들을 양육하는 것이다. 준비한 신과 의의 흉배를 연결하는 것은 본질적으로 중요하다(복음의 선포가 곧 불의와의 대결로 연결되므로—옮긴이).

요더 뉴펠드가 그의 거룩한 전사상에 관한 연구에서 인식하듯이, "이사야서 59장에서 하나님이 중재자를 찾으실 수 없었던 것과는 달리, 교회가 의를 가슴에 입는다는 것은 이제 누군가 중재할 사람이 있다는 것을 의미한다." 이제는 하나님의 대리자로서 실제적인 돌봄을 통해 하나님의 '샬롬'을 가져올 사람들이 생겨났다. 그리고 이 공동체는 하나님의 일과 말씀에 열심을 낸다. "'준비'(readiness)는 전쟁터에서의 튼튼한 신발처럼 소중하다. 이것은 평화의 좋은 소식을 퍼뜨리고자 하는 거룩한 조급함을 나타낸다."[32]

우리는 지금 볼 수 없는 것을 말한다. 그러나 기독교 공동체는 다가오는 '파루시아'(*parousia*, 강림, 재림) 때문에 이 엄청난 예언적인 말씀을 선포할 수 있다. 자크 엘룰이 「세상 속의 그리스도인」에서 기쁨에 찬 목소리로 말하듯, 우리는 미래의 사람들이다. "시간적·논리적 미래가 아니라, 다가오는 현 세상과의 급격한 단절로서의 '에스카톤'(eschaton, 종말)에 속한 자들이다." 그러므로 우리는 그날의 성취를 간절히 기다린다. 만물은 "하나님 나라에 비추어 그리고 하나님의 심판과 승리에 비추어 그 가치가 결정될 것이다."[33]

그리스도인들은 지금 여기에 실재하는 '에스카톤'에 합당하게 살아간다. 그리스도인의 삶은, 종종 우상이 되어 힘의 남용을 부추기는 어떤 '대의'(cause)에서 솟아나오지 않는다. 대신에 그리스도인의 삶은 '끝', 곧 하나님이 완성하실 나라라는 목표를 향해 움직인다.[34] 이 나라는 우리가 지금 우리의 약함 안에서, 그리고 최후에는 시간의 끝에서 이루어지는 하나님의 내주에 의해 받게 되는 나라다(고전 12:9-10; 계 21:3).

교회(the Church)는 미래에 임할 하나님의 '샬롬'을 기다리며, 그 빛에 비추어 살고 그것을 우리의 이웃을 향해 선포한다. 그뿐 아니라 우리는 모든 겸손함으로 하나님 평화의 의미를 드러내며 함께 걸어간다. 우리는 교회 안에서의 실천을 통해 공동체 밖의 다른 관계들에 적용되는 화해의 기술을 습득한다. 평화의 공동체로서 우리의 삶은 우리의 이웃들에게 관심을 불러일으키며, 우리가 그리스도 안에서 선포하는 하나님의 '샬롬'의 좋은 소식을 들을 수 있도록 그들을 준비시킨다.

브루더호프 공동체의 요한 크리스토프 아놀드는 평화의 삶을 살고 평화를 선포하고 만들어 가는 사람이 되도록 도와주는 실천 방법들을 온화한 목소리로 제안하면서 그와 관련된 이야기들을 들려준다. 아놀드는 '약함의 강함'과 같이 평화를 추구하는 일에 따르는 역설을 열거한 다음, 몇 개의 장(chapters)에 걸쳐 평화로 나가는 디딤돌들을 설명한다. 그가 말하는 평화의 디딤돌에는 "단순함, 침묵, 의탁, 기도, 신뢰, 용서, 감사, 정직, 겸손,

순종, 결단, 회개, 확신, 현실성, 봉사"가 있다. 이런 실천들은 힘(power)과 관련된 것이 아님이 분명하다. 이것들은 하나님과 서로에 대해 복종하는 수단들이며, 우리는 이런 수단들을 통해 공동체 안에서 그리고 세상을 향하여 하나님의 '샬롬'을 받고 나타낼 수 있다. 아놀드는 이 디딤돌들이 안전함과 온전함과 기쁨과 행동과 정의와 소망을 누리는 "풍성한 삶"을 낳을 것이라고 말한다.[35]

평화의 복음을 선포할 '준비'로서 교회(the Church)의 약함의 패러다임이 얼마나 중요한지를 나는 결코 충분히 강조할 수 없을 것이다. 또한 그런 삶의 방식이 즉각적 만족과 '흥분되는' 오락거리를 요구하는 세상의 (우상 숭배적인) 방식과 충돌한다는 사실도 결코 충분히 역설할 수 없다. 이런 덕목들은 본질적으로 복음의 '준비'와 복음의 대안적 성격 모두를 구현하는 기독교 공동체에 의해 형성되므로, 우리는 이 덕목들의 현명한 실행자인 몸의 다른 지체들로부터 가장 잘 배울 수 있다. 마크 해리스(Mark Harris)는 이블린 언더힐(Evelyn Underhill)의 책에 대한 소개말에서 다음과 같이 탁월한 훈련을 제시한다.

> 언더힐은 이렇게 조언한다. "단순하고 의존적이 되십시오. 당신의 소유 중에 아무것도 당신 것이 없음을 인식하십시오. 당신의 삶을 하나님께 바치고 모든 소유뿐 아니라 당신의 영혼을 다하여 하나님을 신뢰하십시오!" 언더힐은 훈련으로 다듬어진 맑고 고요한 신뢰의 삶을 살면서, 가장 화려하고 드라마틱한 영적인 고양의 경험보다도 훨씬 더 풍성한 어떤 것으로 우리를 초대한다. "깊고 늘 한결같고 영속하는 평화를 지키십시오. 길게 보면 [이것이] 눈부신 빛보다 더 귀하고 더 열매가 많습니다." 하나님의 은혜를 신뢰하는 사람들은 멀리 볼 줄 안다. 그들은 언더힐과 마찬가지로, "황홀한 경험이 아니라 한결같은 길이 마지막에 인정받을 길임을" 알고 있다.[36]

신뢰 가운데 우리의 삶을 하나님께 바치는 약함을 통해 우리는 삼위일체 하나님의 평화를 가장 진정한 모습으로 선포할 수 있다.

악한 자의 모든 불화살을 소멸하는 믿음의 방패

예전에 나는 믿음의 방패를 공동 무기이지만 일차적으로 방어 무기라고 생각했다(로마군의 각 병사는 방패를 들고 자기 옆에 있는 병사를 일부 가려 줌으로써 서로 연결된 방어벽을 형성했다). 방패에 대해 논할 때, 이런 공동 무기로서의 성격을 보존하는 것은 본질적으로 중요하다. 그러나 우리는 또한 그리스도의 몸이 믿음을 사용하는 방식을 좀 더 적극적인 측면에서 살펴볼 수 있다.

톰 요더 뉴펠드가 지적하듯이, 이 방패로 만드는 방어벽은 군대가 '불화살'을 비처럼 쏘아내리는 적의 요새나 성을 공격할 때 필요한 것이다. 그러므로 우리가 이 은유를 권세에 대한 교회의 평화로운 증거에 적용할 때 믿음의 방패는, 이 무기의 결정적인 부분인 하나님의 능력에 대한 신뢰나 확신을 의미할 뿐 아니라, 또한 "방패를 드는 것은 메시아적 신실함에 참여하는 것이다."[37]

평화 만들기에 관한 뛰어난 학습 및 토론 자료의 저자인 켄 버티건(Ken Butigan)은 신실함이 악을 소멸시키는 적극적인 (그리고 종종 아주 놀라운) 무기가 되는 탁월한 사례를 언급했다.[38] 그것은 그가 1999년 11월에 열린 세계무역기구 컨퍼런스(1장에서 소개한) 장소에서 경험한 일이었다. 켄은 많은 사람에게 고통을 주는 세계 경제 체제에 반대하는 평화 시위에 참여하면서, 자신이 나이키 상점 앞에 서서 파괴와 약탈을 일삼는 사람들로부터 그 가게의 유리창을 보호하고 있는 것을 발견했다. 평화적인 시위자들이 그들이 비판해 온 회사를 보호한다는 것이 분명히 이상해 보였지만, 그들은 그것이 옳은 일이며 그것이 군중을 선동하려는 조직화된 무정부주의자들에 맞서는 좋은 방법임을 알았다. 마찬가지로 많은 시위 참가자들이 그 다음 날 빗자루를 들고 나와서 파괴자들이 부수어 놓은 것들을 청소했다.[39]

그런 종류의 신실함(일관되게 모든 형태의 폭력에 대항하는 것)은 세상에 '샬롬'을 건설하시는 하나님의 방법이다. 그것은 긍휼(compassion)이라는 약함의 방식이 드러난 것이다. 버티건의 행동은, 미성년 노동에 반대하는 자신의 대의(cause)를 위해 힘(power)을 사용하지 않았고, 멀고 가까운 이웃을 신실하게 돌보려는 궁극적 목표(end)를 향해 움직였음을 보여주었기 때문이다.

여기서 또다시 우리는 하나님의 무기들 각 요소 간의 상호 관련성을 볼 수 있다. 신실함은(특히 공동체적 지원을 받는 신실함은) 전신갑주의 다른 모든 무기들을 든든히 뒷받침해 준다. 예를 들어, 파편화와 데이터 과잉의 문화 속에서 교회(the Church)가 진실한 정체성의 허리띠를 띠고 복음이 말하는 평화를 주는 진정한 지혜를 선포하려면, 예수님을 따르고 십자가를 지는 공동체적 삶의 방식을 드러내는 신실함이 결정적인 요소가 된다.

휴 매케이는 자신이 관찰한 호주 사회를 위협하는 두 가지 중대한 위협에 대해 말한다(내가 보기에는 그의 말이 북미 사회에도 그대로 적용된다). 이 두 영역은 교회(the Church)가 신실함을 드러내며 씨름해야 할 주된 싸움의 무대인 것 같다. 그는 이렇게 말한다.

> 우리가 새롭게 발견한 다양성을 수용하고 진짜 다원주의적인 사회를 포용한 결과, 우리는 우리에게 꼭 필요한 정체성에 대한 감각을 잃어버릴 위험에 처해 있다. 그것은 우리가 어디에서 왔고 어디로 가고 있는지에 대한 감

각이며, 무엇보다도 우리 각 사람이 여기에 안전한 장소, 곧 우리 자신의 것이라고 부를 수 있는 장소를 가지고 있다는 감각이다.

우리의 심리적·문화적 건전함을 위협하는 또 하나의 중요한 요인은, 현대에 나온 허풍 중에서 가장 위대한 허풍인 '지구촌'을 약속하는 정보 혁명이다.

우리가 이 두 가지의 긴밀하게 연결된 이슈를 어떻게 다루는지에 따라 호주 사회의 다음 25년의 모습을 결정할 것이다.[40]

교회(the Church)는 참으로 하나님의 내주를 받아들이는 약함의 공동체가 됨으로써 이웃들에게 진정한 정체성을 제공한다. 그리고 시공을 초월하여 펼쳐진 그리스도의 몸인 교회는 그 안에서 은혜로운 세계 공동체를 형성한다. 매케이조차 이러한 공동체가 당면한 위협에 대항할 수 있는, 우리가 가진 가장 훌륭한 무기임을 인식한다. 그는 다음과 같은 인식을 드러내며 자신의 서문을 마무리한다. "근원적으로 불안정하고 예측할 수 없는 성격을 지닌 이 21세기 세계에 대처하려 할 때, 우리가 가진 가장 소중한 자원은 정보가 아니라 서로(each other)이다."[41]

하나님의 전신갑주를 취하는 것이 공동체임을, 그리고 하나님의 새로운 존재 방식을 창조할 온전한 몸(Body)이 없다는 것이 우리의 취약점임을 계속 기억하는 것이 얼마나 중요한가. 자크 엘룰이 우리에게 상기시키듯이, "먼저 해야 할 일은 계시를 신실하게 따르는 것이다. 그러나 이 신실함은 오로지 일상생활 속에서 새로운 삶의 방식을 창조할 때에만 실재가 될 수 있다. 이 부분이 바로 '연결고리가 빠진' 부분이다."[42] 계속해서 그는 교회생활을 다시 세우고 기독교 공동체를 발견함으로써 "사람들이 성령의 열매(인간의 '덕목'과는 아주 다른)가 무엇인지 새롭게 배우는 것"이 중요하다고 역설한다.[43]

나는 우리가 이 시대의 권세에 대항하여 신실함의 무기를 휘둘러야 할 한 가지 중대한 측면은, 자녀를 신앙 안에서 돌보고, 멘토링하며 양육하고자 위대한 희생을 선택하는 것이라고 믿는다. 2000년 1월의 기독교 윤리학회(the Society of Christian Ethics)의 분과 모임에서 나의 책 『잃어버린 이상인가?』(*Is It a Lost Cause?*)에 대해 토론할 때, 그 자리에 모인 회원들은 맘몬과 같은 권세에 저항하는 것이 얼마나 어려운지 공감하며 함께 탄식했다(특히 그 권세들이 텔레비전을 통해서, 또는 우리 문화의 신들을 탈신성화하기 위해 좀 더 검소한 삶을 선택하는 우리를 이해하지 못하고 '염려하는' 할아버지 할머니들을 통해 우리 앞에 나타날 때). 부모들은 또한 직업적 신분의 유혹에서 벗어날 수 있도록 몸의 다른 지체들로부터 특별한 지원이 필요하다. 예를 들어, 부모들이 직장에서 너무 많은 시간을 보내도록 요구받으면 자녀와 함께할 수 있는 시간은 너무 적어지고, 자녀의 신앙 성장이나 자녀와의 신뢰 관계 형성에 해로운 결과를 낳을 수 있다.[44] 함께 토론에 참여한 사람들은, 부모들이 자녀들 안에 임할 하나님의 내주를 생각하며 문화의 권세에 대항하여 약함을 선택하려 할 때, 동료 교인들이 그러한 선택을 좀 더 공공연하게 지원해 주는 것이 절박하게 필요하다는 점에 모두 공감했다.[45]

서로 연결된 방패의 벽 때문에 로마 군대는 아무도 막을 수 없는 강력한 공격력을 지니게 되었다. 우리 그리스도인들도 이와 같은 상호 의존의 전법을 배울 수 있을까? 우리가 신실함으로부터 멀어지도록 끌어당기는 권세의 불화살을 대적하며 설 수 있도록 우리의 공동체가 서로 긴밀하게 엮어진 상호 지원의 방패가 되어줄 수 있을까? 예를 들어, 교회들이 좀 더 철저하게 재정적인 자원들을 나눔으로써, 부모들이나 조부모들이 가정에 남아 어린이들을 돌보고 그들의 마음에 신뢰를 심어 주도록 도와줄 수 있을까? 우리는 영적인 삶과 가정생활에 필요한 시간마저 내놓으라고 요구하는 직업적 신분의 유혹에 함께 저항하며 서로에게 힘이 되어 줄 수 있을까?

다른 사람들을 위한 구원(해방)의 투구

구원의 투구라는 은유는, 개인적인 구원을 통해 모든 악으로부터의 보호를 약속하는, 신자들의 행운을 상징하는 안락한 모자로 쉽게 변질될 수 있다. 이런 이해는 공동체적이고 우주적인 구원을 보여주는 폭넓은 성경적 이미지를 보지 못한 것이며, 또한 이 무기의 적극적이고 공격적인 사용 방법을 무시하는 것이다. 톰 요더 뉴펠드는 자신이 관찰한 바를 이렇게 표현한다. "무기를 취하는 장면에서 구원의 투구를 드는 이미지는 교회 위에 해방의 과업을 올려놓는 것을 의미한다. 교회는 이사야서 59장에 나오는 하나님을 흉내 내며 속박된 자들에게 해방을 가져오는 임무를 취한다." 요더 뉴펠드는 거룩한 전사와 관련된 성경 본문들을 광범위하게 연구한 그의 학위 논문을 통해 관련 어휘들이 에베소서 6장의 이런 해석을 어떻게 뒷받침하는지 보여준다.[46]

교회가 어떻게 자신의 약함을 통해 다른 사람을 해방하는가? 나는 심각한 감정적·정신적 질환을 앓는 한 여성을 돌보아 준 목사에게 그녀를 어떻게 도와줄 수 있었는지 물은 적이 있다. 지금 그 겸손한 목사의 대답이 생각난다. "교회마저 그녀를 받아주지 않았다면, 그녀는 아무 곳에도 머물 수 없었을 것입니다. 그리고 저는 그녀에 대해 극단적이라 할 만큼 인내했습니다." 그는 그녀를 부드럽게 대하면서도, 그녀의 환상을 깨트리는 부분에서는 직접적이 되려고 노력했다고 말했다. 그 과정에서 그는 그녀에게 할 수 있는 대로 자원봉사를 할 수 있도록 배려했다. 그는 그녀가 도울 수는 있지만 일을 잘 하지는 못함을 알았다. 그래서 그는 단순히 그녀가 일할 수 있도록 격려하고 삶을 회복하는 데 필요한 값을 치르도록 하는 것을 목표로 삼았다. 그 목사의 마지막 말이 나를 가장 놀라게 했다. "나는 그녀에게 남은 소망마저 다 빼앗을 수는 없습니다." 이 목사와 다른 교인들의 돌봄이 그녀에게 자신의 환상을 흩어 버릴 수 있는, 그러나 또한 소망을 잃지 않을 수 있는 안전한 공간을 만들어 주었다. 그러나 그 일을 위해 공동체는, 그리고 특히 그 목사는 추가로 시간을 내어 수고를 해야만 했다.

또 다른 잘 알려진 예는 마그다 트로크메(Magda Trocmé)와 프랑스 샴봉 마을 사람들 이야기다. 나치가 마을을 점령한 기간에 그녀와 그 마을의 목사였던 남편 앙드레는 마을 사람들과 힘을 합하여 수천 명의 유대인을 구해 주었다. 필립 할리는 그 마을 사람들을 인터뷰하면서 그들이 자신들이 행한 일을 특별한 것으로 여기지 않고 있음을 발견했다. 그들은 그저 목사에게 배운 대로 그리스도의 해방을 삶으로 실천하려 했고, 이웃을 위해 옳은 일을 한 것뿐이라고 생각하고 있었다. 필립 할리는 자신이 마을 주민과 유대인들로부터 놀라운 비밀을 발견했다고 말한다.

미국의 철학자 윌리엄 제임스는 어느 곳에서 습관은 문명의 플라이휠(fly-wheel: 회전축에 달린 무거운 바퀴로서 회전을 부드럽게 하는 역할을 함—옮긴이)이라고 기록한 적이 있다. 도움을 베푸는 습관은 샴봉 마을의 구출 기계에 달린 플라이휠이었다. 샴봉 마을을 발견하기 전까지 나는 구출을 (과연 진지하게 생각해 본 적이 있었는지 모르겠지만) 어떤 사람을 살려 주려고 힘을 사용하는 것으로 생각했었다. 나는 오랫동안 영국과 미국 법에서 구출이 '법적으로 구금된 사람을 힘을 써서 탈출시키는 것'을 의미한다는 것을 알고 있었다. 나 자신의 삶에서뿐 아니라, 소설이나 영화나 신문에서도 다른 사람을 위해(危害)로부터 구출할 때 사용하는 방법은 대부분 '강한 팔' 전술이었다. 영웅이나 말을 탄 기사가 도착한다. 그리고 나쁜 놈들을 땅에 처박고 피해자들을 구출한다. 그러므로 내가 비록 동정을 베푸는 것에 문외한은 아니었지만, 남을 돕는 습관처럼 별로 극적이지 않은 것이 샴봉 마을 유대인 구출 작전의 살아 있는 핵심이었음을 알게 되었을 때, 그것은 내

생애에서 가장 큰 충격이라고 말할 수 있을 만한 충격이었다.[47]

할리는 그렇게 많은 낯선 사람들을 위해 마을 사람들이 자신의 생명을 돌보지 않을 수 있었던 비밀을 찾고 또 찾았다. 그러나 그는 계속해서 아주 간단한 답을 만날 뿐이었다. "언제나 도와줄 준비를 하라." 그는 새로 찾아온 피난민을 향한 마그다 트로크메의 인사를 떠올렸다. "그럼요, 물론이죠(*naturellement*). 들어오세요, 들어오세요!" 그는 이렇게 글을 마친다. "그리고 그들은 '자연스럽게'(naturally) 들어왔고, '물론' 그것이 그것(위대한 구출 작전—옮긴이)이었다."[48]

지금 우리의 논의에서 샹봉 마을의 사례는 특히 중요한 의미가 있다. 구출 작전을 위해 마을 전체의 협동이 필요했기 때문이다. 해방은 하나님이 임재하시는 일상적인 선한 행동에 헌신된 사람들(people)에 의해 성취된다. 한 공동체가 일상생활에서 선을 행하는 일에 헌신할 때, 그들의 행위 속에 하나님이 머무르시며, 그들을 통해 해방의 사건이 일어난다.

우리 교회들이 다른 사람들에게 가져다주는 해방은, 하나님의 능력을 대치하는 우리 자신의 (특히 억압적인) 능력 발휘로부터가 아니라, 반드시 우리 공동체 안에서 우리를 독특한 이웃 사랑의 방법으로 이끌어 가시는 하나님의 내주로부터 와야만 한다. 그렇지 않으면 우리는 자크 엘룰이 '하나님 나라의 거짓 임재'라고 부른 것의 사례가 되고 말 것이다. 예를 들어, 만일 우리가, 단지 미디어가 그것을 '우리 시대의 이슈'라고 말하기 때문에 어떤 고귀한(심지어 성경적인) 대의에 참여한다면, 그것은 진정한 해방을 가져다줄 수 없다. 그렇게 하는 대신에, 엘룰은 우리에게 지속적인 기도를 통해 우리가 어떤 해방의 과업을 수행해야 하는지 분별하라고 강권한다.[49] 사회적 압력들에 대해서 약함의 겸손으로 반응할 때에만, 우리는 우리가 속한 특정 공동체를 향한 하나님의 참된 소명을 발견할 수 있다.

엘룰은 그의 불어판 「세상 속의 그리스도인」에서, 만일 우리 교회들이 하나님의 성품을 보여준다면 하나님의 해방하시는 사역은 우리를 통해서만 이루어질 수 있다고 좀 더 철저하게 강조했다. 그는 다음과 같이 주장한다.

> 우리가 기억해야 할 첫 번째 진리는 그리스도인들에게는 목적과 수단의 분리가 있을 수 없다는 것이다……. 하나님의 일에서 목적과 수단은 같은 것이다. 그러므로 예수 그리스도가 계시면, 하나님 나라가 우리에게 이미 '임한' 것이다. 이 공식은 목적과 수단 사이의 관계를 아주 정확하게 표현한다. 예수 그리스도는 그의 성육신 안에서 인류를 구원하고 하나님 나라를 세우는 하나님의 수단이 되셨다. 그러나 예수님이 계신 곳에는 또한 항상 이 구원과 이 하나님 나라가 있다.[50] (성육신과 예수님을 분리할 수 없고 예수님과 하나님 나라를 분리할 수 없으므로, 예수님 안에서 수단[성육신]은 목적[하나님 나라]과 하나가 된다―옮긴이.)

엘룰은 교회가 받은 소명 중 하나는, 세상이 볼 수 있도록 이 목적과 수단의 하나됨을 표현(represent)하는 것이라고 선언한다(80). 나는 지금 우리의 논의를 위해 한마디 덧붙이고 싶다. 우리 교회들이 어떤 권세는 깨뜨리고 다른 권세는 그 적절한 소명으로 복귀시킬 수 있는 한 가지 방법은 이 하나됨을 세상을 향해 보여주는 것이다.

이런 소명을 성취하는 한 가지 열쇠는 그 목적과 수단의 하나됨이 하나된 공동체 안에서 실현될 수 있음을 기억하는 것이다. 엘룰은 그 하나됨은 개인주의적 관점에서는 이해될 수 없다고 덧붙인다. 왜냐하면 우리는 지금 하나님을 생각하고 있으며(81), 하나님의 해방 사역은 우주적이기 때문이다.

엘룰 또한 그리스도인들이 안락한 구원의 모자로 만족하는 것을 용납

하지 않는다. 그는 반복해서 기독교인의 삶이 "우리 안에서 일하시며, 우리의 일상생활 속에서 우리의 말과 습관과 결정을 통해 자신을 드러내시고, 하나님의 은혜를 입은 [그리스도인으로 하여금] 자신의 이웃을 향해 은혜를 베풀게 하시는" 성령님과 관련이 있다고 말한다(95).

존 그리샴(John Grisham)의 흥미진진한 소설 「유언장」(*The Testament*)에는 개인의 구원으로부터 다른 사람들을 위해 구원의 무기를 활용하는 쪽으로의 이동을 보여주는 탁월하면서도 극적인 사례가 나온다. 조금 기이한 법률 이야기인 이 소설에는 자신이 거대한 유산을 물려받은 줄을 모르고 있는 한 상속녀가 등장한다. 이 상속녀는 돈 문제에 관하여 신실함의 좋은 모범이 된다.[51]

나는 여기서 법적인 문제나, 변호사 네이트의 이력이나, 이 사건 때문에 그가 긴 여행을 떠난 일이나, 그의 회심 과정에 대해 언급함으로써 그 이야기를 망쳐 놓고 싶지는 않다. 우리의 목적과 관련하여 당신이 알아야 하는 내용은 단지 네이트가 해방을 경험했다는 점이다. 이와 관련된 한 장면은, 그 상속녀가 기적적으로 네이트가 입원한 병원에 나타나 그를 위로하는 장면이다. 그녀는 그에게 그가 죽지 않을 것이며, 하나님이 그를 돕도록 자신을 보내셨다고 말한다(367).

책의 끝 부분에서 네이트는,

멈추어 서서 그녀의 오두막을 마지막으로 한 번 더 돌아보았다. 그는 그 오두막을 통째로 미국으로 가져가고 싶었다. 할 수만 있다면 그것을 통째로 운반해 가서 그녀가 도움을 베푼 수백만 명의 사람들이 방문하여 감사를 표현할 수 있는 기념관을 만들어 보존하고 싶었다. 그녀의 무덤도 마찬가지였다. 그녀는 성지(聖地)를 만들어 기릴 만한 사람이었다.

하지만 그것이야말로 그녀가 절대로 바라지 않는 일이리라(529).

네이트가 그런 소원을 품게 된 것은, "그녀가 그가 더 이상 술주정뱅이가 아니고, 중독으로부터 해방되었고, 그의 삶을 지배하던 악령들이 영원히 쫓겨났음을 알아보았기 때문이었다"(532). 그리고 그녀는 "그에게서 뭔가 선한 것을 보았다. 그녀는 그가 무엇을 찾고 있음을 알아보았고, 그를 위해 그의 소명을 찾아 주었다. 하나님이 그녀에게 그의 소명을 말씀해 주셨던 것이다"(533).

레이첼 레인 포터는 유언장에 이렇게 적어 놓았다.

기금으로부터 얻어진 수익은 다음 목적들에 사용되어야 한다. 첫째, 전 세계 월드 트라이브스 선교사들의 선교 사역이 지속되게 함. 둘째, 그리스도의 복음을 전파함. 셋째, 브라질과 남아메리카의 원주민들의 권익을 보호함. 넷째, 굶주린 사람을 먹이고 병든 사람을 치유하고 집 없는 사람에게 쉼터를 제공하고 어린이들을 구원함(527).

우리의 모든 교회들이 우리가 받은 해방을 전해 주는 이러한 대헌장을 가지고 있다면 얼마나 좋을까!

성령의 검, 하나님의 말씀

대부분의 사람들은 성령의 검을 전신갑주 중 유일한 공격 무기로 생각해 왔다. 그러므로 나는 지금까지 이 책이 의도적으로 역설적인 뒤집기의 방법을 사용해 온 것처럼(그렇게 한 이유는 기독교 공동체의 삶이 지닌 특이함(oddness), 반문화적 뒤틀기, 대안적 성격 등을 신중하게 생각해보려는 것이었다) 전신갑주 중 이 무기를 살펴볼 때에도 윤리적 성명이나 설교나 가르침을 통한 복음 선포보다는, 별로 두드러지지 않으며 심지어 수동적인 것처럼 보일 수도 있는 '말씀 안에서, 말씀에 의한 형성(formation)'이라는 측면을 생각해 보고 싶다. 피터 모린과 함께 가톨릭 일꾼 운동의 설립자인 도로시 데이는 그녀의 삶과 봉사(그녀가 이끈 공동체의 삶과 봉사뿐 아니라) 전체를 통하여 예수님의 약함을 보여주는 탁월한 모델이다. 로버트 콜스는 그녀와의 광범위한 대화를 근거로 쓴 그녀의 전기에서, 도로시가 종종 "바닥에서 일하는 것"의 중요성을 말했다고 적고 있다.

> 집중적이고도 끈질긴 지역주의(localism), 이것은 아마도 가톨릭 일꾼 운동이 추구하는 모든 사역의 본질적인 특성일 것이다. 지역주의는 최종적인 목표를 전국적인 규모의 변화를 얻는 데 두는 첫 걸음이 아니라, 그 자체로 궁극적인 것이다. 이런 지역주의는 영적인 일과 정치적인 일 모두에 적용된다…….
>
> 그녀는 이 지역주의가 '그리스도의 기술'임을 간파했다. 그녀는 언제나 가능한 한 가장 진지한 태도로 예수님을 받아들이려 했다. 그녀는 항상 예수님이 삼십대 초반의 한 무명의 목수이셨음을 기억하려고 애썼다. 그는 황제들과 왕들과 중요한 고위층 사람들을 찾아가지 않으셨고, 자기와 같은 무명의 사람들을 찾으셨다. 그는 몇몇 어부와 농부, 몇 명의 병든 사람과 곤경에 처한 남녀들을 설득하셨고, 그들에게도 커다란 소망을 품을 수 있는 이유가 있다고 말씀하셨다.[52]

도로시는 또한 시간에 대한 성경적인 감각이 있었다. 그리고 그녀는 종말(*eschaton*), 곧 하나님 목적의 성취에 대한 지식이 있었다. 이 지식이 그녀로 하여금 정부나 맘몬과 같은 권세들의 계략에 저항하며 하나님의 방법인 겸손으로 사역할 수 있게 해주었다. 가톨릭 일꾼 운동 공동체가 포드 공장들에 노조를 설립하고 공장의 가동을 중단시키려 했을 때의 일이 좋은 사례다. 그때 그녀는 이렇게 말했다. "주님은 아직 그 공장들을 중단시키지 않으셨다. 그러나 주님의 시간에서 10년이나 20년이 뭐 그리 긴 시간인가? 때로 사람들은 나를 '이상주의자'라고 부른다. 나는 이상주의자가 아니다. 그저 다른 사람들과 좀 다른 시간 감각을 지니고 있을 뿐이다." 콜스는 계속해서 이렇게 기록한다.

그녀는 연방정부의 프로그램도 당면한 문제들에 대한 해결책을 제시할 수 있음을 충분히 인식하고 있었다. 그런 프로그램은 상대적으로 짧은 기간에 많은 돈을 끌어와서 다른 방법으로는 해결할 수 없는 문제들을 해결할 수 있을 것이다. 그녀는 현대 국가의 힘과 역량이 사람들을 모을 수 있고, 프로그램을 돌릴 수 있고, 비교할 수 없을 정도로 엄청난 자원들을 움직일 수 있음을 잘 알았다. 그러나 그녀의 목적은 달랐다. 그녀는 사람들의 태도와 도덕적인 생활과 인간으로서 그들이 추구하는 윤리적 목적 전반을 변화시키고자 했다. 그녀는 단지 문제 자체에만 영향을 끼치고자 한 것이 아니라, 사람들의 일상생활과, 함께 살아가는 삶의 방식을 바꾸고자 했다(96).

그녀와 함께 노동 운동을 하려고 찾아왔던 젊은 사람들이 "당신들은 비현실적이고……고상한 이상주의자들입니다. 하지만 뭔가 크고 중요한 것을 얻으려고 하지 않는군요"라고 비판하자, 그녀는 다음과 같이 대답했다.

그들이 옳다. 우리는 정말로 비현실적이다. 우리 중 누군가가 말한 것처럼, 우리는 갈보리처럼 비현실적이다…….
　우리는 우리 주님에 대해 증거하려고 여기 있다. 그의 인도하심을 따르고자 여기 있다. 우리는 이 긍휼 베푸는 일을 통해 그를 경축하려고 여기 있다. 다시 말하지만, 우리는 그의 인도하심을 따르려고 여기 있다. 그리하여 전쟁과 우리의 동료 인간의 살해를 반대하고, 우리가 보고 만나는 모든 사람에게 다가가고자 하는 것이다. 우리는 가난한 사람들과 함께 일하는 우리 기술의 유용함이나, 우리 자신이 효과적인 인도주의자가 될 수 있음을 증명하려고 여기 있는 것이 아니다(97).

도로시 데이는 나로 하여금 이 책을 쓰도록 자극한 두 가지 중요한 주제에 대해 심오한 이해를 가지고 있었다. 그 두 가지 주제는 성경적으로 형성된 신앙은 약함을 통해 삶으로 나타나야 하며, 또 가능한 한 그런 삶의 실천이 공동체적 차원에서 이루어져야 한다는 것이다. 그녀는 정치 영역에서 성령의 검인 하나님 말씀의 무기를 사용했는데, 그녀는 생동감 있는 표현에 따르면 정치는 "산상수훈의 가르침에 충실한 공동체적 삶을 추구하는 일이다." 그녀의 생각을 콜즈는 다음과 같이 요약한다.

〔그녀는〕 그런 공동체가 점점 더 많이 형성된다면, 지역 정치는 제대로 돌아가기 시작하고 점점 더 많은 사람의 삶의 질이 향상될 것이며 더 나아가 그녀가 기도하는 것처럼 나라 전체가 변화될 것이라고 〔생각했다.〕 그렇다. 그녀는 꿈을 꾸고 있었다. 그녀는 자신이 그렇게 즐겨 말하는 공동체들이 한 줌밖에 되지 않음을 잘 알고 있었다. 하지만 소수의 동화되지 않은 무리에 의해, 아무런 영향력이나 힘이 없는 것 같고 그런 것을 획득하려는 생각조차 없어 보이는 사람들에 의해 전체 제국이 뒤집어졌다. 그녀는 그들이 한 일이란 증인이 되고, 굳게 서며, 믿음 안에서 공동체로 함께 모이는 것뿐이었음을 내게 일깨워 주었다. 그와 같은 공동체의 예가 바로 초기에 예수를 따르던 무리다.

한번은 도로시 데이가 "예수님이 갈릴리 호숫가를 거니셨던 것이 바로 어제였다면, 주님께서 우리 모두를 당신께로 부르실 날도 그리 멀지 않습니다"라고 말한 적이 있었다. 콜스는 그 말이 무슨 뜻인지 잘 모르겠다고 고백했다. 그러자 도로시는 이렇게 설명해 주었다.

> 우리가 특정 시간에 특정 장소에 존재하는 공동체인 것은 나도 압니다. 그러나 우리는 신앙 안에 있는 공동체이기도 합니다. 그리고 때로는 우리를 덮고 흐르던 시간의 그림자가 멈출 때가 있습니다. 우리의 삶은 오래전에 살았던 사람들의 영향을 받습니다. 그리고 우리는 우리의 삶이 앞으로 수백 년 후에 올 사람들에게도 의미 있는 것이 되기를 소망합니다. 이것은, 언젠가 누가 내게 말해 준 것처럼, 위대한 '존재의 사슬'입니다. 그리고 나는 우리의 임무가 그 사슬에서 우리가 맡은 작은 부분의 연결고리들을 지키고자 온 힘을 다하는 것이라고 생각합니다. 내가 보기에는 그것이 바로 지역주의(localism)이며, 그것이 바로 정치입니다. 그 사슬이 끊어지지 않고 연결되어 있도록 당신의 온 힘을 기울이는 것 말입니다. 우리는 함께 팔에 팔을 끼고 서서, 그분의 이웃이 되려 하고, 그분의 원리를 옹호하려 합니다. 이것은 일생의 과업입니다(109).

내가 도로시 데이의 전기를 이렇게 길게 인용한 것은 그녀의 삶이 이 책의 주제(타락한 권세에 저항하고 그 권세를 극복하되, 개인으로서가 아니라 교회로서, 그리고 우리의 능력으로가 아니라 약함을 통해 그 일을 이루는 것. 그리하여 그리스도의 능력이 우리 안에 내주하고 하나님의 목적이 우리를 통해 이루어지게 하는 것)를 아주 잘 드러내 주기 때문이다. 로버트 콜스가 그녀에게 자신이 어떤 사람으로 기억되고 싶은지 물었을 때 그녀는,

그 도전적인 질문을 받아들여 나는 내가 전에 들었던 말을 되풀이했다. 그녀는 자신이 그리스도인 공동체의 한 지체로 규정되고, 뜨겁게 하나님을 찾았으며, "처음에 몇 번은 잘못된 길로 갔지만" 그런대로 경건하게 그분의 모범을 따랐던 사람으로 기억되기를 바란다고 했다. 그리고 그녀는 잠시 말을 멈추고 창밖을 내다보더니, 다시 잠깐 침묵에 젖어들었다가 천천히 입을 열어 파리의 대주교인 쉬하르(Suhard) 추기경의 말을 인용하며 말했다. "복음의 증인이 되는 것은 선전 캠페인에 참여하거나 사람들을 선동하는 것이 아니라, 살아 있는 신비가 되는 것입니다. 그것은 하나님이 존재하지 않는다면 전혀 이해되지 않는, 그런 방식의 삶을 사는 것을 의미합니다" (159-160).

도로시 데이와 그녀의 가톨릭 일꾼 공동체처럼, 우리 모든 교회도 이 목표를 위해 성경적으로 만들어지기를! 그리고 그렇게 되기 위해 우리 모두가 전신갑주의 다음 항목인 기도의 무기를 사용하게 되기를!

항상, 모든 성도를 위해, 모든 인내로, 모든 종류의 기도를 드림

기도는 사도행전 2장의 비전(3장에서 논의한)과 에베소서 6장의 전신갑주에 공통으로 등장하는 유일한 요소다. 그리고 기도가 이렇게 반복하여 나타나는 것이 우리의 논의에서 중요한 의미가 있다. 물론 이것은 권세를 이해하고 무장해제하고 저항하고 정복하는 데 결정적으로 중요한 수단이 바로 기도이기 때문이다.[53] 그러나 그보다 먼저 기도는, 우리 안에서 힘의 방법들을 제거하고 하나님의 내주를 받아들이는 약함을 준비시키는 데 사용되어야만 한다. 위대한 기도의 성자 앤드류 머레이(1828-1917년)는 기쁨에 찬 목소리로 이렇게 말하고 있다.

> 오 얼마나 장엄하고 고귀한 교훈인가! 농부의 깨끗게 하시는 손은 죄만 제하시는 것이 아니다(요 15:1-3). 그 손은 우리가 열매를 맺어 가는 과정에서 자라나는 우리의 종교적 활동도 깨끗하게 제하신다. 우리가 하나님을 위해 일하는 동안에 우리가 받은 자연적인 선물인 지혜나 유창한 말솜씨나 영향력이나 열정도 부적절하게 계발되어 신뢰의 대상이 될 만한 위험한 상태가 된다. 그러므로 우리가 수고의 계절을 보내고 나면, 하나님은 우리를 우리 자신의 끝으로 이끌어가셔서 우리의 보잘것없음과 사람에게서 나온 모든 것의 위험을 인식하게 하시며 우리가 아무것도 아님을 느끼게 하신다. 우리에게는 겨우 생명을 주시는 성령님의 수액과 능력을 받아들이기에 충분한 만큼의 힘만 남게 된다. 사람에게서 나온 것 중에서 무엇이 이렇게 최소한으로 줄어들어야만 하는가? 그리스도를 섬기기 위한 전적인 헌신에 방해가 되는 모든 것이 제거되어야 한다. 자아에서 나온 것을 더 완전하게 청소하고 잘라 버릴수록, 성령님이 덮어야만 하는 표면이 더 작아질 것이며, 그만큼 우리 전 존재의 집중력이 더 강해지며 온전히 성령님께 사로잡힐 수 있다.[54]

이런 경고는 특히 이 장에서의 우리의 논의를 위해 꼭 필요한 것이다. 지금까지 우리는, 교회들이 하나님의 전신갑주를 공격무기로 사용하면서 다른 권세들과 그 지배에 대항하는 것에 대해 생각해 왔기 때문이다. 기도는, 비록 우리가 전신갑주를 취하고 능동적으로 싸움에 참여하고 있지만, 거룩한 전사는 하나님이시 우리는 삼위일체 하나님의 능력을 힘입기 위해 약한 상태로 남아 있음을 우리에게 계속 상기시킨다.

전신갑주를 이루는 다른 요소나 교회를 교회 되게 하는 다른 요소와 마찬가지로(3장에서 다룬), 기도 또한 철저하게 다루기에는 너무도 큰 주제다. 나의 의도는 그저 우리가 잠시 멈추어 서서, 기도의 약함과 교회들이 타락한 권세들과 투쟁하는 창조된 권세로서 그들의 진정한 소명을 성취하는 것 사이의 끊을 수 없는 온전한 결합에 대해 잠시 생각해 보려는 것이다.

1980년대 초에 「자유주의 기독교의 변호」(*The Case for Liberal Christianity*)와 1997년에 「미국 개신교의 갱신」(*Reinventing American Protestantism*)을 쓴 도널드 밀러(Donald E. Miller)는, 기존의 주류 기독교 공동체들이 자칭 "새로운 패러다임의 교회"로부터 배울 것이 많다고 지적한다.[55] 특히 이곳에서의 우리의 목적에 맞추어, 이런 교회들이 복음 전도를 위해 기도의 무기를 활용하는 생생한 사례들을 살펴보자.

밀러는 먼저 이런 운동들이 자신의 역량과 자원의 한계를 생각하지 않는 "지나친 비전"을 가진 사람들에 의해 주도된다고 말한다. 이 말을 나의 용어로 표현하면, 하나님은 그들의 약함을 하나님의 목적을 위해 사용하신다. 두 번째로 밀러는,

(그들의) 비전은, 비록 인간적인 요소를 전적으로 제거할 수는 없지만, 그래도 과대망상에서 나온 것은 아니다. 오히려 이런 꿈들은 문자 그대로 오랜 기간의 기도와 금식을 통해 나온 것이다. 이들은 하나님이 그들의 도시에서 무엇을 행하실지에 대한 비전을 보았다. 심지어 하나님은 그들에게 들을 수 있는 목소리로 말씀하시기도 한다. 간단히 말해서, 히브리성경과 신약성경에 나오는 하나님의 나타나심이 지금도 일어나는 것 같다.[56]

밀러의 말처럼 우리가 이런 교회로부터 배워야 할 많은 교훈이 있겠지만, 우리에게 결정적으로 중요한 요점은 바로, 기도가 우리의 모든 신실함의 뿌리라는 것이다. 기도의 약함 가운데 하나님이 강림하시며 머무르신다.

50여 년 전 자크 엘룰은 「세상 속의 그리스도인」라는 책을 통해 그의

사상의 바탕이 되는 비전을 제시하면서 교회의 사역이 기도에서 시작된다는 같은 주장을 했다. 교회를 향해 하나님의 임재를 드러내라고 요청하는 1948년 저서의 마지막 두 문단에서 그는, 문화적 해결책에 대해 저항하고 도전하며 "성령님이 주시는 효과(effectivenss)을 가지고 세상에 현존할 수 있도록" 하나님의 방법을 찾으라고 교회에 강권한다.[57]

약함에 대한 엘룰의 요청(비록 그는 이 용어를 사용하지 않지만)이 지속적으로 되풀이되어야만 한다는 사실은, 그리스도의 길을 따르며 권세에 대항하는 삶이 무엇을 요구하는지에 대해 우리가 더욱 경각심을 가지게 만든다. 그러나 또한 약함은 우리 안에 하나님이 내주하실 수 있고 우리가 권세들을 정복할 수 있는 유일한 길이다. 바로 이것이 공동체에서 기도가 결정적으로 중요한 이유다.

교회의 적들은 교회를 본래의 길에서 벗어나 자신들의 길을 따르게 하려고 애쓴다. 그 유혹에 굴복하는 순간, 교회는 세상 힘의 노리개가 되어버린다. 대적들의 손아귀에 떨어지는 것이다. 교회는 오직 기도 안에서 하나님을 의지할 수 있을 뿐이다. 하나님이 하나님의 길을 가르쳐 주셔야만 하며, 하나님 외에 어느 누구도 그 길을 가르쳐 줄 수 없기 때문이다. 이것은 영원한 구원의 길만을 의미하는 것이 아니라, 사람이 사는 땅에서 우리가 따라야 할 길이며, 하나님이 계시하시지 않으면 정말로 찾을 수 없고 우리 인간의 능력만으로는 정말로 따를 수 없는 길이다. 사회적 영역이든 개인적 영역이든 문제는 똑같다. 인간의 관점에서 볼 때, 이 세상에서 교회가 택하는 길은 어리석고 이상적이고 비효과적이다. 이 현실의 세상 속에서 우리가 정말로 해야만 하는 일을 바라볼 때 우리는 크게 실망한다. 만일 우리가 사람이 사는 땅에서 주님의 선하심을 볼 것에 대한 확신이 없다면[시 27:13—옮긴이], 모든 것을 뒤엎어 버리고 싶을지도 모른다. 그러나 우리는 이 선하심을 보았다. 그 선하심은 분명히 드러났고, 이 기초 위에서 우리는 우리의 무력함에도 불구하고 앞으로 나아가며 이 세상의 권세들을 대적할 수 있다. "이 모든 일에 우리를 사랑하시는 이로 말미암아 우리가 넉넉히 이기기 때문이다. 나는 사망이나 생명이나 천사들이나 권세자들이나 현재 일이나 장래 일이나 능력이나 높음이나 깊음이나 다른 어떤 피조물이라도 우리를 우리 주 그리스도 예수 안에 있는 하나님의 사랑에서 끊을 수 없음을 확신한다"(롬 8:37-39).[58]

셰프 강연을 들으러 왔던 한 사람이 나에게 회중 기도의 탁월한 사례를 말해 주었다. 그 사례는 전신갑주에서 기도의 요소가 어떻게 진실함, 정의, 교제와 공동체적 지원, 해방, 하나님의 말씀으로 형성됨, 이 모두를 하나로 묶어주는지 보여준다. 그는 어느 도시의 대표적인 도심지 교회를 방문하면서, 내가 '교회됨'(Churchbeing)이라고 부르는 것이 드러나는 놀라운 장면을 보았다고 했다. 예배 시간에 회중 기도와 결단의 초청(altar call) 순서에 남루한 옷차림의 한 젊은 여자가 젖먹이를 안고 앞으로 나왔다. 목사는 그 자리의 많은 회중을 둘러보며 몇 명의 이름을 불렀다. 그러자 사람들 가운데서 몇 명의 여자들이 일어나 앞으로 나왔다. 목사가 그 젊은 여자를 향해 말했다. "이 사람들은 당신의 새로운 친구입니다. 당신을 지원해 주고 함께 기도해 주고 그리스도인으로서 새로운 삶을 살도록 도와줄 것입니다." 그렇게 말하는 동안, 한 십대 소년이 또 앞으로 걸어 나왔다. 목사는 마찬가지로 모인 사람 중에서 청소년들을 불러냈다. 이 전체 회중은 낯선 사람들을 진정한 우정과 지속적인 기도와 실제적인 도움과 해방하는 정의로써 환대할 준비가 되어 있는 것 같다. 아, 우리 교회들이 모두 이와 같은 진정한 공동체가 될 수 있다면, 이처럼 말씀과 기도에 흠뻑 젖은 변혁된 공동체가 될 수만 있다면 얼마나 좋을까!

이 책을 다 읽은 후에도 이 책이 끝나지 않게 하라

나는 3장의 마지막 부분에서, 호주가 지금 "종교적 신앙과 실천에서 부흥의 기운이 무르익은" 시기라고 볼 수 있지만 여러 표지가 그 방향을 가리키지는 않는다고 한 휴 매케이의 말을 인용했다. 그는 책의 마지막 쪽에서 같은 주장을 되풀이하면서, "과거에는 불확실성의 시기가 특별히 절반의 기대감과 연결되면서 종교적인 부흥이 일어나기 좋은 토양이 되었다." 그러나 그는 좀 더 강력한 어조로 "지금 우리의 경우는 그렇지 않은 것 같다"라고 단언한다.[59]

나는 호주에서 강의를 할 때면 종종 사람들에게 질문하게 된다. "매케이의 말대로 되게 내버려 두겠습니까, 아니면 하나님이 우리의 약함을 통해 이곳에서 새로운 방식으로 일하시도록 하시겠습니까?" 북미와 유럽과 편견에 사로잡힌 서구 사회의 모든 곳에서 이와 같은 일이 일어날 수 있을까? 몇몇 미디어에 의해 기독교에 붙여진 오명이, 「하나님 이후의 삶」(*Life After God*) 시대에서 자라난 청년들에게 종교적인 경험이 전혀 없다는 사실이, 그리고 우리 사회가 제도화된 교회를 거부한다는 점이 하나님의 목적을 성취하는 약함을 불러일으키는 계기가 될 수 있을까?

만일 우리가 약함을 통해 하나님의 내주를 나타낼 수만 있다면, 나는 지금이 부흥의 때가 될 수 있다고 믿는다. 나는 더글라스 커플랜드(Douglas Coupland)의 「하나님 이후의 삶」의 마지막 부분 해설자의 말에 나오는 다음과 같은 암시 때문에 이것을 더욱 확신한다.

자, 이것이 나의 비밀이다.
나는 내가 다시는 이렇게 열린 마음이 되리라고 장담할 수 없을 만큼 아주 솔직한 마음으로 당신에게 이것을 말한다. 그러므로 나는 당신이 이 말을 들을 때 아주 조용한 방에 있기를 기도한다. 나의 비밀은 이것이다. 내게는 하나님이 필요하다. 나는 병들었고, 더 이상 홀로 살아갈 수 없다. 나는 주는 법을 잊어버렸으므로, 내가 줄 수 있도록 도와줄 이가 필요하다. 나는 친절을 잊어버렸으므로, 내가 친절할 수 있도록 도와줄 이가 필요하다. 나는 이미 사랑으로부터 멀어졌기에, 내가 사랑할 수 있도록 도와줄 이가 필요하다. 그래서 내게는 하나님이 필요하다.[60]

이런 갈망을 대할 때면, 나는 환대와 교제와 해방의 기술을 회복할 수 있는 그리스도인 공동체를 간절히 열망하게 된다. 또한 우리가 약함과 무능력함의 사역으로 우리처럼 하나님이 필요한 사람들을 섬길 수 있기를 간절히 바라게 된다.

우리는 기독교에 대항하여 진을 치고 있는 문화적 세력들에 압도될 필요가 없다. 권세에 대한 싸움은 이미 결판이 난 싸움이며, 또한 (우리가 지금 느끼고 있을지도 모르는) 우리의 능력이 끝이 난 것과 같은 느낌은 바로 그리스도가 자신의 충만한 내주를 위해 우리에게 바라시는 상태이기 때문이다. 자크 엘룰이 「뒤틀려진 기독교」의 마지막에서 두 번째 장인 '통치자들과 권세들'에서 결론을 내리듯이,

모든 것이 절망일 때 성령님은 소망을 주신다. 재앙의 한가운데서 견딜 힘을 주시고, 유혹에 넘어가지 않을 수 있는 통찰력과 달려드는 모든 권세들을 도리어 뒤엎어 놓을 수 있는 능력을 주신다. 그러므로 신자들은 물질적 실재들로부터 그들의 유혹하는 능력을 빼앗고 그들의 진정한 정체를 폭로하며 그들을 그들 자신의 법으로부터 완전히 방향을 돌려 하나님을 섬기는 자리에 서도록 할 수 있는 지혜와 능력을 지니고 있다.[61]

엘룰은 인간의 시간 안에서 인간의 방식을 통해서는 '장엄한 승리'(imperial triumph)라는 것을 결코 이룰 수 없음을 인식하고 있다. 권세는 계속 "자신의 위대함을 확장하면서" 하나님이 주신 은사를 사용하고 있다. 세상 끝날까지 우리는 이 싸움, 이 우주적인 전투를 결코 마무리할 수 없다.

그러나 그렇게 말한 후에 엘룰은 다음과 같은 확고한 선포로 마지막 장을 시작한다.

> 그럼에도 불구하고, 그리스도는 거기 계신다. 그가 세계사의 심장에 꽂아 놓으신 십자가를 어느 누구도 다시 뽑을 수 없다. 부활하신 그리스도는 세상 끝날까지 우리와 함께하신다. 그리고 그와 함께 언제나 태어나고 다시 태어나는 교회가 있다.[62]

십자가는 역사의 심장이다. 부활하신 그리스도의 이름으로, 그의 내주하심 안에서, 그 십자가가 또한 우리 교회들의 심장이 되게 하자.

묵상과 대화를 위한 질문

나는 이 책을 읽고 난 당신의 마음에 당신의 교회가 약함으로 거듭나기를 바라는 열망이 남게 되기를 기도한다. 다음 질문을 중심으로 함께 토론하는 일은 그러한 갱신을 위한 계기가 될 수 있을 것이다. 아래의 질문 중 어떤 것은 당신이 이미 이 책의 앞부분에서 접했던 것이다.

1장_ 정사와 권세_창조, 타락, 그리고 그이후

1. 나의 삶과 우리 교회의 삶은 얼마나, 그리고 어떤 방식으로 복음을 대적하는 권세의 지배를 받고 있는가?
2. 이런 권세의 다양한 양상 중 우리가 저항하거나 변화시키거나 극복할 수 있는 부분은 무엇인가?
3. 이런 양상 중 우리가 무시하거나 회피할 수 있는 것은 무엇인가?
4. 우리 교회는 어떻게 공동체적으로 함께 이런 권세에 대항할 수 있을까?
5. 나는 우리 교회들을 침해하는 권세에 맞서기 위해 필요한 일을 기꺼이 행하고자 하는가? 정말로 그런가?

2장_ 하나님의 내주와 약함의 신학

1. 나는 왜 그렇게도 약함을 두려워할까? 내가 약함이 아닌 능력으로 일하려고 그렇게 애쓰는 이유는 무엇일까?
2. 우리는 약함을 통해 진정한 하나님 내주의 장소가 되고 있는가?
3. 만일 성경 안에 약함의 이미지와 약함에 대한 권면과 약함에 관한 이야기가 가득하다면, 우리의 교회는 왜 이렇게 부유하고 강하고 대중적으로 인기가 있을까? 또한 우리 교회가 잘못된 이유로 가난하고 약하고 주변적이 되고 있지는 않은가?
4. 우리 교회의 교인들이 예수님의 은밀한 방법, 곧 십자가의 방법을 어떻게 좀 더 깊이 있게 배울 수 있을까?
5. 그리스도의 완전한 겸손 속에 있는 이러한 하나님의 은밀함은 우리 시대에 왜 이렇게 완강히 거절당하는가?

3장_ 타락한 권세가 된 교회

1. 우리 교회들 안에서 경쟁의 충동이 영적인 충동보다 더 우세하지는 않은가?
2. 하나님의 내주를 받아들이는 약함으로가 아니라, 자신의 능력으로나 능력에 대한 압력 때문에 움직이는 교회 리더들에게 어떤 일이 일어나는가?
3. 우리 교회들의 목표는 주변 문화가 외치는 구호에 영향을 받아 설정되는가, 아니면 성경 본문을 통해 발견되는가? 우리 교회의 프로그램은 사회학이 정의하는 소비자의 '필요'(needs)에 따라 기획되는가, 아니면 성경으로부터 나오는가?
4. 내가 속한 기독교 공동체의 삶은 어떤 면에서 사도행전 2장에 나오

는 초기 그리스도인들의 모습과 비슷한가?
5. 구체적으로 어떤 권세들이 당신이 속한 교회를 교회의 진정한 소명으로부터 멀어지도록 유혹하는가?
6. 우리 교인들의 교회생활의 어떤 측면이 우리 교회의 타락성을 드러내는가? 약함의 신학은 어떻게 그런 측면을 하나님의 다스림을 받는 적절한 본래의 기능으로 돌려 놓을 수 있겠는가?
7. 우리 교회는 치유 사역을 실천하고 있는가? 우리 교회는 하나님의 신비한 개입의 표지들을 인식하고 있는가? 우리는 우리를 통해 일하시는 하나님의 능력을 보고 있으며 찬양하고 있는가?
8. 우리 교회에서 부흥이 일어나지 않는 이유가 우리가 하나님의 표적과 기사를 볼 수 있을 만큼 충분히 열려 있지 않고, 하나님이 우리 안에 능력으로 임하시도록 충분히 약하지 않기 때문은 아닌가?
9. 우리 교회들은 가난한 교회들과 협력하며 재정을 비롯한 다른 자원들을 공유할 수 있겠는가? 그리고 우리가 그렇게 할 때, 부유한 우리가 가난한 형제자매들이 제공하는 엄청난 선물을 받을 수 있을 만큼 충분히 우리의 약함을 인식할 수 있겠는가? 우리 교회들이 교인들에게 그들의 삶에서 돈을 탈신성화하고 세계 경제의 재분배를 위해 일하라고 권유할 수 있는가? 우리는 다국적기업에서 일하는 우리의 지체들에게 가난한 나라 사람들을 착취하는 행위를 그만두라고 예언자적인 도전을 줄 수 있는가? 우리의 공동체적인 삶과 지체들 개인의 삶 안에서 맘몬의 실체를 폭로하고 그 권세를 무장해제하고 정복하려면, 우리의 교회 예산은 어떻게 근본적으로 새롭게 재편성되어야 할까?

4장_ 그러면 교회는 어떤 모습이 되어야 하는가?

1. 친절하고 너그러운 환대를 베푸는데 이방인이 되어 본 경험이 왜 중요한가? 우리 자신을 외국인이요 나그네로 보는 것과 환대 사이의 관계는 무엇인가? 또 재산과 소유에 대한 우리의 태도와 환대 사이의 관계는 무엇인가? 환대와 힘은 서로 어떻게 연관되어 있는가?

2. 우리 교회의 성도들이 좀 더 신실하게 예수님을 따르려면 특별히 전신갑주 중 어떤 무기들이 더 온전하게 회복되어야 한다고 생각하는가?

3. 우리의 교회 생활 속에서 이미 권세들과의 싸움이 진행되고 있는 부분은 어떤 부분인가? 우리는 어떻게 그 싸움을 싸우는가? 그 과정에서 어떤 일이 벌어지고 있는가?

4. 우리 교회는 우리가 있는 이 시대, 이 장소에서 어떻게 좀 더 진정한 교회가 될 수 있을까? 나는 공동체의 일원으로서 어떻게 그 일에 동참할 수 있을까?

5. 나는 어떻게 내가 속한 공동체를 향하여 하나님의 내주를 받아들이는 '약함'을 추구하도록 촉구할 수 있을까?

주

1장_ 정사와 권세: 창조, 타락, 그리고 그 이후

1. Thomas R. Yoder Neufeld, *Ephesians*, Believers Church Bible Commentary(Scottdale, PA: Herald Press, 2002), manuscript p. 463. 톰은 또한 성경에서 '권세'라는 용어가 사용되는 방식의 '모호성과 그것에 내재하는 포괄성'을 존중한다. 그가 자기 주석의 완성 전 원고를 볼 수 있도록 허락해 준 것에 대해 매우 고맙게 생각한다. 비록 인용된 페이지 수가 바뀔 것이고, 글의 내용도 변경될 수 있겠지만, 앞으로 이 주석을 언급할 때에는 원고의 페이지 수를 적겠다.
2. 특히, Marva J. Dawn, *Is It a Lost Cause? Having the Heart of God for the Church's Children*(Grand Rapids: Wm. B. Eerdmans Publishing Co., 1997)와, Marva J. Dawn and Eugene H. Peterson, *The Unnecessary Pastor: Rediscovering the Call*(Grand Rapids: Wm. B. Eerdmans Publishing Co., 1999)의 5장을 보라. 권세에 대해서는 자세히 설명할 것이 너무도 많아서, 이 책에서는 과거의 논의들을 반복하지는 않고 간략히 요약하는 데서 그칠 것이다. (「껍데기 목회자는 가라」 좋은씨앗)
3. William Stringfellow, *Free in Obedience*(New York: Seabury Press, 1964), pp. 49-73. 이후 단락에서는 인용된 곳의 페이지 수를 본문 안에 괄호로 표시한다.
4. Barth의 1938년 논문 *Rechtfertigung und Recht*를 보라. 영역은 G. Ronald Howe가 번역한 *Church and State* (London: Student Christian Movement Press, 1939). (「의인과 성화」 대한기독교서회의 '의인과 법'을 보라—옮긴이)
5. *God's Revolution: The Witness of Eberhard Arnold*, ed. the Hutterian Society of Brothers and John Howard Yoder (New York: Paulist Press, 1984), pp. 14-15와(아놀

주 233

드는 블룸하르트 부자로부터 큰 영향을 받았다), Friedrich Zuendel, *The Awakening: One Man's Battle with Darkness*, the story of Johann Christoph Blumhardt(Farmington, PA: The Plough Publishing House, 1999)를 보라.

6. W. A. Visser't Hooft, *The Kingship of Christ: An Interpretation of Recent European Theology* (New York: Harper and Brothers, 1948), pp. 15-31를 보라.
7. Bob Bowen, "Driving Out the Demons", *Gospel Herald* 78, no. 20 (14 May 1985): 337에 인용됨.
8. James W. Douglass, "On Transcending Technique", in *Introducing Jacques Ellul*, ed. James Y. Holloway(Grand Rapids: Wm. B. Eerdmans Publishing Co., 1970), p. 141.
9. Amos N.Wilder, *Kerygma, Eschatology, and Social Ethics*, Social Ethics Series No. 12, gen. ed. Franklin Sherman(Philadelphia: Fortress Press, 1966), pp. 23-34.
10. William Stringfellow, *An Ethic for Christians and Other Aliens in a Strange Land* (Waco, TX: Word Books, 1973), pp. 77-94. 이 책에서 Stringfellow는 권세에 관한 성경 본문을 현대의 삶의 경험에 적용하는 방법을 개략적으로 설명한다. 이것은 아마도 권세에 관한 모든 적용 중에서 가장 철저한 적용일 것이다. 그는 권세의 성격(77-94), 전술(97-107), 국가 속에서 권세의 두드러진 화신(이것은 비신화화되어야 할 필요가 있다)에 대해 기록하고 있다(107-114).

그가 구체적으로 지적하는 전략들은 진리를 부정함, 허언(虛言)과 다변, 전문 지식을 감추거나 자랑함, 감시하고 괴롭힘, 과장하고 속임, 저주와 마술, 빼앗고 흡수함, 관심을 딴 데로 돌리고 사기를 꺾음, 바벨의 폭력(부풀림, 비방, 방자한 수사, 궤변, 은어, 모순, 거짓, 신성모독)과 같은 것들이다. 그는 결론적으로 국가를 가장 두드러진 정사이며 미국 내의 적그리스도라고 통렬히 비난하면서, 또한 이런 '바벨'적 언어 전술이 교회 내의 성경 공부에까지 강력히 침입해 있음을 인식한다. 그 결과, 이런 권세의 작용은 우리가 그 권세 자체가 교회의 선교에 끼치는 엄청난 파괴적 영향력을 인식하지 못하게 한다.
11. 이 성경 용어에 관련된 다양한 논쟁에 대한 자세한 해설을 보려면, Marva J. Dawn, "The Concept of 'The Principalities and Powers' in the Works of Jacques Ellul," Ph.D. dissertation, The University of Notre Dame, 1992 (Ann Arbor, MI: University Microfilms, #9220014)을 참고하라.
12. 이 여덟 본문의 의미에 대한 상세한 설명을 위해서는 Dawn과 Peterson의, *The Unnecessary Pastor*, pp. 84-102와 112-119를 보라.
13. Oscar Cullmann, *Christ and Time: The Primitive Christian Conception of Time and History*, trans. Floyd V. Filson (Philadelphia: Westminster Press, 1950), pp. 103와 192를 보라. (「그리스도와 시간」 나단)
14. James S. Stewart, "On a Neglected Emphasis in New Testament Theology," *Scottish Journal of Theology* 4, no. 3(Sept. 1951):293. 이어지는 논의에서는 이 논문의 인용되는 곳의 페이지 수를 본문 안에 괄호로 표시한다.

15. 이 책에 인용된 몇몇 저자들이(Stewart와 특히 Jacques Ellul이) 포괄적인 언어를 사용하지 않는 것에 대해 불쾌함을 느낄 독자들에게 사과한다. 처음에 나는 문장을 수정하고 고친 많은 부분에 대해 주를 달았으나, 그렇게 하는 것이 때로 원저자의 의도를 훼손시킨다는 것을 인식했다. 아무래도 우리의 현재의 언어적 표준들을 이전의 글들에 덮어씌우는 것은 시대착오적인 느낌이 든다(우리말에서는 man을 '인간'으로 번역했다—옮긴이).
16. Rudolf Bultmann, *Theology of the New Testament*, vol. 1, trans. Kendrick Grobel(New York: Charles Scribner's Sons, 1951), pp. 257-258. (「신약성서신학」 성광문화사).
17. John R. W. Stott, *God's New Society: The Message of Ephesians*(Downers Grove, IL: InterVarsity Press, 1979), pp. 263-267. (「에베소서 강해」 IVP).
18. Stott, *God's New Society*, p. 274. Stott에 대한 John Howard Yoder의 응답은, John H. Yoder, *The Politics of Jesus*, 2nd ed.(Grand Rapids: Wm. B. Eerdmans Publishing Co., 1994), pp. 160-161를 보라. (「예수의 정치학」 IVP).
19. Robert E. Webber, *The Church in the World: Opposition, Tension, or Transformation*(Grand Rapids: Zondervan Academie Books, 1986).
20. D. E. H. Whiteley, *The Theology of St. Paul*(Oxford: Basil Blackwell, 1964), p. 27.
21. Heinrich Schlier, *Principalities and Powers in the New Testament*(New York: Herder and Herder, 1961), pp. 16, 18-20.
22. F. F. Bruce, "Colossian Problems Part 4: Christ as Conqueror and Reconciler", *Bibliotheca Sacra* 141, no. 4(Oct.-Dec. 1984): 299-300.
23. Visser't Hooft의 *The Kingship of Christ*; Cullman의 *Christ and Time*; Albert H. van den Heuvel, *These Rebellious Powers*(New York: Friendship Press, 1965); Markus Barth, *The Broken Wall: A Study of the Epistle to the Ephesians*(Valley Forge, PA: Judson Press, 1959), *Ephesians: Introduction, Translation, and Commentary on Chapters 1-3*과 *Ephesians: Translation and Commentary on Chapters 4-6*, The Anchor Bible, vol. 34, parts 1 and 2, William Foxwell Albright and David Noel Freedman, gen. eds.(Garden City, NY: Doubleday and Company, 1974)를 보라. William Stringfellow의 *Free in Obedience* 외에도 *An Ethic for Christians*를 보라.
24. Yoder, *The Politics of Jesus*, 2nd ed., p. 142.
25. Yoder, *The Politics of Jesus*, 2nd ed., pp. 142-144.
26. John H. Yoder, *He Came Preaching Peace*(Scottdale, PA: Herald Press, 1985), p. 114.
27. 아래에서 언급되는 3부작 외에도, Wink는 자신의 관점을 요약한 *When the Powers Fall* (Minneapolis: Augsburg-Fortress, 1998)과 *The Powers That Be* (New York: Doubleday, 1999)를 출간했다. (우리말로 번역하면서 주27과 주28은 순서가 서로 바뀌었다—옮긴이).

28. Wink는 Wesley Carr의 책 *Angels and Principalities: The Background, Meaning, and Development of the Pauline Phrase hai archai kai hai exousiai*(Cambridge: Cambridge University Press, 1981)에 동의할 수 없었고 비판적이었기에, 그 신약성경 용어에 관해 스스로 광범위한 조사를 수행했다. Wink는 Carr의 주석이 오류가 있고 결론이 부적절하다고 말하는 부분에서 분명히 옳다. 예를 들어, Carr는 자신의 도식에 맞지 않기 때문에, 사본적 증거가 전혀 없음에도 에베소서 6:12이 아마도 후대의 삽입(interpolation)일 것이라고 말한다(108). Carr의 이전의 논문 "The Rulers of This Age-I Corinthians II. 6-8", *New Testament Studies* 23 (1976): 20-35도 역시 성경 본문을 진지하게 취급하지 못한다.
29. 특정한 형태의 정사들 중 Stringfellow가 *Free in Obedience*에서 묘사하는 정사들은 타락한 상태(falleness)로서의 돈, 대중적 영웅, 성욕, 유행, 스포츠, 정권(the crown), 애국심, 그리고 종교다(59-60). 정사들을 죽음의 권세라고 설명한 후(64-70), 그는 그것들에 대한 그리스도의 승리를 강조한다(70-73). 그 이후의 내용은, 교회와 나라들(nations)과의 관계(83-89), 교회가 나라들이라는 정사에 맞서야 할 필요성(89-95), 교회가 어떻게 종종 그 자유를 잃어버리고 정사가 되어버리는지(95-99)를 기술한다. 결론적으로 이 책은, 하나님의 자유를 비전으로 품고 소중히 여기는(107-128) 진정한 교회가 됨으로써 죽음의 권세를 규명하고 폭로하고 분별하고 축출하라고 경고한다(102-103).
30. Walter Wink, *Naming the Powers: The Language of Power in the New Testament*, vol. 1 of *The Powers*(Philadelphia: Fortress Press, 1984), p. xi. 이어지는 논의에서는 이 책에서 인용되는 페이지 수를 본문 속에 괄호로 표시한다.
31. Stringfellow, *Free in Obedience*, p. 52. "성경이 '정사와 권세'라고 부르는 것들은 오늘날의 언어로는 '이데올로기', '기관들', '이미지들'이라고 불린다."
32. Wink의 *Unmasking the Powers: The Invisible Forces that Determine Human Existence*, vol. 2 of *The Powers*(Philadelphia: Fortress Press, 1986)는 성경보다는 융 심리학에 훨씬 더 가깝다.
33. Wink가 각주를 달지는 않지만, 아마도 그는 여기서 Cullmann, *Christ and Time*, pp. 191-210에 대해 말하는 것 같다.
34. 특히 Yoder Neufeld의 *Ephesians*를 보라.
35. Walter Wink, *Engaging the Powers: Discernment and Resistance in a World of Domination*, vol. 3 of *The Powers* (Minneapolis: Fortress Press, 1992), p. 39. 아래의 문단에서는 이 책에서 인용되는 페이지 수를 본문 속에 괄호로 표시한다.
36. 이 승리가 하나님이 하신 일이며 우리의 일이 아님을 강조하는 것이 중요하다!
37. Thomas R. Yoder Neufeld, 'Put on the Armour of God': *The Divine Warrior from Isaiah to Ephesians*, Journal for the Study of the New Testament Supplement Series 140 (Sheffield, England: Sheffield Academic Press, 1997), p. 122.
38. Heinrich Schlier, *Der Brief an die Epheser: Ein Kommentar*, 7th ed. (Dusseldorf:

Patmos, 1971), p. 291.
39. Yoder Neufeld, 'Put on the Armour of God, pp. 123-124.
40. Yoder Neufeld, 'Put on the Armour of God, p. 124.
41. Friedrich Zuendel, The Awakening, pp. 6-7에 나오는 Gunter Kruger의 개관.
42. Gunter Kruger, 같은 곳.
43. Karl Barth, Church Dogmatics IV, The Christian Life, trans. Geoffrey W. Bromiley (Grand Rapids: Wm. B. Eerdmans Publishing Co., 1981), p. 214. 이하의 논의에서는 이 책의 인용되는 페이지 수를 본문 속에 괄호로 표시한다.
44. Stringfellow, An Ethic for Christians, p. 17.
45. Gordon Rupp, Principalities and Powers: Studies in the Christian Conflict in History(New York: Abingdon-Cokesbury Press, 1952), p. 16.
46. Rupp, Principalities and Powers, pp. 13-26.
47. 이 책에서 나는 대문자로 쓴 Church를 그리스도의 몸인 이상적인 교회를 가리킬 때 사용하며, 소문자로 쓴 church나 churches는 타락한 구체적인 실재로서의 (그리고 신실한 존재가 되려고 추구하는) 교회를 가리킬 때 사용한다. (번역문에서는 대문자로 된 Church만 괄호 안에 표시함으로써 구별하기로 한다―옮긴이)
48. Clinton D. Morrison, The Powers That Be: Earthly Rulers and Demonic Powers in Romans 13.1-7, Studies in Biblical Theology No. 29 (Naperville, IL: Alec R. Allenson, 1960), p. 139.
49. Yoder, The Politics of Jesus, 2nd ed., p. 157.
50. 그리스도와 교회를 이해하는데 있어서 승천의 중요성에 대한 탁월하고도 철저한 해설을 보려면, Douglas Farrow, Ascension and Ecclesia: On the Significance of the Doctrine of the Ascension for Ecclesiology and Christian Cosmology(Grand Rapids: Wm. B. Eerdmans Publishing Co., 2000)를 참고하라.
51. Visser't Hooft, The Kingship of Christ, pp. 80, 82-83
52. Cullmann, Christ and Time, p. 199.
53. G. B. Caird, Principalities and Powers: A Study in Pauline Theology (Oxford: Clarendon Press, 1956), p. 80.
54. Hendrik Berkhof, Christ and the Powers, trans. John H. Yoder (Scottdale, PA: Herald Press, 1962), p. 43.
55. Karl Barth, Church Dogmatics IV/2, The Doctrine of Reconciliation, trans. Geoffrey W. Bromiley (Edinburgh: T. & T. Clark, 1958), pp. 171-72.
56. Yoder, The Politics of Jesus, 2nd ed., pp. 185 and 162-92.
57. Yoder, He Came Preaching Peace, p. 114.
58. Markus Barth, The Broken Wall, pp. 230-231.
59. Schlier, Principalities and Powers in the New Testament, pp. 13-14, 40, 52.

60. Yoder, *The Politics of Jesus,* 2nd ed., p. 161.
61. Caird, *Principalities and Powers,* p. 84.
62. van den Heuvel, *These Rebellious Powers,* p. 61. 이하의 논의에서는 이 책의 인용되는 페이지 수를 본문 속에 괄호로 표시한다.
63. Barth, *Church and State,* p. 66.
64. Dale W. Brown, *Biblical Pacifism: A Peace Church Perspective* (Elgin, IL: Brethren Press, 1986), pp. 121-122와 128-130.
65. Brown, *Biblical Pacifism,* pp. 130-131.
66. Stringfellow, *An Ethic for Christians,* pp. 138-146와 152.
67. James Luther Adams, "*We Wrestle Against Principalities and Powers,*" in *The Prophethood of All Believers,* ed. George K. Beach (Boston: Beacon Press, 1986), pp. 168-169.
68. 많은 다른 학자들이 그러한 독립성을 전제한다. William Stringfellow의 *An Ethic for Christians,* pp. 78-80와 그의 *Free in Obedience,* pp. 52-53을 보라.
69. Bill Wylie Kellermann, "Not Vice Versa. Reading the Powers Biblically: Stringfellow, Hermeneutics, and the Principalities," *Anglican Theological Review* 81, no. 4 (1999): 677-678.

2장_ 하나님의 내주와 약함의 신학

1. 나는 다른 많은 학자, 목사와 함께, 성경의 첫 3/4을 '첫 언약 성경' 또는 '히브리성경'이라고 부른다. 이것은 구약(Old Testament)이라는 이름에 내포된 우리 문화의 부정적인 의미를 피하고, 모든 하나님의 백성을 향한 변함없는 하나님의 은혜와, 성경에 나타난(먼저 이스라엘에게 주어지고, 그 후에 더하여 그리스도인들에게 주어진) 하나님 언약들의 연속성을 강조하려는 의도다.
2. R. C. H. Lenski, *The Interpretation of St. Paul's First and Second Epistles to the Corinthians* (Minneapolis: Augsburg Publishing House, 1937), pp. 1302와 1305.
3. Ralph P. Martin은 Word Biblical Commentary의 2 Corinthians (Waco, TX: Word Books, 1986)에서 '텔레오'를 '성취되다'(fulfilled)로 번역한다. 그러나 대명사 '나의'(my)를 추가하여 주님의 능력이라는 의미로 읽고 있다(pp. 418-422). Ernest Best는 Interpretation 주석 시리즈의 *Second Corinthians: A Bible Commentary for Teaching and Preaching* (Louisville: John Knox Press, 1987)에서 단순히 이 구절을 "내 능력이 약한 데서 온전하여짐이라"(my power is made perfect in weakness)로 번역한다(120). Frederick W. Danker는 *II Corinthians,* the Augsburg Commentary on the New Testament (Minneapolis: Augsburg Publishing House, 1989)에서 "온전하여진다라는

단어는 동사 '텔레이타이'(*teleitai*)의 번역이며, 완결의 의미로 '실행된다'(is carried out)와 같은 뜻이다"라고 말한다.

Victor Paul Furnish는 Anchor Bible 주석에서 고후 12:9에서 사용된 '텔레오'가 일반적으로 '완결되다' 또는 '목표에 도달하다'로 번역됨을 인식한다. 그러나 그는 여기서 그 용법은 다르다고 단언한다. 그는 능력이 하나님이나 그리스도의 능력일 수 있다고 말하지만, 그것이 바울의 능력을 의미할 수 있다는 생각을 전혀 하지 않는다. 그래서 그는 그 동사를 '온전히 함께한다'(is made fully present)로 번역한다(*II Corinthians: Translated, with Introduction, Notes, and Commentary*, The Anchor Bible [Garden City, NY: Doubleday, 1984], pp. 530-531). 그러나 이 번역은 내가 보기에는 '텔레이오오' 대신에 '텔레오'를 선택한 바울의 의도와 상반되는 것 같다. Paul Barnett은 고린도후서 12:9이 서신 전체의 정점임을 인식하지만, 그는 '텔레오' 동사의 통상적인 번역을 따르며, 괄호를 만들어 '그리스도의'를 삽입한다.(*The Second Epistle to the Corinthians*[Grand Rapids: Wm. B. Eerdmans Publishing Co., 1997], p. 572).

내가 보기에는 사람들의 마음에 그 능력이 그리스도나 하나님의 것이라는 생각이 너무도 깊이 새겨져 있어서 (능력이라는 단어 앞에 대명사가 없어도) 아무도 그 능력이 누구의 것인지 묻지 않는 것 같다. 그래서 '끝내다'라는 의미의 동사를 번역하면서 다른 번역의 가능성을 찾아야만 하게 되었다.

4. Johannes P. Louw and Eugene A. Nida, eds., *Greek-English Lexicon of the New Testament Based on Semantic Domains*, vols. 1 and 2 (New York: United Bible Societies, 1988)을 보라. 이 사전의 접근 방식과 방법론은 현대 언어학의 통찰들을 활용하고 있으며, 각 단어의 정의는 한 용어의 특징적인 면들을 같은 의미 영역(semantic domain)에 있는 관련된 다른 단어들과 비교, 대조한 결과에 기초하여 제시된다. 나는 이 책 전체에서 이 사전의 정의들을 제시할 때, 정의와 함께 의미장(semantic field) 번호와 특정 단어 번호를 표시할 것이다. 예를 들어, '텔레이오오'에 대해 위에 제시된 뉘앙스들은 각각 SD 88.38, 73.7, 68.22, 68.31, 53.50, 13.126, 13.18이다(여기서 점 앞의 번호는 의미 영역[SD]의 번호이고, 점 뒤의 번호는 같은 의미영역 내에서 특정 단어를 구별하는 번호이다―옮긴이).

5. Louw and Nida, eds., *Greek-English Lexicon of the New Testament Based on Semantic Domains*, vol. 2, 영역 85C 와 E, pp. 729-733를 보라.

6. Rene Girard의 '속죄양' 이론에 비추어 그리스도의 고난, 죽음, 속죄 사역에 관한 아주 중요한 관점들을 제시하는 책으로서, Willard M. Swartley, ed., *Violence Renounced: Rene Girard, Biblical Studies, and Peacemaking*, vol. 4 of *Studies in Peace and Scripture* (Telford, PA: Pandora Press U.S., 2000)이 있다. 이 책은 그리스도가 기꺼이 속죄양이 되신 측면들(약함에 대한 나의 강조와 병행을 이루는)을 제시할 뿐 아니라, 또한 Girard의 이론에 대한, 특히 그것이 속죄에 대한 성경적 이미지들의 광범위함을 축소하는 데 사용되는 측면에 대한 자세하고도 탁월한 비평을 담고 있다.

7. Marva J. Dawn, *I'm Lonely, Lord―How Long?: Meditations on the Psalms*, rev.

ed.(Grand Rapids: Wm. B. Eerdmans Publishing Co., 1998)을 보라. (「나는 언제까지 외롭습니까?」이레서원)

8. Marva J. Dawn, *To Walk and Not Faint: A Month of Meditations on Isaiah 40*, rev. ed.(Grand Rapids:Wm. B. Eerdmans Publishing Co., 1997)의 31장, pp. 182-189를 보라. (복 있는 사람 출간 예정)

9. Berthold Von Schenk의 *The Presence: An Approach to Holy Communion*을 For All the Saints: A Prayer Book for and by the Church, vol. 1: Year 1, Advent to the Day of Pentecost, compiled and edited by Frederick J. Schumacher with Dorothy A. Zelenko(Delhi, NY: American Lutheran Publicity Bureau, 1994), p. 209로부터 인용했다.

10. Timothy B. Savage는 *Power Through Weakness: Paul's Understanding of the Christian Ministry in 2 Corinthians*, Society for New Testament Studies Monograph Series 86(Cambridge: Cambridge University Press, 1996), p. 167에서 히브리성경의 본문 중에서 몇 가지 가장 두드러진 것들을 열거한다. "하나님의 능력이 나타나는 것을 가장 극적으로 경험했던 사람들은 대부분 최고의 겸손을 소유했던 사람들이었다." 아브라함(창 18:7), 모세(출 3:11), 기드온(삿 6:15), 다윗(삼상 18:23)이 그런 사람들이다. "하나님이 '통회하고 마음이 겸손한 자와 함께하시며'(사 57:15), '마음이 가난한 자를 돌보시며'(사 66:2), '마음이 상한 자를 가까이하신다'(시 34:18)는 것은 구약성경의 공리와도 같다. 겸손이 있는 곳에, 하나님의 능력도 머무를 것이다."

11. Beverly R. Gaventa, "He Comes as One Unknown," in "The Challenge of Christmas: Two Views," *Christian Century* 110, no. 36 (15 Dec. 1993): 1270-1280.

12. David Rhoads and Donald Michie, *Mark as Story: An Introduction to the Narrative of a Gospel*(Philadelphia: Fortress Press, 1982), p. 142.

13. Kenneth E. Bailey, *Poet and Peasant and Through Peasant Eyes: A Literary-Cultural Approach to the Parables in Luke* (Grand Rapids: Wm. B. Eerdmans Publishing Co., 1983), pp. 86-118를 보라.

14. Bill Wylie Kellermann, *Seasons of Faith and Conscience: Kairos, Confession, Liturgy* (Maryknoll, NY: Orbis Books, 1991), p. 192 (강조는 저자의 것).

15. Wylie Kellermann, *Seasons of Faith and Conscience*, p. 195.

16. 본문들을 간략하게 개관하는 것이 목적이므로, 나는 그냥 정경에 나타난 저자명을 사용한다. 이것은 저자를 의미할 수도 있고, 저자와 관련된 문학적 전통을 의미할 수도 있다.

17. Marva J. Dawn, *Joy in Our Weakness: A Gift of Hope from the Book of Revelation*(St. Louis: Concordia Publishing House, 1994). (「약할 때 기뻐하라」 복 있는 사람)

18. Luke Timothy Johnson, *The Real Jesus: The Misguided Quest for the Historical Jesus and the Truth of the Traditional Gospels*, paperback edition(HarperSanFrancisco, 1997), pp. 151-158 와 158-165에서 각각 인용함. 아래에서 이 책을 인용할 때는 인용된 곳의 페이지 수를 본문 안에 괄호를 사용하여 표시한다.

19. *For All the Saints*, pp. 238-239. 이 장의 남은 부분에서 이 책을 인용할 때는 인용한 곳의 페이지 수를 본문 속에 직접 표시한다.
20. Johann Christoph Arnold, *Seeking Peace: Notes and Conversations Along the Way*(Farmington, PA: The Plough Publishing House, 1998), pp. 51-52.
21. Søren Kierkegaard, *Eighteen Upbuilding Discourses for Self-Examination*, ed. and trans. Howard V. Hong and Edna H. Hong(Princeton: Princeton University Press, 1990), as quoted in Charles E. Moore, ed., *Provocations: Spiritual Writings of Kierkegaard*(Farmington, PA: The Plough Publishing House, 1999), p. 5.
22. Kierkegaard, *Eighteen Upbuilding Discourses*, as quoted in Moore, ed., *Provocations: Spiritual Writings of Kierkegaard*, p. 7.
23. Søren Kierkegaard, *Eighteen Upbuilding Discourses for Self-Examination and Judge for Yourself*, trans. Howard V. Hong and Edna H. Hong(Princeton: Princeton University Press, 1990), as quoted in Moore, ed., *Provocations: Spiritual Writings of Kierkegaard*, pp. 150-151.
24. Søren Kierkegaard, *The Journals of Søren Kierkegaard*, ed. and trans. Alexander Dru(London: Oxford University Press, 1938), as quoted in Moore, ed., *Provocations: Spiritual Writings of Kierkegaard*, p. 236.
25. T. H. Croxall, *Meditations from Kierkegaard*(London: James Nisbet and Company, LTD, 1955), as quoted in Moore, ed., *Provocations: Spiritual Writings of Kierkegaard*, p. 236.
26. Søren Kierkegaard, *Christian Discourses*, trans. Walter Lowrie(London: Oxford University Press, 1952), p. 137, as quoted in Moore, ed., *Provocations: Spiritual Writings of Kierkegaard*, pp. 411-12.
27. Croxall, *Meditations from Kierkegaard*, p. 55, as quoted in Moore, ed., *Provocations: Spiritual Writings of Kierkegaard*, p. 413.
28. Wylie Kellermann, *Seasons of Faith and Conscience*, p. 147.
29. Barbara Brown Taylor, "Preaching the Terrors," in *Exilic Preaching: Testimony for Christian Exiles in an Increasingly Hostile Culture*, ed. Erskine Clarke (Harrisburg, PA: Trinity Press International, 1998), pp. 89-90.
30. John of Ruysbroeck, *The Adornment of the Spiritual Marriage*, trans. C. A. Wynschenk(London: J. M. Dent, 1916), p. 18, Mark Harris, *Companions for Your Spiritual Journey: Discovering the Disciplines of the Saints*(Downers Grove, IL: InterVarsity Press, 1999), pp. 37-38에 인용됨. (「영적 여정의 동반자」 성서유니온)
31. Malcolm Muggeridge, *Confessions of a Twentieth Century Pilgrim, For All the Saints: A Prayer Book for and by the Church*, vol. 2: Year 1, the Season after Pentecost, compiled and edited by Frederick J. Schumacher with Dorothy A. Zelenko(Delhi,

NY: American Lutheran Publicity Bureau, 1995), pp. 890-891에 인용됨.
32. Walter Wangerin, Jr., *Reliving the Passion: Meditations on the Suffering, Death, and Resurrection of Jesus as Recorded in Mark*(Grand Rapids: Zondervan Publishing House, 1992)은 수난에 대해 탁월한 묵상을 담고 있다.

3장_ 타락한 권세가 된 교회

1. Casiodoro de Reina(1520-1594), *Ecclesiam Christi*, trans. A. Gordon Kinder, quoted in *For All the Saints: A Prayer Book for and by the Church,* vol. 1: Year 1, Advent to the Day of Pentecost, compiled and edited by Frederick J. Schumacher with Dorothy A. Zelenko(Delhi, NY: American Lutheran Publicity Bureau, 1994), pp. 833-834.
2. Hugh Mackay, *Turning Point: Australians Choosing Their Future*(Sydney: Pan Macmillan Australia, 1999), pp. 234-235.
3. William Stringfellow, *An Ethic for Christians and Other Aliens in a Strange Land* (Waco, TX: Word Books, 1973), p. 93.
4. Stringfellow, *An Ethic for Christians*, pp. 88-89.
5. Bill Wylie Kellermann, *Seasons of Faith and Conscience: Kairos, Confession, Liturgy*(Maryknoll, NY: Orbis Books, 1991), pp. 159-160.
6. Robert Coles, *Dorothy Day: A Radical Devotion*, Radcliffe Biography Series(Reading, MA: Addison-Wesley Publishing Co./Perseus Books, 1987), pp. 66-67. 또한 Georges Bernanos의 다음 책들을 보라. *The Diary of a Country Priest*, trans. Pamela Morris(Garden City, NY: Doubleday and Company, [1937], 1954) and *The Heroic Face of Innocence: Three Stories by Georges Bernanos* (Grand Rapids:Wm. B. Eerdmans Publishing Co., 1999).
7. 이 책에서 나는 예수님의 몸으로서의 이상적인 교회를 말할 때, 대문자화된 Church를 사용하고, 구체적인 타락한 (그리고 신실함을 추구하는) 실체로서의 교회를 소문자로 된 church 또는 churches를 사용함을 기억하라. (번역문에서는 대문자화된 Church의 경우에만 괄호 안에 표기하여 구별한다—옮긴이)
8. Jacques Ellul, *The Presence of the Kingdom,* trans. Olive Wyon(New York: Seabury Press, 1967), p. 152. (「세상 속의 그리스도인」 대장간)
9. 이 본문에 대한 집중적인 연구는, Marva J. Dawn, *Truly the Community: Romans 12 and How to Be the Church*(Grand Rapids: Wm. B. Eerdmans Publishing Co., 1992; reissued 1997)를 보라. (「회열의 공동체」 복 있는 사람)
10. 이 문구는 Robert Coles, *Dorothy Day*, p. 88에서 나온 것이다. Coles는 Day가 그런 위험성을 의식하고 있었다고 말한다.

11. Jacques Ellul, *False Presence of the Kingdom*, trans. C. Edward Hopkin(New York: Seabury Press, 1972), pp. 5-6.
12. Darrell L. Guder, *The Continuing Conversion of the Church*, The Gospel and Our Culture Series, gen. ed. Craig Van Gelder(Grand Rapids: Wm. B. Eerdmans Publishing Co., 2000), p. 194.
13. George Lindbeck, *The Nature of Doctrine: Religion and Theology in a Postliberal Age*(Philadelphia: Westminster Press, 1984)를 보라.
14. Jacques Ellul, *The Subversion of Christianity*, trans. Geoffrey W. Bromiley(Grand Rapids: Wm. B. Eerdmans Publishing Co., 1986), p. 3. 아래의 문단들 안에서 이 책을 인용할 때에는 인용된 곳의 페이지 수를 본문 안에 괄호로 표기한다. (「뒤틀려진 기독교」 대장간)
15. 이것은 엘룰이 과장법을 사용한 전형적인 경우이다. 그는 자신의 논점이 충분히 인식되지 않았다고 생각될 때, 자신의 논점을 명확하게 만들려고 과장된 진술을 사용한다. 이것은 Flannery O'Connor가, 듣는 것을 거부하는 사람들을 향한 확성기로 사용하려고, 자신도 스스로 기괴하다고 인정한 이야기들을 쓴 것과 매우 흡사한 경우이다. 우리는 똑같은 문제를 이 장에서 이미 언급했다. 우리는 교회들이 잘 인식하지 못하는 것들을 볼 수 있도록 그들을 어떻게 돕고 있는가?
16. 나는 진정한 유대교는 변증법적으로 이해된 은혜에 기초하고 있음을 강조한다. 하나님은 이스라엘을 애굽에서 끌어내시고, 야웨의 임재로부터 능력을 공급받는 삶을 살아가게 하셨다.
17. Ellul, *False Presence of the Kingdom*, p. 47. 다음에 이어지는 이 책의 인용들은 인용한 곳의 페이지 수를 본문 속에 괄호로 표기한다.
18. Luke Timothy Johnson, *The Real Jesus: The Misguided Quest for the Historical Jesus and the Truth of the Traditional Gospels*, paperback edition(HarperSanFrancisco, 1997), pp. vii-viii. 이 절과 다음 절에서 이 책을 인용할 때는 인용한 곳의 페이지 수를 본문 안에 괄호로 표기한다.
19. 이 말을 할 때, 존슨은 (그리고 나도) 가부장적·자본주의적 억압이나 동성애 공포증에서 기인한 억압을 비난하지 말아야 한다고 말하는 것이 아니다. 문제는, 우리가 성경을 주석적으로 신학적으로 교회론적으로 읽는 대신에 정치적으로, 이데올로기적으로 읽을 때 항상 등장하는 축소주의이다.
20. 이 내용은 또한, Rolf Joachim Erler and Reiner Marquard, eds., *A Karl Barth Reader*, trans. and ed. Geoffrey W. Bromiley(Grand Rapids: Wm. B. Eerdmans Publishing Co., 1986), p. 61 에서 찾을 수 있다.
21. Martin E. Marty, "'Who Is Jesus Christ for Us Today?' as Asked by Young People," in *Growing Up Postmodern: Imitating Christ in the Age of "Whatever,"* ed. Kenda Creasy Dean (Princeton, NJ: Institute for Youth Ministry, 1999), p. 25.
22. Jean Bethke Elshtain, *Who Are We? Critical Reflections and Hopeful Possibilities*(Grand Rapids: Wm. B. Eerdmans Publishing Co., 2000), p. 4를 보라.

23. Leon Morris, *The Cross in the New Testament*, 2nd ed.(Grand Rapids: Wm. B. Eerdmans Publishing Co., 1999), p. 6.
24. Jacques Ellul은 내게 계시록을 계시된 분(the Revealed One)을 통해 이해하는 것이 중요함을 가르쳐 주었다. *Sources and Trajectories: Eight Early Articles by Jacques Ellul That Set the Stage*, trans. and ed. Marva J. Dawn(Grand Rapids: Wm. B. Eerdmans Publishing Co., 1997)의 5장 "The Contemporaneity of the Reformation"과 8장 "Innocent Notes on 'The Hermeneutic Question'"을 보라.
25. Neil Postman, *Amusing Ourselves to Death: Public Discourse in the Age of Show Business*(New York: Viking Penguin, 1985)을 보라.
26. Ellul, *False Presence of the Kingdom*, pp. 48-49.
27. Charles M. Olsen의 *Transforming Church Boards into Communities of Spiritual Leaders*(Bethesda, MD: Alban Institute, 1995)는 교회의 지도자들이 사업 정책이 아니라 영적인 정책으로 교회를 섬길 수 있도록 도와주는 매우 유익한 책이다.
28. Jacques Ellul은 기술을 다룬 자신의 3부작에서, 우리의 기술 세계에서 첫 번째로 중요한 기준이 효율성임을 심오한 논의를 통해 보여준다. 다음 책들을 참고하라(제시된 순서대로 읽을 것을 추천한다). Jacques Ellul, *The Technological Society*, trans. John Wilkinson(New York: Vintage Books, 1964, 「기술의 역사」 한울); *The Technological System*, trans. Joachim Neugroschel(New York: The Continuum Publishing Company, 1980); and *The Technological Bluff*, trans. Joyce Main Hanks (Grand Rapids: Wm. B. Eerdmans Publishing Co., 1990).
29. Mackay, *Turning Point*, p. 102.
30. Ellul, *False Presence of the Kingdom*, pp. 70-71.
31. Jean-Pierre de Caussade, *The Sacrament of the Present Moment*, trans. Kitty Muggeridge(San Francisco: Harper & Row, Publishers, 1982).
32. Kellermann, *Seasons of Faith and Conscience*, p. 115.
33. Ellul, *Presence of the Kingdom*, pp. 44-48. 마르틴 루터의 두 왕국 교리는 너무도 자주 오해되고 잘못 적용된다. 모범적인 해석으로는, Heinrich Bornkamm, *Luther's Doctrine of the Two Kingdoms: In the Context of His Theology*, trans. Karl H. Hertz(Philadelphia: Fortress Press, 1966)를 참고하라.
34. Ellul, *False Presence of the Kingdom*, p. 43.
35. John D. Zizioulas, *Being as Communion: Studies in Personhood and the Church* (Crestwood, NY: St. Vladimir's Press, 1985), pp. 20 이하.
36. 이 신비의 중요성에 대한 철저한 토론을 보려면, Douglas Farrow, *Ascension and Ecclesia: On the Significance of the Doctrine of the Ascension for Ecclesiology and Christian Cosmology*(Grand Rapids:Wm. B. Eerdmans Publishing Co., 2000)를 참고하라.
37. Jacques Ellul, *The Political Illusion*, trans. Konrad Kellen(New York: Alfred A.

Knopf, 1967)을 보라.
38. Ellul, *False Presence of the Kingdom*, p. 93. 아래의 몇 문단에서 이 책을 인용할 때, 인용된 곳의 페이지 수를 본문 안에 괄호로 표기한다.
39. 예를 들어, Philip D. Kenneson and James L. Street, *Selling Out the Church: The Dangers of Church Marketing* (Nashville: Abingdon Press, 1997)을 보라.
40. Lindbeck, *The Nature of Doctrine*, p. 118을 보라.
41. Richard Lischer, "Living by the Word: A Sense of Ending," *Christian Century* 116, no. 8(10 March 1999): 277를 보라.
42. Roy Lawrence, *Christian Healing Rediscovered*(Downers Grove, IL: InterVarsity Press, 1980).
43. Ellul, *False Presence of the Kingdom*, p. 163.
44. Jorg Swoboda, *The Revolution of the Candles: Christians in the Revolution of the German Democratic Republic*, ed. Richard V. Pierard, trans. Edwin P. Arnold(Macon, GA: Mercer University Press, 1996), p. 129.
45. Timothy B. Savage, *Power Through Weakness: Paul's Understanding of the Christian Ministry in 2 Corinthians*, Society for New Testament Studies Monograph Series 86(Cambridge: Cambridge University Press, 1996), p. 30. 이 문단의 나머지 부분에서 이 책을 인용할 때는 인용한 곳의 페이지 수를 본문 안에 괄호로 표기한다.
46. 나는 이것을 Martha Ellen Stortz의 *Pastor Power*(Nashville: Abingdon Press, 1993), p. 116에서 배웠다.
47. Coles, *Dorothy Day*, p. 134.
48. Brian Walsh, Richard Middleton, Mark Vander Vennen, and Sylvia Keesmaat, *The Advent of Justice: A Book of Meditations*(Sioux City, IA: Dordt College Press, 1993), p. 45.
49. Ellul, *The Subversion of Christianity*, pp. 20-21.
50. Ellul, *The Subversion of Christianity*, p. 33.
51. Craig L. Blomberg, *Neither Poverty nor Riches: A Biblical Theology of Material Possessions*, New Studies in Biblical Theology, series editor D. A. Carson(Grand Rapids: Wm. B. Eerdmans Publishing Co., 1999), pp. 19-20.
52. Jacques Ellul, *Money and Power*, trans. LaVonne Neff(Downers Grove, IL: InterVarsity Press, 1984)를 보라. (「하나님이냐 돈이냐」 대장간)
53. Richard J. Foster, *The Challenge of the Disciplined Life: Christian Reflection on Money, Sex and Power*(San Francisco: Harper and Row, 1989)를 보라. (「돈, 섹스, 권력」 두란노)
54. Blomberg, *Neither Poverty nor Riches*, p. 26.
55. Daniel Sarewitz and Roger Pielke Jr., "Breaking the Global-Warming Gridlock,"

Atlantic Monthly 286, no. 1(July 2000): 62.

56. William Langewiesche, "The Shipbreakers," *Atlantic Monthly* 286, no. 2(August 2000): 43. 다음 문단에서 이 기사를 인용할 때는, 인용한 곳의 페이지 수를 본문 안에 괄호로 표기한다.
57. Elshtain, *Who Are We?* p. 54.
58. Savage, *Power Through Weakness*, p. 52.
59. Marva J. Dawn, *Reaching Out without Dumbing Down: A Theology of Worship for This Urgent Time*(Grand Rapids: Wm. B. Eerdmans Publishing Co., 1995), and *A Royal "Waste" of Time: The Splendor of Worshiping God and Being Church for the World*(Grand Rapids: Wm. B. Eerdmans Publishing Co., 1999). (「고귀한 시간 낭비」 이레서원)
60. Mackay, *Turning Point*, p. 242. 아래에서 이 책을 인용할 때에는 인용한 곳의 페이지 수를 본문 안에 괄호로 표기한다.
61. Gunter Kruger의 서문, Friedrich Zuendel, *The Awakening: One Man's Battle with Darkness*(Farmington, PA: The Plough Publishing House, 1999), pp. 10-12, 18-19.
62. G. B. Caird, *Principalities and Powers: A Study in Pauline Theology*(Oxford: Clarendon Press, 1956), p. 101.
63. Brian Wren, ⓒ1975, 1995 Hope Publishing Co., Carol Stream, IL 60188. 저자의 허락을 받고 사용함. Moravian Hymnal의 579장에 나오는 곡, ABINGDON, Erik Routley (1945)에 맞추어 부르라.
64. Sergei Fudel, *Light in the Darkness*에서 발췌. *For All the Saints*, pp. 777-778에 인용됨.

4장_ 그러면 교회는 어떤 모습이 되어야 하는가?

1. Miroslav Volf, "Faith Matters: Floating Along?" *Christian Century* 117, no. 11(5 April 2000): 398.
2. Jacques Ellul, *The Presence of the Kingdom*, trans. Olive Wyon(New York: Seabury Press, 1967), pp. 7-8. 이하 문단들에서 이 책을 인용할 때에는 인용한 곳의 페이지 수를 본문 안에 괄호로 표기한다.
3. 이러한 폭력과 희생에 대한 엘룰의 초기 비평을 Rene Girard 의 매우 강력하고 통찰력 있는 논점과 비교하는 것은 흥미롭다. 특히 *Violence and the Sacred*, trans. Patrick Gregory(Baltimore: Johns Hopkins University Press, 1977,「폭력과 성스러움」민음사); *The Scapegoat*, trans. Yvonne Freccero(Baltimore: Johns Hopkins University Press, 1986,「희생양」민음사); *Things Hidden Since the Foundation of the World*, trans. Stephen Bann and Michael Metteer(Stanford: Stanford University Press, 1987)를 보

라. 또한, 이 주제에 대한 엘룰의 주된 저술인 *Violence: Reflections from a Christian Perspective*, trans. Cecelia Gaul Kings(New York: Seabury Press, 1969) [폭력-기독교적 반성과 전망](현대사상사)과 Willard M. Swartley, ed., *Violence Renounced: Rene Girard, Biblical Studies, and Peacemaking*, vol. 4 of Studies in Peace and Scripture (Telford, PA: Pandora Press U.S., 2000)를 보라.

4. 이 예는 1장에서 소개되었고, Hendrik Berkhof, *Christ and the Powers*, trans. John H. Yoder(Scottdale, PA:Herald Press, 1962), p. 43에 나온다.

5. Jacques Ellul, *False Presence of the Kingdom*, trans. C. Edward Hopkin(New York: Seabury Press, 1972), p. 178. 아래에서 이 책을 인용할 때는 인용한 곳의 페이지 수를 본문 안에 괄호로 표기한다.

6. Timothy B. Savage, *Power Through Weakness: Paul's Understanding of the ChristianMinistry in 2 Corinthians*, Society for New Testament Studies Monograph Series 86(Cambridge: Cambridge University Press, 1996), p. 69.

7. Thomas R. Yoder Neufeld, 'Put on the Armour of God: The Divine Warrior from Isaiah to Ephesians, Journal for the Study of the New Testament Supplement Series 140(Sheffield, England: Sheffield Academic Press, 1997)와 또한 그의 *Ephesians*, Believers Church Bible Commentary(Scottdale, PA: Herald Press, 2002)를 보라.

8. Harvey Cox(Harvard Divinity School의 교수), "Weekend Edition" interview with Scott Simon on National Public Radio, January 1, 2000.

9. Yoder Neufeld, 'Put on the Armour of God, pp. 131-145.

10. Yoder Neufeld, *Ephesians*, manuscript p. 402.

11. Yoder Neufeld, *Ephesians*, manuscript p. 408. 아래 문단들에서 이 원고를 인용할 때, 인용된 곳의 페이지 수를 본문 안에 괄호로 표기한다.

12. Duane K. Friesen, John Langan, S. J., Glen Stassen, "Introduction: Just Peace-making as a New Ethic," in *Just Peacemaking: Ten Practices for Abolishing War*, ed. Glen Stassen(Cleveland: Pilgrim Press, 1998), p. 21.

13. Marva J. Dawn, *Keeping the Sabbath Wholly: Ceasing, Resting, Embracing, Feasting*(Grand Rapids: Wm. B. Eerdmans Publishing Co., 1989)의 2장 "Ceasing Productivity and Accomplishment", pp. 17-21을 보라. (「안식」IVP)

14. Lee A. Earl, "The Spiritual Problem of Crime: A Pastor's Call," in *God and the Victim: Theological Reflections on Evil, Victimization, Justice, and Forgiveness*, ed. Lisa Barnes Lampman and Michelle Shattuck(Grand Rapids:Wm. B. Eerdmans Publishing Co., 1999), p. 246.

15. *God So Loves the City: Seeking a Theology for Urban Mission* in Harold Dean Trulear, "Go and Do Likewise: The Church's Role in Caring for Crime Victims," in Lampman and Shattuck, eds., *God and the Victim*, p. 75에서 인용함.

16. Bill Wylie Kellermann, *Seasons of Faith and Conscience: Kairos, Confession, Liturgy*(Maryknoll, NY: Orbis Books, 1991), p. 128.
17. Jacques Ellul, *The Humiliation of the Word*, trans. Joyce Main Hanks(Grand Rapids: Wm. B. Eerdmans Publishing Co., 1985), pp. 155-182. 아래 논의에서 이 책을 인용할 때에는 인용된 곳의 페이지 수를 본문 안에 괄호로 표기했다.
18. Jacques Ellul, *The New Demons*, trans. C. Edward Hopkin(New York: Seabury Press, 1975)를 보라.
19. Jacques Ellul, *Propaganda: The Formation of Men's Attitudes*, trans. Konrad Kellen and Jean Lerner(New York: Alfred A. Knopf, 1965)를 보라.
20. Jean Bethke Elshtain, *Who Are We? Critical Reflections and Hopeful Possibilities*(Grand Rapids: Wm. B. Eerdmans Publishing Co., 2000), p. 6에 인용됨.
21. Elshtain, *Who Are We?* p. 131.
22. Elshtain, *Who Are We?* p. 132.
23. Nicholas Wolterstorff, "The Contours of Justice: An Ancient Call for Shalom", in Lampman and Shattuck, eds., *God and the Victim*, p. 121.
24. 마 26:40, 45. (폴의 각주임)
25. Christine D. Pohl, *Making Room: Recovering Hospitality as a Christian Tradition*(Grand Rapids: Wm. B. Eerdmans Publishing Co., 1999), p. 16. 아래에서는 이 책을 인용할 때, 인용한 곳의 페이지 수를 본문 안에 괄호로 표기한다. (「손대접」복 있는 사람)
26. Jean Vanier, *The Heart of L'Arche: A Spirituality for Every Day*(New York: Crossroad, 1995), p. 29.
27. 교회가 되는 것과 정의를 실천하는 것과 관련하여 우리의 생각을 안내해 줄 다른 탁월한 자료로서 다음 책들을 추천한다. Craig L. Blomberg, *Neither Poverty nor Riches: A Biblical Theology of Material Possessions*, New Studies in Biblical Theology, series ed. D. A. Carson(Grand Rapids: Wm. B. Eerdmans Publishing Co., 1999); Rodney Clapp, ed., *The Consuming Passion: Christianity and the Consumer Culture*(Downers Grove, IL: Inter-Varsity Press, 1998); David P. Gushee, ed., *Toward a Just and Caring Society: Christian Responses to Poverty in America*(Grand Rapids: Baker Book House, 1999); 그리고 Ron Sider, *Just Generosity: A New Vision for Overcoming Poverty in America*(Grand Rapids: Baker Book House, 1999).
28. Julian Pleasants, "Religion that Restores Victims," *New Theology Review* 9, no. 3 (August 1996): 41-63.
29. Howard Zehr, "Restoring Justice," in Lampman and Shattuck, eds., *God and the Victim*, p. 141.
30. Philip Hallie, *Tales of Good and Evil, Help and Harm*(New York: Harper-Collins,

1997), p. 207.
31. Stassen, ed., *Just Peacemaking: Ten Practices for Abolishing War*. 위의 본문에 언급된 반대에도 불구하고, 이 책에는 하나님의 사역인 평화 만들기에 참여하는 것과 관련하여 많은 탁월한 제안들, 자료들, 격려들이 담겨 있음을 강조해 두고 싶다.
32. Yoder Neufeld, *Ephesians*, manuscript p. 411.
33. Ellul, *Presence of the Kingdom*, p. 49.
34. Ellul, *Presence of the Kingdom*, pp. 49-52.
35. Johann Christoph Arnold, *Seeking Peace: Notes and Conversations Along the Way*(Farmington, PA: The Plough Publishing House, 1998). (「평화주의자 예수」 샨티)
36. Mark Harris, *Companions for Your Spiritual Journey: Discovering the Disciplines of the Saints*(Downers Grove, IL: InterVarsity Press, 1999), p. 82. 이 내용은 *The Letters of Evelyn Underhill*, ed. *Charles Williams*(London: Longmans, Green, 1943), pp. 306, 312, 그리고 311로부터 인용된 것이다.
37. Yoder Neufeld, *Ephesians*, manuscript pp. 412-413.
38. Ken Butigan, Patricia Bruno의 *From Violence to Wholeness*(Las Vegas, NV: Pace e Bene Franciscan Nonviolence Center, 1999)를 보라. "영성과 능동적인 비폭력의 실천에 관한 10부 프로그램"을 따른 추가적인 성경공부 자료들은 the Lutheran Peace Fellowship, 1710 Eleventh Ave., Seattle, WA 98122; telephone (206) 720-0313; lpf@ecunet.org; www.nonviolence.org/lpf 에서 얻을 수 있다.
39. Timothy Egan, "Black Masks Lead to Pointed Fingers in Seattle," *New York Times*, 2 December 1999, A1과 A14면을 보라.
40. Hugh Mackay, *Turning Point: Australians Choosing Their Future*(Sydney: Pan Macmillan Australia, 1999), pp. xxxi-xxxii.
41. Mackay, *Turning Point*, p. xxxix.
42. Ellul, *Presence of the Kingdom*, p. 145.
43. Ellul, *Presence of the Kingdom*, p. 150.
44. 교육학 연구와 관련된 중요한 핸드북인 *Exploring Children's Spiritual Formation: Foundational Issues*, ed. Shirley K. Morgenthaler(River Forest, IL: Pillars Press, 1999)는 처음 18개월 동안에 안정적인 지원과 반응과 긍정을 받지 못한 어린이들은 남은 생애 동안 계속해서 신뢰 관계를 맺는 데 어려움을 겪게 된다고 보고한다. 그들은 인지적 기술은 습득할 수 있지만, 스트레스를 받을 때 보통은 버림받았던 과거의 감정적인 경험으로 돌아가게 된다. 그 책에서도 특히 Stanley N.Graven, "Things that Matter in the Lives of Children: Looking at Children's Spiritual Development from a Developmentalist Perspective", pp. 39-68와, Shirley K. Morgenthaler, "Discussion", pp. 69-76을 보라.
45. 성경 공부 모임을 위한 제안이나 토론 질문에 대해서는, Marva J. Dawn, *Is It a Lost Cause? Having the Heart of God for the Church's Children*(Grand Rapids: Wm. B. Eerdmans

Publishing Co., 1997)을 보라.
46. Yoder Neufeld, *Ephesians*, manuscript p. *414*.
47. Hallie, *Tales of Good and Evil, Help and Harm*, p. 39.
48. Hallie, *Tales of Good and Evil, Help and Harm*, p. 37. 또한 Hallie의 *Lest Innocent Blood Be Shed*(New York: Harper & Row, 1979, 1994)를 보라.
49. Ellul, *False Presence of the Kingdom*, pp. 85-86.
50. Ellul, *Presence of the Kingdom*, p. 79. 이어지는 문단들에서 이 책의 내용을 인용할 때는 인용한 곳의 페이지 수를 본문 안에 괄호로 표기한다.
51. John Grisham, *The Testament*(New York: Random House, 1999). (「유언장」 시공사).
52. Robert Coles, *Dorothy Day: A Radical Devotion*, Radcliffe Biography Series (Reading, MA: Addison-Wesley Publishing Co./Perseus Books, 1987), p. 90. 이어지는 문단들에서 이 책의 내용을 인용할 때는 인용한 곳의 페이지 수를 본문 안에 괄호로 표기한다.
53. Jacques Ellul, "Prayer as Combat," *Prayer and Modern Man*, trans. C. Edward Hopkin(New York: Seabury Press, 1970, 「기도와 현대인」 두레시대), pp. 139-178. 교회 생활의 핵심 요소로서 기도를 논의하는 책으로는, Carnegie Samuel Calian, *Survival or Revival: Ten Keys to Church Vitality*(Louisville: Westminster John Knox Press, 1998)이 있다.
54. Andrew Murray, *Day by Day. For All the Saints: A Prayer Book for and by the Church*, vol. 1: Year 1, Advent to the Day of Pentecost, compiled and edited by Frederick J. Schumacher with Dorothy A. Zelenko(Delhi, NY: American Lutheran Publicity Bureau, 1994), pp. 180-181에서 재인용.
55. Donald E. Miller, "The Reinvented Church: Styles and Strategies," *Christian Century* 116, no. 36(22-29 December 1999): 1250-1253.
56. Miller, "*The Reinvented Church*," p. 1252.
57. Ellul, *Presence of the Kingdom*, p. 152.
58. Ellul, *Presence of the Kingdom*, pp. 152-153.
59. Mackay, *Turning Point*, p. 302.
60. Douglas Coupland, *Life After God*(New York: Simon and Schuster, 1994), p. 359.
61. Jacques Ellul, *The Subversion of Christianity*, trans. Geoffrey W. Bromiley(Grand Rapids: Wm. B. Eerdmans Publishing Co., 1986), p. 190.
62. Ellul, *Subversion of Christianity*, p. 191.

옮긴이의 글

영적인 추구의 여정에서 좋은 안내자를 만나는 것이야말로 하나님이 주시는 커다란 복이다. 지난 몇 개월 동안 이 책을 번역하면서, 또 번역 기간 내내 마르바 던의 다른 책들을 읽고 육성 강의를 반복해 들으면서, 나는 마르바 던의 사상과 묵상에 가까이 다가가는 복된 시간을 누렸다. 그녀와의 우연치 않은 이 만남이 나의 영적인 여정에서 벌써 소중한 이정표가 되고 있음을 느낀다.

    신약성경을 공부하는 학생으로서 나는, 성경의 학문적 연구가 어떻게 교회를 위해 생명의 물을 공급해 줄 수 있을 것인지에 대해 늘 관심이 있었다. 그러므로 마르바 던이 노틀담 대학에서 성경과 윤리학을 결합하는 연구로 박사학위를 받았다는 사실이 내가 그녀의 책에 관심을 가지게 된 첫 번째 이유였다. 또한 그녀는 현대의 비평적 성경 연구와 현실의 윤리 문제 사이에 다리를 놓으려는 선구자적 시도였던 「예수의 정치학」(*The Politics of Jesus*)을 쓴 존 하워드 요더의 제자이며, 90년대 초 대장간 출판사를 통해 소개되어 한국의 복음주의 기독 지성인들의 마음에 깊이 파고들었던 프랑스의 개혁주의자 자크 엘륄을 사상적으로 계승하고 있다는 점에서 더욱 흥미로웠다.

　신학대학원 시절부터 나는 더 깊고 철저한 성경 연구를 통해 우리 시대의 교회가 다시 복음을 강력하게 선포할 수 있게 만들어 주는 패러다임을 발견하고 싶었다. 우리 시대에 복음이 너무도 자주, 교회와 그리스도인 개인들의 치열한 삶의 현장과는 동떨어진 개인주의적인 죄 용서의 선포로 축소되거나, 마케팅 효과의 극대화를 위해 단 몇 줄의 명제들로 단순화되고 있다고 느꼈기 때문이다. 또한 나 자신이 성경을 가르치는 설교자로서 진부함의 포화 상태를 벗어나고, 동어반복적인 맥빠지는 적용들을 넘어서고 싶었다. 본문의 사소한 꼬리를 물고 늘어지는 설교를 그만두고, 복음의 몸통을 붙잡아 풍성한 요리를 만들고 싶었다. 이것은 물론 본문 분석 기술이나 탁월한 예화 데이터베이스 구축이나 설교 구조를 드라마틱하게 짜는 기술만으로 되는 일은 아니다. 어떻게 하면 성경으로부터 복음이 주는 해방과 자유를 마음껏 마시고 또 기쁨으로 전파할 수 있을까? 이런 고민의 길에서 만난 마르바 던의 이 책은 성경 연구자로서, 또 설교자로서 나 자신의 지평을 확장시켜 주는 중요한 계기가 되었다. 이런 귀한 책을 만나고 또 번역하여 소개할 수 있게 되어 큰 보람과 기쁨을 느낀다.

　이 책에서 던은 두 가지 중요한 내용을 다루고 있다. 첫째는 성경이 말하는 '정사와 권세'(principalities and powers) 개념에 대한 널리 퍼져 있는 오해를 바로잡는 것이고, 둘째는 복음을 이해하는 강력한 패러다임으로서 '약함의 신학'(Theology of Weakness)을 제시하는 것이다.

　1장에서 던은 정사와 권세 개념을 인격적인 마귀나 악령으로만 이해하는 극단(22쪽)과 그것을 단순히 인간의 제도나 사회적 구조로 축소하는 다른 극단을 피해야 한다고 말한다(21쪽). 그녀는 정사와 권세가 현실 속에서 인간 제도나 구조의 모습으로 구현되지만, 고유한 생명력과 정체성을 지니는 피조물이며, 하나님으로부터 부여받은 고유한 소명을 가지는 존재로 이해한다(51쪽). 그녀가 언급하는 권세의 예로서는 경제적 권세, 정치적 권세, 종교적 권세, 미디어의 권세 등이 있다(11-12쪽).

또한 2장에서 던은 고린도후서 12:9 말씀의 세밀한 주석과 신약 성경 전체의 고찰을 통해, 하나님의 '내주하심'(tabernacling)이 우리의 약함 위에 일어난다는 것을 확증하며, 그리스도는 십자가와 부활을 통해 바로 이 '약함-하나님의 내주'라는 패턴을 당신을 따르는 삶(영성)의 핵심으로 제시하셨다고 말한다. (물론 이 '약함의 신학'은 새로운 신학이 아니다. 루터는 이러한 신학을 '영광의 신학'에 대비하여 '십자가 신학'이라고 불렀고, 그의 십자가 신학의 모티프는 이미 중세의 수도원 영성에서도 발견된다. 이 신학의 뿌리는 물론 예수님 자신의 십자가와 부활 사건이며, 또한 그 사건에 대한 신약성경 저자들의 권위 있는 해석이므로, 모든 진정한 기독교 신학은 약함의 신학 또는 십자가 신학의 특징을 드러낸다고 말할 수 있다.)

이 두 가지 주제가 결합하여 저자의 중심 논제가 산출된다. 즉 21세기 우리 교회들은 자신의 소명에 충실한 한 '권세'로서 다른 타락한 세속 '권세들'에 대항하며 영적인 싸움을 벌여야 하며, 이 싸움을 위해 약함 안에서 하나님의 내주하심의 자리가 되어야만 한다는 것이다.

정사와 권세에 대한 올바른 이해를 통해 우리 교회들은 우리가 영적인 싸움을 싸워야 할 대상을 정확히 규명할 수 있다. 이것은 허공을 치는 소모적인 노력을 그치고 효과적인 영적 전투의 전략을 발견하게 한다(4장). 또한 교회는 자신도 늘 타락성의 위협을 받는 한 '권세'임을 깨달음으로써, 하나님 내주의 자리가 되라는 교회 본연의 소명을 성취하기보다는 세상 권세들의 방법(약함에 반대되는 힘, 지배, 통제 등)을 비판 없이 수용하여 자기 생존과 강화에만 몰두하는 자신의 현실을 비판적으로 성찰할 수 있게 된다(3장). 바로 이런 점에서 마르바 던은 20세기(사회변혁 담론의 시대)의 자크 엘룰

사상을 21세기(포스트모던 시대) 판으로 확장하여 제시한다고 말할 수 있다.

우리 시대의 타락한 정사와 권세에 대항하는 싸움에서 약함의 신학이 제시하는 '공격 무기'는 에베소서 6장이 말하는 하나님의 전신갑주(진리, 의·정의, 평화의 복음, 믿음, 구원, 말씀, 기도)이다. 특별히 이 하나님의 전신 갑주에 대한 마르바 던의 강해는 지금까지 내가 지녔던 이 본문에 대한 조잡한 이해를 산산조각 내는 강타였다. 마르바 던은 탄탄한 본문 주석과 자신의 삶과 사역의 경험에서 얻은 풍부한 사례와 통찰을 결합하여, 이 말씀이 오늘 우리 교회들에게 얼마나 적실하게 적용될 수 있는지를 가슴이 떨릴 정도로 강력하게 보여준다.

그리스도인들이 성경을 연구하고 신학을 공부하는 이유는, 그리고 지금처럼 우리가 이렇게 가볍지 않은 책을 들고 읽는 이유는, 하나님의 교회인 우리가 자신의 현실을 비판적으로 성찰하며, 하나님께서 교회들에게 주신 소명을 바르게 볼 수 있는 통찰의 자리(vantage point)로 나가려는 것이다. 이 책은 바로 그 목표를 이루도록 우리를 도와주는 훌륭한 안내서다.

2008년 1월
노종문